# 网店客服管理

主　编　王淑华　李　蓉　王　彪
副主编　王　勇　乔　治
参　编　陈海东　凌宗剑　姜慧颖
　　　　郑文涛　马　明　蒋秋菊
　　　　王晓娟

北京理工大学出版社
BEIJING INSTITUTE OF TECHNOLOGY PRESS

## 内容简介

本书对网店客服的售前、售中、售后工作，以及沟通方法与销售技巧进行了深入阐述。全书共分为以下九个项目：

项目一：走近客服，为读者介绍客服的基本概念和重要性。

项目二：网店客服岗前准备，详细阐述如何为网店客服人员提供充分的岗前准备。

项目三至项目五：分别针对客服售前、售中、售后服务，提供全面的工作指南和技巧。

项目六：客户关系维护，强调维护良好客户关系对于提高销售额的重要性。

项目七：智能客服，介绍如何利用先进技术提高客服效率。

项目八：网店客服数据，介绍通过数据驱动的方式优化客服工作。

项目九：客服管理，提供关于有效管理网店客服团队的实用方法。

本书特色在于将理论与案例相结合，通过案例分析强化所讲内容，帮助读者快速、有效地提升网店客服工作技能，提高职业素养，最终实现网店销售额的提升。

无论是作为普通高等院校电子商务专业的教学用书，还是作为各类电商培训机构的网店客服培训资料，抑或是作为电子商务相关工作人员的参考用书，本书都具有极高的实用价值。

**版权专有　侵权必究**

### 图书在版编目（CIP）数据

网店客服管理 / 王淑华，李蓉，王彪主编. --北京：北京理工大学出版社，2025.1.
ISBN 978-7-5763-4712-8

Ⅰ．F713.365.2

中国国家版本馆 CIP 数据核字第 2025ED1338 号

| | |
|---|---|
| 责任编辑：王晓莉 | 文案编辑：王晓莉 |
| 责任校对：刘亚男 | 责任印制：李志强 |

出版发行 / 北京理工大学出版社有限责任公司
社　　址 / 北京市丰台区四合庄路 6 号
邮　　编 / 100070
电　　话 /（010）68914026（教材售后服务热线）
　　　　　（010）63726648（课件资源服务热线）
网　　址 / http://www.bitpress.com.cn
版 印 次 / 2025 年 1 月第 1 版第 1 次印刷
印　　刷 / 涿州市新华印刷有限公司
开　　本 / 787 mm×1092 mm　1/16
印　　张 / 13.5
字　　数 / 317 千字
定　　价 / 75.00 元

图书出现印装质量问题，请拨打售后服务热线，负责调换

# 前言

在新时代的发展征程中,党的二十大报告为我们擘画了宏伟的蓝图,强调了着力推进高质量发展,推动构建新发展格局的重要性。作为电子商务专业教材,本书旨在培养具备专业技能和创新精神的新时代电商人才。本书紧密围绕党的二十大促进数字经济和实体经济深度融合的要求,深入探讨网店客服管理理论与实践,为我国电子商务产业的繁荣发展贡献智慧与力量。在此,我们希望通过这本书,让读者更好地理解和把握网店客服管理的关键要素,助力电子商务行业在新时代的发展大潮中乘风破浪,为实现全面建设社会主义现代化国家的宏伟目标贡献自己的一分力量。

网店客服作为网店与顾客之间的桥梁,不仅代表着网店的形象,还会对网店的成交率和买家复购率产生重要影响,是网店健康发展的关键因素。本书从客服工作流程的细节入手,系统地梳理了客服应具备的技能和知识,并介绍了与买家沟通的技巧以及客户维护管理的方法。通过学习本书,读者可以快速有效地提升自己的岗位技能,从而提升店铺的销售业绩。

网店客服是一门注重实践操作的课程。通过学习本书,读者不仅能深入了解客服的基本知识,熟悉应对各种客服事件的方法和沟通技巧,还能熟练掌握各类客服辅助工具的使用。具体来说,本书具有以下几个显著特点。

### 1. 结构清晰,知识全面

本书通过精心设计的知识结构,全面围绕网店客服的各个方面展开介绍。本书从最基础的知识开始,循序渐进地引导读者深入了解网店客服的特点、工作内容和操作工具,确保读者能够全面掌握所需的知识。

### 2. 案例丰富

为了增强读者的学习体验和理解能力,每个项目都以项目导入的方式引入学习内容。这些案例图文并茂,具有很强的可读性和参考性,能够帮助读者快速理解和掌握相关知识,提高学习效率。

### 3. 实操性强

本书注重实践操作性,在讲解理论知识的同时,结合实际操作进行说明,如处理客户订单、图片处理等。此外,每个项目还设置了项目实训环节,以加深读者对知识的理解和掌握程度。每个项目末尾效果评价部分还附有课后练习题，旨在帮助读者巩固所学的知识和技能。

### 4. 提升网店客服职业技能

本书关注网店客服的职业技能提升。本书在每个项目开头，设置了"技能目标"，强调客服职业技能的重要性。在正文讲解中，融入了与网店客服职业相关的元素，并在项目末尾增加了效果评价，以帮助读者提升职业技能。

### 5. 经验提升

为了丰富读者的知识储备和实践经验，全书特设"知识拓展"栏目，为读者提供与书中内容相关的经验、技巧和提示，以帮助读者更好地总结和吸收知识。这将有助于读者在实际工作中应对各种情况，提升网店客服的专业水平。

本书可以作为电子商务专业学生的实用教材，也可以作为各类电商培训机构的培训资料，还可以作为从事电子商务相关工作人员的参考用书。

本书由王淑华、李蓉、王彪担任主编，王勇、乔治担任副主编，陈海东、凌宗剑、姜慧颖、郑文涛、马明、蒋秋菊、王晓娟参与编写。具体编写分工如下：项目一由凌宗剑编写，项目二由王勇编写，项目三由马明编写，项目四由蒋秋菊编写，项目五由姜慧颖编写，项目六由王晓娟编写，项目七由郑文涛编写，项目八由陈海东编写，项目九由王彪编写。全书由王淑华统稿，李蓉审稿。由于时间有限，书中难免存在不足之处，欢迎广大读者、专家批评指正。

在此特别感谢京东零售集团教育大客户部校企合作总监乔治先生，他为本书提供了许多具有代表性的案例素材，这些案例素材不仅可作为实践的基础，也可使理论更加具有说服力。此外，乔治先生还提出了许多宝贵的意见，帮助我们进一步完善全书的内容和结构。我们对此表示由衷的感谢。

编　者

# 目录

项目一　走近客服 ································································· (001)

　学习目标 ···································································· (001)
　项目导入 ···································································· (001)
　任务一　初识客服工作 ························································· (002)
　　一、客服岗位的重要性 ······················································· (002)
　　二、客服人员的工作流程 ····················································· (006)
　　三、客服岗位的分类 ························································· (008)
　　四、客服岗位与其他岗位的对接关系 ··········································· (011)
　任务二　明确客服工作目标 ····················································· (012)
　　一、降低售后成本 ··························································· (013)
　　二、促进二次销售 ··························································· (015)
　　三、提高商品转化率 ························································· (017)
　项目实训 ···································································· (018)
　效果评价 ···································································· (019)

项目二　网店客服岗前准备 ····················································· (020)

　学习目标 ···································································· (020)
　项目导入 ···································································· (020)
　任务一　网店客服应具备的基础知识 ············································· (021)
　　一、平台规则 ······························································· (021)
　　二、交易安全知识 ··························································· (023)
　　三、商品知识 ······························································· (023)
　　四、物流知识 ······························································· (027)
　任务二　网店客服应具备的操作技能 ············································· (027)
　　一、工具的使用 ····························································· (028)
　　二、后台操作 ······························································· (037)
　任务三　网店客服应具备的基本素质 ············································· (045)

一、良好的语言表达能力 ············································· (045)
　　二、良好的心理素质 ················································· (046)
　　三、快速的响应速度 ················································· (046)
　任务四　不同类型客户心理差异 ········································· (048)
　　一、不同年龄客户的心理差异 ········································· (048)
　　二、不同性别客户的心理差异 ········································· (049)
　　三、不同消费心理的需求差异 ········································· (050)
　项目实训 ····························································· (051)
　效果评价 ····························································· (053)

**项目三　客服售前服务** ················································· (055)
　学习目标 ····························································· (055)
　项目导入 ····························································· (055)
　任务一　售前接待 ····················································· (056)
　　一、熟悉产品 ······················································· (056)
　　二、接待准备 ······················································· (057)
　　三、与客户沟通 ····················································· (058)
　任务二　商品推荐 ····················································· (059)
　　一、挖掘客户需求 ··················································· (059)
　　二、展示商品卖点 ··················································· (060)
　　三、推荐与之相关联的商品 ··········································· (061)
　任务三　说服下单 ····················································· (062)
　　一、优惠成交法 ····················································· (063)
　　二、保证效果法 ····················································· (064)
　　三、从众成交法 ····················································· (064)
　　四、使用教程法 ····················································· (065)
　　五、赞美肯定法 ····················································· (066)
　　六、让步成交法 ····················································· (066)
　　七、机不可失法 ····················································· (067)
　项目实训 ····························································· (067)
　效果评价 ····························································· (068)

**项目四　客服售中服务** ················································· (070)
　学习目标 ····························································· (070)
　项目导入 ····························································· (070)
　任务一　订单催付 ····················································· (071)
　　一、催付的意义 ····················································· (071)
　　二、订单催付工具 ··················································· (071)
　　三、客户未付款的原因及应对策略 ····································· (072)
　　四、催付的步骤 ····················································· (074)

  任务二 订单处理 ············································································· (076)
   一、订单确认及信息核实 ··············································································· (076)
   二、选择快递公司 ····························································································· (077)
   三、商品打包 ····································································································· (077)
   四、及时发货并跟踪物流 ··············································································· (081)
   五、短信通知发货、配送、收货 ··································································· (081)
  项目实训 ······················································································································ (082)
  效果评价 ······················································································································ (083)

## 项目五 客服售后服务 ························································································· (085)

  学习目标 ······················································································································ (085)
  项目导入 ······················································································································ (085)
  任务一 售后服务的重要性 ·············································································· (086)
   一、明确售后服务的重要性 ··········································································· (086)
   二、提高客户满意度 ······················································································· (087)
   三、提高客户的二次购买率 ··········································································· (087)
   四、减少网店的负面评价 ··············································································· (088)
  任务二 客户反馈信息处理 ·············································································· (089)
   一、主动询问客户商品使用情况 ··································································· (089)
   二、售后工单处理流程 ··················································································· (090)
   三、及时收集反馈信息并进行调整 ······························································· (091)
  任务三 普通售后问题处理 ·············································································· (092)
   一、查单查件问题 ··························································································· (092)
   二、退换货问题 ······························································································· (095)
   三、售后维修问题 ··························································································· (096)
  任务四 纠纷与投诉处理 ·················································································· (097)
   一、纠纷产生的原因 ······················································································· (098)
   二、处理纠纷的流程 ······················································································· (102)
   三、客户投诉 ··································································································· (103)
  任务五 客户评价管理 ······················································································ (105)
   一、好评处理 ··································································································· (105)
   二、中评、差评的影响 ··················································································· (107)
   三、有效预防中评、差评 ··············································································· (107)
   四、中评、差评的处理 ··················································································· (110)
  项目实训 ······················································································································ (114)
  效果评价 ······················································································································ (115)

## 项目六 客户关系维护 ····························································································· (117)

  学习目标 ······················································································································ (117)
  项目导入 ······················································································································ (117)

	任务一　客户关系基础知识 ………………………………………………… (118)
		一、什么是客户关系管理 …………………………………………………… (118)
		二、如何做好客户关系管理 ………………………………………………… (119)
		三、老客户具有哪些优势 …………………………………………………… (119)
		四、影响客户回头率的因素 ………………………………………………… (120)
	任务二　客户筛选与管理 …………………………………………………… (121)
		一、划分客户等级 …………………………………………………………… (121)
		二、设置客户等级 …………………………………………………………… (122)
		三、提升网店客户忠诚度 …………………………………………………… (124)
	任务三　客户互动平台搭建 ………………………………………………… (126)
		一、创建咚咚群聊 …………………………………………………………… (126)
		二、建立老客户微信群 ……………………………………………………… (127)
		三、微信公众号 ……………………………………………………………… (130)
	任务四　客户关怀 …………………………………………………………… (131)
		一、客户关怀的定义 ………………………………………………………… (132)
		二、客户关怀的意义 ………………………………………………………… (132)
		三、客户关怀的内容 ………………………………………………………… (132)
		四、客户关怀的方法 ………………………………………………………… (133)
	项目实训 ……………………………………………………………………… (136)
	效果评价 ……………………………………………………………………… (136)

## 项目七　智能客服 …………………………………………………………… (138)

	学习目标 ……………………………………………………………………… (138)
	项目导入 ……………………………………………………………………… (138)
	任务一　智能客服基础知识 ………………………………………………… (139)
		一、智能客服的定义与作用 ………………………………………………… (139)
		二、智能电商客服系统——京小智 ………………………………………… (140)
		三、京小智的价值 …………………………………………………………… (140)
	任务二　智能客服基本功能 ………………………………………………… (141)
		一、京小智店铺接入操作 …………………………………………………… (142)
		二、京小智的基本功能 ……………………………………………………… (147)
	任务三　智能客服配置 ……………………………………………………… (148)
		一、问答管理 ………………………………………………………………… (148)
		二、设置智能客服接待模式 ………………………………………………… (160)
	项目实训 ……………………………………………………………………… (166)
	效果评价 ……………………………………………………………………… (167)

## 项目八　网店客服数据 ……………………………………………………… (169)

	学习目标 ……………………………………………………………………… (169)
	项目导入 ……………………………………………………………………… (169)

任务一　客服数据分析 (170)
　一、客服数据分析的作用 (170)
　二、客服数据分析的方法 (170)
任务二　客服数据监控 (181)
　一、绩效软件监控 (181)
　二、聊天记录监控 (182)
　三、网店数据报表监控 (182)
项目实训 (184)
效果评价 (186)

## 项目九　客服管理 (188)

学习目标 (188)
项目导入 (188)
任务一　客服日常管理 (189)
　一、客服团队日常管理的原则 (189)
　二、网店客服人员的执行力 (191)
　三、网店客服人员的成长与发展 (193)
任务二　客服培训与考核 (194)
　一、网店客服培训与考核的作用 (194)
　二、网店客服培训与考核的内涵 (195)
任务三　客服激励机制制定 (198)
　一、竞争机制 (199)
　二、晋升机制 (199)
　三、奖惩机制 (200)
　四、监督机制 (201)
项目实训 (202)
效果评价 (203)

## 参考文献 (205)

# 项目一 走近客服

## 学习目标

**【知识目标】**
➢ 了解客服岗位的重要性。
➢ 熟悉客服人员的工作流程、客服岗位的分类,以及客服岗位与其他岗位的对接关系。
➢ 明确客服工作的目标。

**【技能目标】**
➢ 学习客服工作流程的五个环节。
➢ 掌握客服工作六个岗位的具体工作内容。

**【素养目标】**
➢ 通过熟悉客服工作,培养客服全局思维,增强从整体出发解决问题的意识。
➢ 通过对客服工作目标的认识与拆解,培养客服以终为始的意识,树立正确目标的观念。

## 项目导入

一家专门经营各类智能电子产品的网店,随着订单和咨询量的激增,网店经理开始感到应对乏力。每天大量的客户通过电子邮件、在线聊天和电话进行咨询,询问的问题五花八门,从配送和退货政策到产品参数和功能服务,无一不包。由于无法及时回复所有客户的问题,店铺的评分开始下滑,销售额也受到了影响。

为了扭转这一局面,网店经理决定聘请专业的客服团队。这些客服人员积极主动地与客户互动,迅速回复所有电子邮件,并进行在线聊天,详尽地解答客户的问题,消除了他们的疑虑。这不仅提升了客户满意度,还为店铺开拓了更多的销售渠道。

例如,一位客户在选购电子产品时对产品的具体参数和功能属性一无所知。客服人员立即通过在线聊天详细解释电子产品的各类参数和功能,并为客户展示不同系列产品的优缺点。客服人员还根据客户的个性化需求，提供购买建议，帮助客户挑选到合适的款式。在确认订单的过程中，客服人员又进一步了解客户的送礼对象的具体信息，以确保礼物能够及时、准确地送达。对于客服人员提供的专业建议和个性化服务，客户非常满意，并成为该网店的忠实拥趸。随着时间的推移，店铺的销售额逐渐上升。客户们纷纷给予客服人员五星好评，并在社交媒体上热情推荐这家店铺。

这个案例表明，拥有专业客服团队是提升网店形象和销售额的关键。那么，作为客服人员，每天的工作内容和工作目标具体包括哪些呢？

# 任务一　初识客服工作

## 任务描述

小明是一名大学生，他决定利用寒假时间兼职工作来赚取一些零花钱。他应聘到一家经营各类智能电子产品的初创电商网店，并被分配到客服部门。在客服部门工作的小明每天都要面对大量的用户咨询和问题。他的第一个任务是协助解答关于网店新发布的智能手表的问题，任务要求如下。

1. 协助用户了解智能手表的基本功能，例如计步器、心率监测、睡眠监测等。
2. 帮助用户了解智能手表的各种交互方式，例如触摸屏、语音控制等。
3. 解答用户提出的关于智能手表的兼容性问题，例如能否与其他设备（如手机、计算机）连接等。
4. 针对用户使用智能手表时的常见问题进行解答，提供建议，例如如何更换表带、如何调节亮度等。
5. 了解并记录用户的反馈和意见，及时向相关部门汇报，以改进产品和服务。

## 相关知识

### 一、客服岗位的重要性

客服岗位设立的目的是为客户提供优质的服务体验，通过及时有效地解决客户问题和需求，提高客户满意度，增强客户对品牌的信任度，进而提升网店的竞争力和口碑，为网店的持续发展提供重要助力。其重要性主要表现在以下六个方面。

#### （一）优化客户的购物体验

客服在优化客户的购物体验中扮演着关键的角色，因为客服是距离客户最近的岗位。他们不仅会回答问题和消除疑虑，也会通过个性化的服务和关怀，让客户感受到被重视和理解。这种关怀和专业的沟通不仅提升了客户的满意度和忠诚度，也为客户营造出更加舒适、愉快的购物环境，从而提升了整体的购物体验，对网店整体运营起到至关重要的作用。

## （二）提高成交率

客服在提升网店成交转化率上发挥着至关重要的作用。主要表现在以下几个方面。

### 1. 利用客户售前咨询促进下单

客服可以通过即时聊天、邮件或电话等方式，及时回答客户对产品特性、服务内容、价格等方面的问题，帮助客户进行购买决策。通过专业的回答和个性化的建议，客服可以增强客户对产品的信任感，从而提升购买意愿，提高成交转化率。

### 2. 促进咨询后未下单客户产生交易

当客户在咨询后没有立即下单时，客服可以通过跟进和个性化的服务，为客户提供更多的信息和帮助，激发客户的购买兴趣，促成订单的成交。

### 3. 打消已下单未付款客户顾虑

一些客户在下单后可能会因为价格、配送方式等原因犹豫是否付款。客服可以通过提供优惠、解释配送政策、提供支付方式等，帮助客户解决疑虑，促使客户最终完成订单支付。

### 4. 避免客户取消订单

在客户已经付款后又提出取消订单或申请退款的情况下，客服可以耐心倾听客户的需求和原因，提供灵活的售后服务，尽量满足客户的需求，避免订单的取消，从而提高订单的完结率，降低退款率。

通过以上方式，客服可以在各个环节对客户进行引导和服务，帮助提高网店的成交转化率，增加销售业绩，如图 1-1 所示。

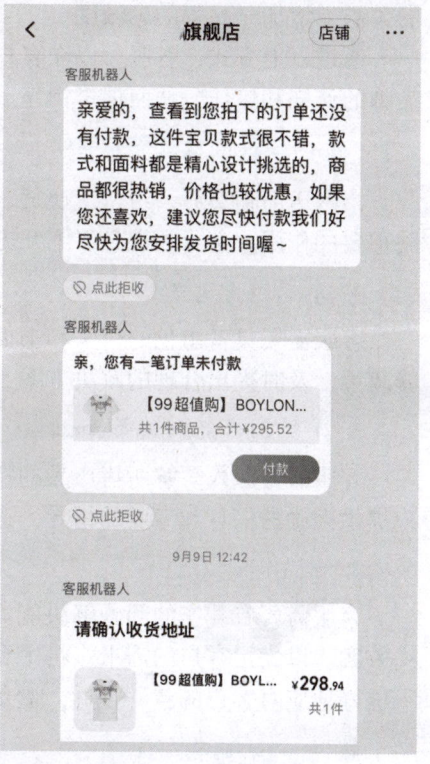

图 1-1　提高成交率

## （三）宣传网店及品牌

客服在让客户记住网店品牌方面发挥着重要作用，主要体现在以下几个方面。

### 1. 个性化的沟通和服务

客服可以通过与客户的个性化沟通和服务，根据客户的需求和偏好提供相应的帮助和建议，使客户感受到品牌对其个体的关注和重视，从而增强客户对品牌的记忆和认知。

### 2. 售前咨询和售后服务

客服可以在客户购物前提供专业的产品咨询和建议，帮助客户了解产品特点和使用方法；也可以在购物后提供及时的售后服务和支持，解决客户的问题和疑惑，使客户对品牌留下良好的印象，加深对品牌的记忆。

### 3. 传递品牌理念和文化

客服在与客户沟通的过程中，可以传递品牌的理念、文化和核心价值观，使客户对品牌有更深入的了解，从而增强对品牌的记忆和信任。

#### 4. 解决问题和提供帮助

客服可以及时解决客户在购物过程中遇到的问题，提供专业的帮助和支持，使客户感受到品牌的贴心关怀和专业服务，从而加深对品牌的记忆和好感。

#### 5. 个性化的关怀和回访

客服可以通过个性化的关怀和回访，关注客户的购物体验和需求，使客户感受到品牌的关心，增加对品牌的忠诚度。

通过以上方式，客服可以在客户心中留下深刻的印象，使客户加深品牌印象，增强对品牌的认知和信任，从而促进销售。

### （四）降低网店经营风险

当网店面临交易纠纷、退换货、退款、客户投诉、平台处罚等风险时，客服发挥着至关重要的作用。学习和提升以下几方面的能力，可以帮助客服更好地降低店铺经营风险。

#### 1. 卓越的沟通技巧

客服需要具备出色的口头和书面沟通技巧，能够与客户有效沟通，倾听客户需求，解释政策，及时提出合理的解决方案，从而降低交易纠纷和投诉的可能性。

#### 2. 足够的产品和政策知识

客服需要深入了解所售产品的特性，以及公司的退换货政策、退款流程等，从而为客户提供准确的信息和专业的指导，进而有效处理退换货、退款等问题。

#### 3. 解决问题的能力

客服需要有扎实的问题解决能力，能够快速、准确地识别问题，并提供切实可行的解决方案，以满足客户的需求。将平台规则熟记于心，客服人员就能在遵守平台规则的前提下更好地应对客户的各种投诉，避免投诉升级和平台处罚。

#### 4. 耐心和细心

客服需要保持耐心和细心，细致入微地处理每一个问题，确保问题得到妥善解决。当然，在这个过程中，客服人员需要具备一定的警惕性，避免网店被不良分子恶意敲诈而导致损失。

#### 5. 快速应对能力

客服需要具备快速应对问题的能力，能够在第一时间做出反应，迅速处理客户的投诉或问题，避免问题扩大化，减少损失，降低客户给出差评的概率。

#### 6. 团队协作能力

客服需要具备良好的团队协作精神，能够与其他部门合作，共同解决客户问题，以降低风险并维护品牌声誉。

客服具备以上能力，在网店面临风险时，可以有效地预防和解决交易纠纷、退换货、退款、客户投诉、平台处罚等问题，提升客户满意度，维护品牌声誉，确保网店的稳健发展。

### （五）优化网店服务数据

客服在优化网店服务数据方面起着重要作用。客服是网店与客户之间的桥梁，他们直接接触到客户，了解客户的需求和反馈。客服不仅需要及时处理客户的咨询和投诉，还需要收集和整理客户的意见和建议，为网店提供宝贵的数据支持。客服在优化网店服务数据方面的表现主要包括以下几个方面。

### 1. 客户反馈数据收集

客服通过与客户的沟通，收集客户的投诉、建议、意见等数据，帮助网店了解客户的需求和期望，发现服务中的问题和不足之处。

### 2. 数据整理和分析

客服需要将收集到的客户反馈数据进行整理和分析，找出其中的共性和规律，为网店提供有针对性的改善建议和措施。

### 3. 服务质量监控

客服需要通过对客户反馈数据的分析，监控网店的服务质量，及时发现和解决服务中的问题，提高客户满意度。

### 4. 产品和服务改进

客服通过与客户的互动，了解客户对产品和服务的评价和需求，为网店提供产品和服务改进的建议，帮助网店更好地满足客户的需求。

### 5. 数据报告和建议

客服可以根据收集到的数据，撰写数据报告和提出改善建议，为网店决策提供数据支持，帮助网店不断提升服务水平。

同时，电子商务平台为了完善监管机制，会对网店的服务质量进行评分。图 1-2 为某网店的评分。

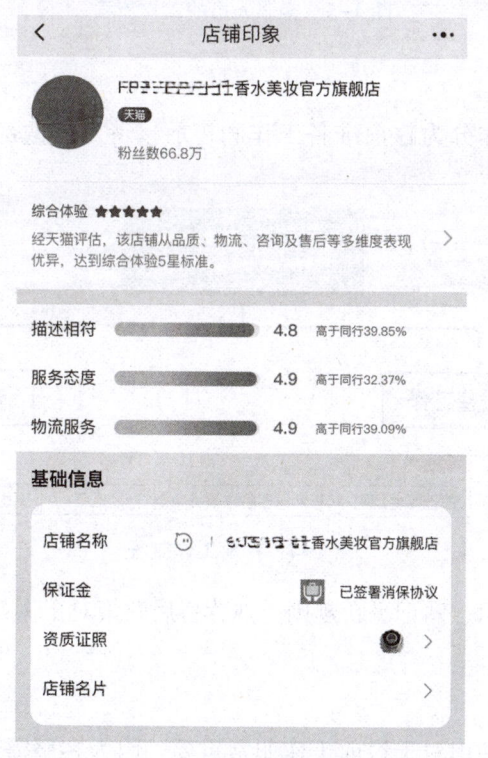

图 1-2 某网店的评分

### （六）提高流量价值

随着电商平台竞争的日益激烈，网店的流量获取成本不断攀升，因此每一次流量引入都变得尤为关键。如何将流量有效转化为网店的实际效益呢？这依赖于客服人员提供的优质服务。

（1）通过提供卓越的客户服务，客服人员可以激发客户的购买意愿，进而提升每个订单的价值，实现单一流量的最大化转化价值。

（2）通过提供卓越的客户服务，客服能够促使客户重复购买或向他人推荐，从而最大限度地发挥单次引流的潜在价值。

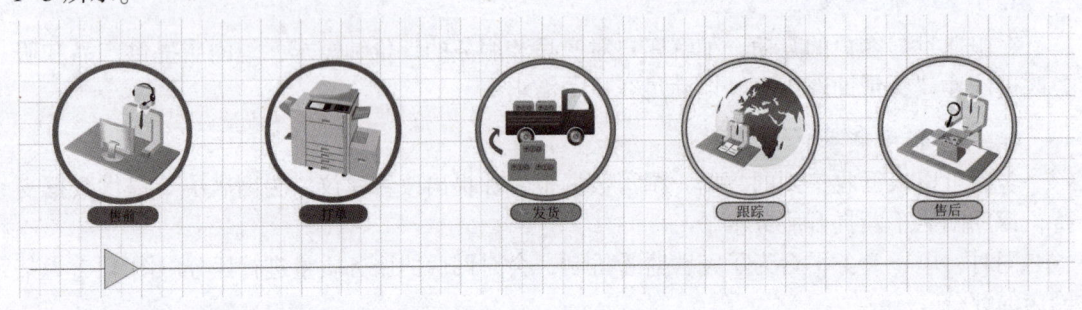

## 二、客服人员的工作流程

客服人员的工作流程包括售前、打单、发货、跟踪和售后五个主要环节，具体如图1-3所示。

图1-3 客服人员的工作流程

### （一）售前

客服人员的售前工作分为售前准备工作和售前接待工作两部分，具体内容如图1-4所示。

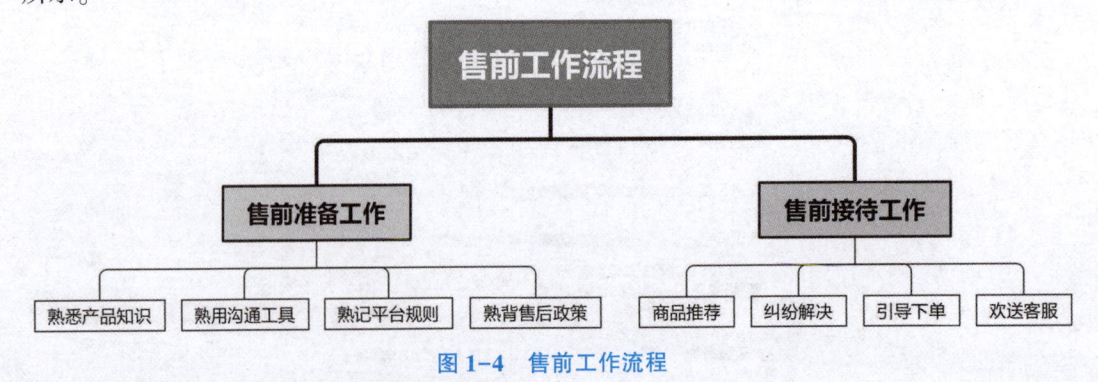

图1-4 售前工作流程

其中，熟悉产品知识、熟记平台规则、熟背售后政策对于做好售前服务工作有着重要意义，具体表现如下。

#### 1. 熟悉产品知识

客服熟练掌握产品知识对于售前工作非常重要，因为客服需要在与客户沟通时准确、清晰地介绍产品和解答产品相关问题，从而提供专业的咨询和建议，增强客户对产品的信任，促使客户坚定购买的决心。

#### 2. 熟记平台规则

客服熟记平台规则的重大意义体现在以下几个方面。

（1）提供专业服务。平台规则通常包括客户服务的标准操作流程、服务准则、沟通方式等，熟记平台规则可以帮助客服提供更加专业、规范的服务，确保客户得到一致的高质量购物体验。

（2）避免违规行为。平台规则通常包括对客户服务行为的规定和限制，客服熟知规则可以避免违反规定的行为，避免因为不了解规则而引发纠纷和投诉。

（3）提高工作效率。熟记平台规则可以帮助客服更快地处理问题，遵循规则和流程，提高工作效率，减少因为不了解规则而导致的错误和延误。

（4）保护平台声誉。平台规则通常是为了保护平台和用户的利益而设立的，客服熟知规则可以帮助平台提供更加安全、可靠的服务，维护平台的声誉和品牌形象。

总之，客服熟记平台规则对于提供专业化、高效率的客户服务，避免违规行为，保护平台声誉等都具有重要的意义。

#### 3. 熟背售后政策

客服熟背售后政策的意义主要体现在以下几个方面。

（1）提供准确的服务。了解并熟背售后政策可以确保客服人员在处理客户问题时能够提供准确的信息和建议，帮助客户解决问题，提高客户满意度。

（2）保障客户权益。售后政策通常包括产品退换货、维修保修等方面的规定，客服熟知政策可以帮助客户了解自己的权益，提供专业的售后服务，保障客户的权益。

（3）避免纠纷和投诉。客服熟悉售后政策可以避免因为处理不当而引发纠纷和投诉，提高客户服务的质量和效率。

（4）提升品牌形象。专业的售后服务能够提升品牌形象，树立良好的企业口碑，吸引更多的忠诚客户。

总之，客服熟背售后政策对于提供准确、专业的售后服务，保障客户权益，避免纠纷和投诉，提升品牌形象等都具有重要的意义。

### （二）打单

客服人员应当根据电子商务平台后台信息或客户指定信息打印快递单和发货单。建议在客户付款后、商品发货前再次与客户确认地址、手机号码等详细信息，以确保订单信息准确无误。

### （三）发货

客服人员应根据发货单的内容进行货物配备和发货，并与快递人员进行交接。同时，应当将发货单进行归类存放，以便核实、查询和取证。

### （四）跟踪

客服人员应当主动接受客户对快递信息的查询，并跟进处理。此外，客服人员可能需要在打单后进行地址变更，或者在发货后追回需要修改地址的快递。

### （五）售后

在电商平台中，网店售后服务是连接企业和客户的桥梁，对于提高客户满意度、塑造品牌形象、确保产品质量及提升销售额具有至关重要的作用。首先，优质的网店售后服务可以显著提高客户的满意度。客户在使用产品后遇到问题时，如果能够迅速获得网店的帮助和支持，对网店的好感会大大增加。网店若能持续提供卓越的售后服务，客户的信任感也会随之增强。其次，优质的售后服务有助于企业树立良好的品牌形象。当企业能够为客户提供周全的售后服务时，客户对企业的好感度会逐渐增加，从而提高企业在电商平台中的知名度和美誉度。再次，网店售后服务还有助于提升产品质量。在售后服务过程中，企业能及时发现并解决产品存在的问题，从而不断优化和改进产品，提高其质量。最后，优质的网店售后服务还能提高网店营业额。当企业能够为客户提供令人满意的售后服务时，客户会产生购买更多产品的意愿，进而增加企业的销售额。

### 三、客服岗位的分类

#### （一）客服岗位简单介绍

客服岗位可以根据工作性质和职责划分为不同的种类，主要包括以下几种。

**1. 售前客服**

售前客服主要负责接听客户咨询电话、处理客户在线咨询等，解答客户对产品或服务的疑问，协助客户进行购买决策。

**2. 售后客服**

售后客服主要负责处理客户购买后的退换货、投诉及其他事宜，解决客户使用产品或服务中的问题，提高客户满意度。

**3. 售中客服**

售中客服主要负责在客户下单前和交易完成前的服务，包括解答产品信息、价格、促销活动等方面的问题，协助客户完成购买流程，处理订单相关的问题，以及提供购买建议和帮助。售中客服帮助客户解决购买时的疑问和问题，促进交易的顺利进行。

**4. 技术支持客服**

技术支持客服主要负责解决客户在使用产品或服务过程中出现的技术问题，提供技术指导和支持。

**5. 社交媒体客服**

社交媒体客服负责通过社交媒体平台，如微信、微博等，与客户进行沟通和互动，解答客户问题，处理投诉和建议。

**6. 外呼客服**

外呼客服主要通过电话进行客户联系，进行市场调研、客户回访、推销等工作。

**7. 内部客服**

内部客服主要负责公司内部员工的咨询和服务，解决员工在工作中遇到的问题。

#### （二）详细介绍

不同的客服岗位在工作内容和技能要求上有所不同。在本书中，我们将重点讲解售前客服、售中客服和售后客服三类客服岗位。

### 1. 售前客服岗位

售前客服是在客户购买产品或服务之前提供咨询和帮助的客服人员。他们的主要职责是帮助客户了解产品或服务的相关信息，解答客户的疑问，促进客户的购买决策。以下是售前客服岗位的主要职责。

1）解答客户咨询。接听客户的电话咨询、在线咨询等，耐心倾听客户问题，准确、清晰地回答客户关于产品特性、功能、使用方法、价格、促销活动等方面的问题。

2）协助客户选择产品。根据客户的需求和偏好，向客户介绍适合的产品或服务，提供专业的购买建议，帮助客户进行购买决策。

3）提供产品信息。向客户提供产品的详细信息，包括规格、参数、材质、包装等，帮助客户全面了解产品特点。

4）处理客户投诉。客户对产品或服务有投诉或疑虑时，售前客服需要耐心倾听客户的意见和建议，协助解决问题，提高客户满意度。

5）推广促销活动。向客户介绍网店的最新活动、促销优惠等信息，激发客户的购买兴趣。

6）协助完成购买流程。协助客户完成下单、支付等购买流程，解决客户在购买过程中遇到的问题。

7）欢送客户。当客户完成购买后，售前客服人员需要表达感谢之情，并欢迎客户再次光临。

售前客服需要具备良好的沟通能力、耐心细致的工作态度，对产品或服务有深入的了解，能够为客户提供专业的购买建议和帮助。同时，他们还需要熟练运用各种沟通工具，如电话、在线聊天等，高效地处理客户的咨询和问题。

### 2. 售中客服岗位

售中客服岗位是在客户完成购买但交易尚未结束时提供服务的岗位。售中客服的主要职责是在交易进行中为客户提供支持，解决订单相关的问题，并确保客户满意度。以下是售中客服岗位的主要职责。

1）处理订单问题。处理客户的订单变更、取消、退款等问题，确保订单信息准确无误。

2）解答客户疑问。解答客户在交易过程中出现的问题，包括物流信息、配送时间、支付方式等。

3）协助售后服务。协助客户完成售后服务流程，如产品退换货、维修等。

4）处理投诉。处理客户对产品或服务的投诉，耐心倾听客户意见，寻找解决问题的方法。

5）促进交易完成。通过与客户的沟通和协助，促进交易的顺利完成，提高客户满意度。

6）提供增值服务。向客户介绍相关的增值服务，如延保、安装等，提供个性化的服务体验。

售中客服需要具备良好的沟通能力、问题解决能力和耐心。他们需要熟悉公司的订单处理流程和售后服务政策，能够快速准确地处理客户问题，确保客户在交易过程中得到及时的帮助和支持。此外，他们还需要与其他部门，如物流、售后服务等部门进行协调配合，以确保客户的问题得到及时解决。

### 3. 售后客服岗位

售后客服岗位是在客户购买产品或服务后提供支持和服务的岗位。售后客服的主要职责是处理客户的投诉、退换货、维修等售后问题，以确保客户满意度和品牌声誉。以下是售后客服岗位的主要职责。

1）处理客户投诉。耐心倾听客户的投诉和意见，了解问题的具体情况，寻找解决问题的方法，以提高客户满意度。图 1-5 展示了客户在反馈商品质量问题后与售后客服人员的对话。

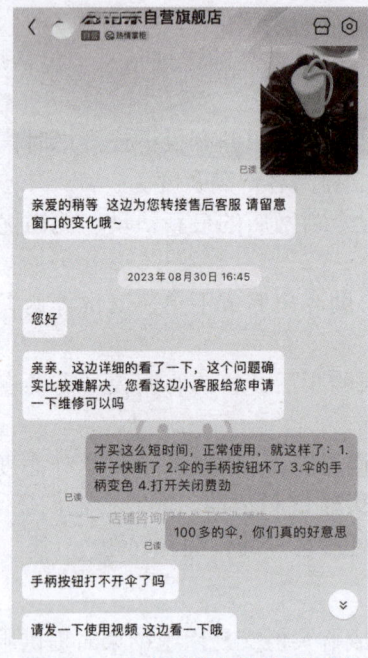

图 1-5 客户反馈商品质量问题

2）协助退换货流程。协助客户完成退货、换货等流程，确保流程顺利进行，提供良好的售后服务体验。图 1-6 为退换货的工作流程，售后客服人员在遇到退换货问题时，可按照该流程来处理。

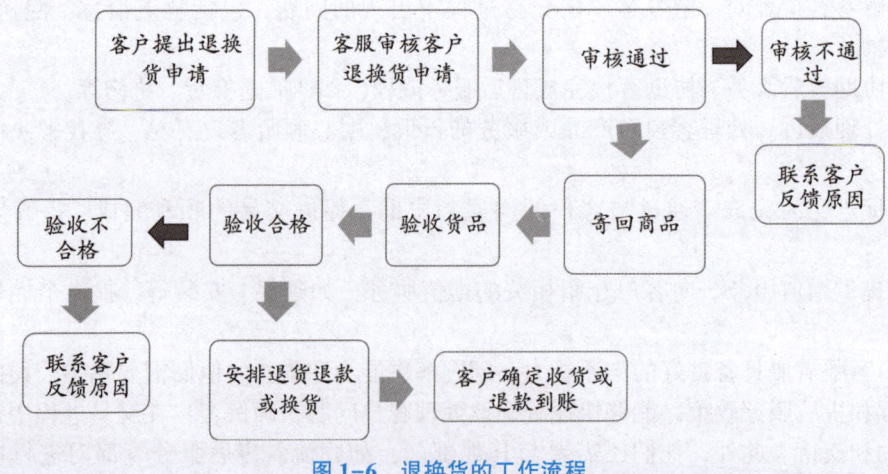

图 1-6 退换货的工作流程

## 知识拓展

在实际生活中，一些电子商务平台会为购物行为评级良好的客户提供退换货快速响应服务。这意味着客户只需提交退换货申请，无须等待网店同意即可直接进行退换货。面对这种情况，售后客服人员务必及时联系客户，确认商品的完整性，以确保商品不会影响二次销售。此外，当前网店的收货地址通常是根据网店填写的地址直接生成的。如果实际的收货地址与平台生成的地址不一致，售后客服人员一定要及时提醒客户进行更改。

3）协助维修服务。协助客户安排产品的维修服务，提供维修进度查询、维修结果反馈等服务。

4）解答售后问题。解答客户在产品使用过程中遇到的问题，提供产品使用说明、维修保养建议等信息。

5）提供客户关怀。定期与客户进行沟通，了解客户对产品的使用情况和意见，提供个性化的关怀服务。

6）反馈问题信息。将客户的问题和建议反馈给公司其他部门，如生产部门、品质部门等，以改进产品质量和服务水平。

售后客服需要具备良好的沟通能力、问题解决能力和耐心。他们需要熟悉公司的售后服务政策和流程，能够快速准确地处理客户问题，确保客户在售后服务过程中得到及时的帮助和支持。同时，他们还需要与其他部门，如物流、质量管理等部门进行协调配合，以确保客户的问题得到及时解决。

### 四、客服岗位与其他岗位的对接关系

在网店的运营中，一个完整的团队通常包括客服、运营推广、美工和仓储等多个工作岗位。客服作为团队中至关重要的基础岗位，与其他岗位有着紧密的联系。以下重点介绍客服岗位与运营推广、美工和仓储岗位之间的协作关系。

#### （一）客服与运营推广

客服与运营推广在网店运营中是相互配合的角色。客服通过与客户的沟通了解客户的需求和反馈，将这些信息及时反馈给运营推广团队，帮助运营推广团队更好地把握市场需求，制定更加精准的营销策略，提高销售效率。同时，运营推广团队也会根据产品的特点和销售情况，向客服提供更加详细的产品信息和销售策略，帮助客服更好地为客户解决问题和提供服务。客服和运营推广团队之间紧密配合，可以提高网店的销售效率和客户满意度，从而促进网店的发展。

#### （二）客服与美工

在日常工作中，客服与美工之间有着密切的协作关系。客服团队负责处理客户的咨询、投诉和售后服务，美工团队则负责设计产品图片、广告素材和网店页面的美化。客服团队需要向美工团队提供各种产品图片和素材，以便在客服过程中使用。同时，美工团队也需要与客服团队密切合作，以了解客户对产品页面和广告素材的反馈，从而根据客户需求进行相应的调整和优化。通过紧密合作，客服团队和美工团队可以相互支持，提高工作

效率，同时能够更好地满足客户的需求，提升用户体验。例如，色差是一个普遍存在的情况。通常，客服人员会向客户解释，受光线和显示器等因素的影响，很难保证实物与图片完全一致，可能会存在一定的色差。但是当多位客户反馈某件商品存在严重色差时，客服人员应该及时向美工反馈，以便调整色差。如果无法调整，客服人员需要考虑如何在向客户推荐商品时准确描述商品的实际颜色。

### （三）客服与仓储

客服与仓储人员之间有着密切的协作关系，他们通常通过以下方式进行配合。

#### 1. 库存查询和更新

客服人员需要了解网店中的产品库存情况，以便在客户咨询时提供准确的信息。因此，客服人员通常会与仓储人员进行沟通，及时了解产品的库存情况，并在需要时更新库存信息。

#### 2. 订单处理

客服人员接收客户的订单并进行处理，而仓储人员负责将产品从仓库中取出并进行包装发货。因此，客服人员需要与仓储人员协调，确保订单信息准确无误，并及时通知仓储人员发货。

#### 3. 退换货处理

在客户发起退换货请求时，客服人员需要与仓储人员协作，确保退回的产品及时归还仓库，并进行相应的处理，如重新上架或者报废。

#### 4. 库存管理和补货

客服人员通常会向仓储人员反馈客户的需求和产品的销售情况，以便仓储人员进行库存管理和补货，确保能够满足客户的需求。

通过密切的协作和沟通，客服与仓储人员能够更好地配合，提高工作效率，同时更好地满足客户的需求，提升客户体验。

> **知识拓展**
>
> 虽然快递不是网店运营团队的一部分，但快递服务在网店与客户之间扮演着重要的角色，是整个网购流程中不可或缺的组成部分。好的快递服务直接影响着客户的购物体验。当客户与快递公司发生纠纷时，客服人员应积极主动地与快递公司联系，努力帮助客户解决快递问题，以确保客户能够顺利、及时地收到包裹。同时，客服人员还需要协调客户与快递公司之间的纠纷，避免双方矛盾升级。

## 任务二　明确客服工作目标

**任务描述**

小明在经过一个月的客服兼职之后，将网店客服的所有工作流程都体验了一遍，而且被小明服务过的用户对小明的服务评价都特别好。小明凭借出色的学习能力和极强的工作能力得到了网店经理的高度赞赏。网店经理决定将小明提拔为客服组组长，负责对客服新人进行岗前培训。近期网店迎来了第一波销售旺季，因此招聘了 3 位客服人员。小明需要对这 3 位新来的客服人员进行岗前培训，让他们明确客服工作的目标及客服的基本工作流程。

## 相关知识

无论是售前、售中还是售后服务，客服人员的主要工作目标都是降低售后成本、促进二次销售并提高商品转化率。明确这些目标后，客服人员才能在工作中按照目标进行实际操作，获得方向和动力。

### 一、降低售后成本

#### （一）售后成本包含的内容

客服人员在进行售后工作时需要考虑一系列成本，例如，返运费用、安装费用及免费维修或更换费用等。

**1. 返运费用**

对于商品退货或换货的情况，提供免费返运服务是常见的售后解决方式。然而，这将增加网店的运输成本，可能导致亏损进一步增加。

**2. 安装服务**

为了提供更便利的售后服务，一些网店会提供上门安装的选项。但是，这样的服务需要额外支付安装费用，增加了售后成本。

**3. 免费维修或更换**

若商品出现质量问题或损坏，免费维修或更换是网店常用的解决方式。然而，免费维修或更换的成本要由网店承担，可能直接减少销售的利润，进而导致亏损。

因此，客服人员在售后工作中提出的常见解决方式，可能会带来不同程度的亏损。为了平衡售后成本和客户满意度之间的关系，网店需要仔细评估每种解决方案的可行性，并根据实际情况进行决策。

#### （二）售后问题常用的解决方法及其结果

以下是客服人员在售后工作中常见的解决方式，以及与之相关的可能造成销售额亏损的具体情况。

**1. 退全款且不要求客户退货**

这种方法可以干净利落地解决客户投诉，无须复杂的处理技巧，同时可以有效地避免客户留下中评或差评甚至与网店发生纠纷。然而，采用这种方式进行售后处理会导致网店无法收回商品成本和运输费用等已产生的费用，同时需要全额退还客户的款项，将给网店带来巨大损失，长期使用将严重影响网店的整体利润水平。

**2. 免费重新发货**

免费重新发货是指客户不需要将第一件有问题的商品退还给网店，而是网店直接免费重新发一件没有问题的商品，如图1-7所示。

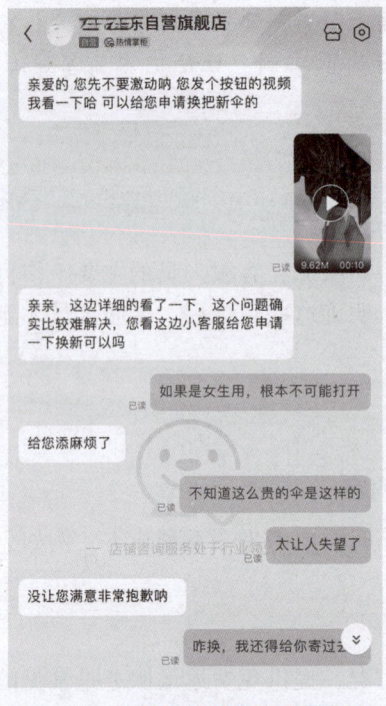

图1-7 免费重新发货的客服沟通

采用免费重新发货方式时，网店需要支付重新发货的商品成本和运输成本，这两项费用的总和通常占原始订单金额的65%～80%，这也意味着网店在这种方式下需要承担的损失很大。

### 3. 部分退款或其他补偿

当客户反映商品问题并不严重且可以解决时，网店可以与客户进行沟通，提出部分退款的方案以对客户进行合理补偿。比如，客户购买了一件服装，发现了一个小瑕疵，但并不影响整体穿着效果。网店可以与客户商议，提出部分退款的方案以对客户进行合理补偿。这种方式不仅能够解决问题，也能够维护客户关系。通过与客户协商，网店可以灵活处理问题，满足客户需求，提升客户满意度。同时，这种处理方式也能够节省成本，更为高效。

### 4. 提供优惠券

如果一些客户反映的商品问题并不会影响正常使用，网店可以考虑发放一定金额的优惠券来补偿客户。比如，如果客户本次下单金额为300元，网店可以提供30元的优惠券，客户在下次购物时使用这张优惠券可享受30元的优惠，具体如图1-8所示。

图1-8 提供优惠券

对客户来说，发优惠券（尤其是无门槛优惠券）与退款没有太大差别。然而对于网店来说，使用优惠券的损失要远远小于全额退款或免费重新发货，而且优惠券可以鼓励客户再次购物，从而增加网店的销售额和利润。因此，建议网店采用这种方式。

### 5. 技术层面支持

这种方式指的是客服人员通过解答疑问来解决客户在商品、服务和运输方面的问题，以使客户理解整个服务过程并最终接受商品。这正是网店所追求的目标。例如，许多客户购买了复杂的软件产品，但由于缺乏使用经验，他们可能会遇到困难。在这种情况下，网店的客服人员可以利用他们对产品的深入了解，以简单易懂的语言为客户解释产品的使用方法，并解答所有技术性问题。通过这种方式，客户的问题得到了解决，网店也不需要进行任何形式的补偿。

### 知识拓展

当客户出现问题时，网店能够迅速提出解决方案，不仅能让客户对其印象深刻，还能降低处理问题的成本和难度。此外，网店在提供解决方案时，应尽可能提供两种或两种以上的备选方案，这样不仅可以让客户感受到网店对他们的尊重，也能加快问题处理的速度，以免客户向电子商务平台投诉或留下中评或差评。举例来说，当客户在购买的智能手表出现无法连接手机的问题时，客服人员可以迅速提出解决方案，例如，检查手表和手机的蓝牙连接是否正常，或者重置手表的网络设置。此外，网店还可以提供其他备选方案，例如，更换手表或退款等。这样，不仅可以让客户感受到网店的专业性和负责的态度，也能快速解决问题，避免客户对网店产生不满。

## 二、促进二次销售

出色的客户服务可以为网店带来二次销售的机会。要想实现二次销售，网店必须确保客户对商品和服务感到满意。不同的网店采用不同的方法来促进二次销售。以下是一些常见的促进二次销售的技巧和方法。

### 1. 帮助客户完美地解决问题

从网店的成交订单中可以观察到一个规律：经常下单的老客户往往在最初几次交易中遇到过问题，当客服人员成功解决了这些问题时，客户对网店的信任度显著提高。这种建立在相互信任基础上的关系会鼓励客户在未来回购。

### 2. 建立粉丝群

对于网店而言，创建粉丝群非常重要。粉丝可以成为网店的忠实客户，他们会持续关注网店的动态，参与促销活动和产品推广，提供反馈和建议，甚至帮助宣传推广。社群营销对网店的重要性体现在以下几个方面。

1）品牌推广。通过社群营销，网店可以与潜在客户建立更加亲密的联系，提升品牌知名度。通过社交媒体平台，网店可以分享产品信息、促销活动、用户评价等内容，吸引更多用户关注和参与。

2）用户互动。社群营销可以帮助网店与用户建立更加紧密的互动关系，提高用户参与度。网店可以通过社交媒体平台与用户进行即时互动，回答用户问题，收集用户反馈，提供个性化的服务。

3)销售增长。通过社群营销,网店可以直接与潜在客户进行沟通和互动,促进销售。例如,网店可以通过社交媒体平台发布促销活动、优惠券等信息,吸引用户购买。

例如,一个网店销售运动产品。通过社群营销,网店可以在社交媒体平台上创建专门的运动爱好者群体,定期分享选购运动产品技巧、产品推荐、运动健身经验等内容,吸引更多运动爱好者加入。这些粉丝群成员会积极参与讨论,分享购买体验,提供产品反馈,帮助网店了解用户需求,提升产品销售。同时,网店也可以通过粉丝群发布特别促销活动和折扣信息,吸引粉丝群成员购买运动产品,促进销售,如图1-9所示。

因此,通过社群营销,网店可以与客户建立更加紧密的关系,提高用户忠诚度,增加销售额。

### 3. 定时发放优惠券

在网店运营中,定时发放优惠券有以下几个好处。

1)吸引和留住客户。定时发放优惠券可以吸引更多的潜在客户,促使他们下单购买商品。优惠券可以提供额外的优惠或折扣,使购物对客户更有吸引力,增强其购买商品的意愿。同时,对忠实客户来说,定时发放优惠券也可以激励他们继续在网店购物,增加客户的复购率。

图1-9 粉丝群里发优惠券及打折产品信息

2)促进销售和提升订单价值。定时发放优惠券可以刺激客户增加购买数量或选择更高价值的商品。例如,通过设置满减优惠券,客户可以在达到一定购买金额后享受折扣,鼓励其增加购买量。定时发放优惠券还可以结合销售活动进行,如抢购活动、季节促销等,通过满足一定条件的客户,进一步提升订单价值。

3)提升用户参与度和活跃度。定时发放优惠券可以促使用户参与更多的活动,提高其在网店的活跃度。例如,设定限时抢购或限量发放的优惠券,可以引起客户对活动的关注,提升其参与度,增加网店的流量和曝光度。同时,定时发放优惠券还可以激发用户的参与和互动,如分享活动到社交媒体平台、邀请好友使用优惠券等。

4)促使客户快速决策和购买。定时发放的优惠券通常有使用期限,这可以促使客户在有限的时间内进行购买决策,增加购买转化率,特别是对于位于购买决策边缘的客户,优惠券可以提供最后的推动力,使其快速下单购买。定时发放优惠券还可以与其他促销手段相结合,如短信提醒、邮件营销等,提升客户购买冲动。

综上所述,定时发放优惠券有助于吸引和留住客户,促进销售和提升订单价值,提升用户参与度和活跃度,促使客户快速决策和购买。这些好处有助于网店提升业绩和客户满意度。

#### 4. 设置提示

在网店运营中，客服要想办法让客户更多地关注商品详情页。在页面上设置提示，如图 1-10 所示的会员内购会提示，可以达到这个目标。这些提示可以包括有关订阅、收藏网店或商品的相关信息，引导客户关注网店的优势和特色。设置提示不仅可以提高网店和商品的点击率，还可以鼓励客户再次购买商品，从而促进网店的业务增长。

#### 5. 定位营销

定位营销在电商中有至关重要的作用。它旨在通过深入了解和满足目标市场的需求和偏好，从而在市场竞争中脱颖而出。以下是定位营销在电商中的几个重要作用，并附带一些例子。

1）帮助建立品牌认知和区分度。定位营销可以帮助电商企业在市场中建立独特的品牌形象，让消费者对其产生认知和记忆，并与竞争对手区分开来。例如，亚马逊通过其广告和营销策略，成功建立了作为全球最大电商平台之一的品牌形象。

图 1-10 会员内购会提示

2）根据目标市场进行产品定位。定位营销使电商企业能够深入了解目标市场的需求和喜好，以便开发和推出有针对性的产品。例如，Apple 定位为针对年轻消费者群体的高端和时尚的电子产品，其产品在年青一代中非常受欢迎。

3）提供个性化的营销和用户体验。通过对目标市场进行细分和定位，电商企业可以为不同的用户群体提供个性化的营销和用户体验。例如，在线服装零售商 ASOS 通过用户的浏览历史和购买习惯提供个性化的推荐商品，提升了用户的购物体验。

4）扩大市场份额和增加销售额。通过深入了解目标市场并在竞争中树立独特的定位，电商企业可以吸引更多的目标客户，并获得更大的市场份额和更多的销售额。例如，拼多多作为一家农村电商平台，通过低价和团购模式满足农村用户的需求，成功扩大了市场份额。

总之，定位营销在电商中可以帮助企业在竞争激烈的市场中建立品牌认知、满足目标市场需求、提供个性化的用户体验，并最终实现市场份额和销售额的增长。

### 三、提高商品转化率

在线下购物时，许多消费者倾向于寻求导购员的帮助，而在网上购物时，消费者更多地向客服人员寻求帮助。因此，客服人员对商品转化率起重要作用。为了提高商品转化率，客服人员可以采取以下方法和技巧。

#### 1. 提供及时且专业的客户服务

客服人员应该迅速回应客户的咨询和问题，并提供准确、清晰的答案。专业的客户服务可以增强客户对商品的信任感和满意度，从而提高转化率。

### 2. 了解商品特点和优势

客服人员应该对所销售的商品有充分的了解。了解商品的特点、功能和优势可以帮助客服人员有效地向客户传达商品的价值，并提供个性化的推荐和建议。

### 3. 运用积极的语言

客服人员应该以积极、友好的态度与客户交流。使用积极的语言可以建立良好的沟通和客户关系，激发客户的兴趣和购买欲望。

### 4. 提供详细的产品信息和说明

客服人员应该向客户提供详细的产品信息和说明，包括商品的规格、功能、使用方法等。清晰的产品信息可以帮助客户快速进行购买决策。

### 5. 处理客户异议和投诉

在遇到客户的异议或投诉时，客服人员应该耐心倾听并积极解决问题。妥善处理客户问题，可以增强客户的信任感和忠诚度，进而提高商品转化率。

### 6. 提供促销和增值服务

客服人员可以向客户介绍促销活动和额外的增值服务，如优惠券、免费配送等。这些促销活动和增值服务可以增加客户的购买意愿，促进商品的转化。

以上是客服人员常用的提高商品转化率的方法和技巧。通过提供专业的客户服务、了解商品特点、使用积极的语言、提供详细的产品信息和说明、妥善处理客户问题以及提供促销和增值服务，客服人员可以有效提高商品转化率，实现更多的销售成果。

## 项目实训

### 认识网店客服岗位

**[实训背景]**

某同学为了进一步了解网店客服岗位的要求和具体职责，进入智联招聘网站查看相关岗位信息，并总结出作为一名合格的电商客服应当具备的能力与岗位职责。

**[实训目标]**

1. 了解客服岗位必备能力。
2. 掌握客服岗位工作职责。

**[实训步骤]**

1. 注册并登录智联招聘网站，进入首页。
2. 在搜索框中输入"客服"，按〈Enter〉键，浏览搜索结果，并选择一个客服岗位仔细查看。返回智联招聘网站首页，输入"售前客服"进行搜索，查看与售前客服岗位相关的职位描述和职责要求。

按照相同的步骤，我们还可以查看"售中客服"和"售后客服"等岗位的相关招聘信息。

## 效果评价

**1. 选择题**

(1) ［单选］客服中最重要的能力是（　　）。
A. 讲话流利　　　　　　　　B. 耐心周到
C. 快速回复　　　　　　　　D. 熟练使用电脑

(2) ［单选］客服在处理客户投诉时，最重要的是（　　）。
A. 立即反应　　　　　　　　B. 理解客户情绪
C. 推卸责任　　　　　　　　D. 不回复客户

(3) ［单选］客服与客户沟通时，需要用到的技巧有（　　）。
A. 直接否定客户观点　　　　B. 避免使用客户不熟悉的词
C. 忽略不重要的问题　　　　D. 指责客户

(4) ［单选］良好的电子邮件沟通要注意（　　）。
A. 内容要点明确　　　　　　B. 拼写和语法正确
C. 避免使用邮件正文　　　　D. 在邮件中使用大量的缩写词

(5) ［单选］以下选项中，（　　）不是客服在工作中需要具备的基本技能。
A. 电脑操作熟练　　　　　　B. 语音语调好
C. 技术了解深入　　　　　　D. 专业知识掌握

(6) ［多选］客服需要具备的习惯和态度有（　　）。
A. 热情主动　　　　　　　　B. 好学上进
C. 耐力足　　　　　　　　　D. 经常谦虚和感谢
E. 能够接受变化

(7) ［多选］客服处理客户投诉的流程包括（　　）。
A. 理解客户说的话　　　　　B. 在道歉的同时解释问题
C. 承诺会给出具体解决方案　D. 着手解决问题并跟进处理
E. 避免直接告知客户无法解决

(8) ［多选］客服在提供服务的过程中，（　　）可以改善客户满意度。
A. 快速解决问题　　　　　　B. 介绍其他产品
C. 主动回复客户信息　　　　D. 表示感谢
E. 尽量不发布公开回复

**2. 判断题**

(1) 客服可以随意说脏话或辱骂客户。（　　）
(2) 客服在处理客户问题时，必须确认客户身份是否与注册账号相符，以保证客户信息安全。（　　）
(3) 在客服的岗位上，工作会比较枯燥乏味。（　　）
(4) 客服需要有高度的责任心和事业心。（　　）
(5) 客服无须了解或掌握产品知识，仅需了解常见问题的处理方法即可。（　　）

**3. 简答题**

(1) 请简要描述客服的工作职责。
(2) 请分享你在处理客户投诉时所采用的技巧和方法。

# 项目二　网店客服岗前准备

## 学习目标

**【知识目标】**
➢ 了解电子商务平台规则和交易安全相关知识。
➢ 熟悉网店的商品知识，以及聊天工具的使用方法和商家后台的操作方法。
➢ 掌握网店客服人员应具备的基本素质，会分析不同客户的心理差异。

**【技能目标】**
➢ 具备网店客服应具备的基础知识、操作技能和基本素质。
➢ 能够辨别不同类型客户的心理。

**【素养目标】**
➢ 通过学习电子商务平台运营规则，了解国家相关法律法规，强调在电商活动中遵守规则、诚信经营的重要性，培养良好的职业道德和法律意识。
➢ 通过客服软件工具的使用和语言表达训练，培养良好的沟通技巧和客户服务意识。

## 项目导入

　　为了迎接"双十一"购物狂欢节的到来，某电子商务公司王经理在三个月前就启动了筹备工作。活动当天，网店客服人员忙得不可开交，因为进店咨询的客户比平时多了很多。为了缓解接待压力并提高成交量，王经理紧急招聘了一名电子商务专业的毕业生小李作为网店客服工作人员，并要求她立即上岗。然而，三天过去了，小李却一个订单都没有促成，这让王经理感到非常不解。通过查看小李与客户的聊天记录，王经理发现小李不仅缺乏基本的沟通能力，而且对电商后台、聊天工具、商品信息和物流知识等都不熟悉。这让王经理意识到，新招聘的网店客服人员必须经过岗前培训才能上岗。

　　从上述案例可以看出，在开展网店客服工作之前进行岗前培训是非常必要的。岗前培训可以帮助新客服人员快速掌握必要的理论知识和操作技能，提高他们的工作效率，减少问题的发生。这样网店客服人员才能更好地处理客户咨询，提升客户满意度。

# 任务一　网店客服应具备的基础知识

## 任务描述

小李入职了一家电商公司作为网店客服工作人员，通过几天工作，公司王经理发现小李缺乏网店客服人员应有的知识。于是，王经理让小李暂停手上的工作，先去学习网店客服应具备的基础知识。

本任务会带大家和小李一起，学习作为一名合格的网店客服人员所应具备的电子商务平台规则、交易安全知识、商品知识、物流知识等。

## 相关知识

### 一、平台规则

在网店运营过程中，遵守国家法律法规和平台规则是非常重要的。平台规则可以起到保障网店和客户的合法权益、营造公平诚信的交易环境、保障交易安全及促进电子商务平台规范发展的作用。常用的电子商务平台如京东、淘宝、拼多多等都有一定的平台规则。

以京东为例，网店客服人员可以通过在浏览器中搜索"京东平台规则中心"进入京东的规则中心页面，如图 2-1 所示。在该页面中可以查看京东平台的各种规则，包括 POP 规则、自营供应商规则、特色业务规则、营销规则等。这些规则可以帮助网店客服人员更好地了解京东平台的运营规则，从而更好地为客户提供服务，保障网店的合法权益。

图 2-1　京东的规则中心页面

了解并遵守电子商务平台的规则对于网店运营至关重要，以下是《京东开放平台规则总则》中的部分内容。

第一条　本规则适用于京东开放平台商家，商家可以根据业务需求选择经营模式以通过京东开放平台向消费者销售商品或提供服务。本规则不适用于京东自营商品及信息。

第二条　为促进平等、开放、透明的平台生态的搭建，根据《京东用户注册协议》《"京东JD.COM"开放平台在线服务协议》等商家与京东签订的服务/合作协议，制定本规则。

第三条　商家应遵守国家法律、行政法规、部门规章等规范性文件。对任何涉嫌违反国家法律、行政法规、部门规章等规范性文件的行为，本规则已有规定的，适用本规则；本规则尚无规定的，京东有权依据相应规则酌情处理，但京东对商家的处理不免除商家因违法、违约等行为应承担的法律责任。

第四条　违规行为的认定与处理，京东将基于法律法规的规定、协议及规则的约定、消费者和商家提供的证据材料以及京东记录的相关信息等做出判断并依据相关规则严格执行。

第五条　商家在京东的任何行为，应同时遵守与京东及京东关联公司所签订的各项协议。协议约定的商家违约责任高于平台规则约定的，京东有权直接适用协议约定。

第六条　京东有权依法随时变更本规则并以公示的形式予以公告。若商家不同意相关变更，应立即停止使用京东开放平台提供的相关服务，并及时通知京东。如商家继续使用京东开放平台提供的服务，则视为同意对规则的调整变更。

此外，对于商品发布、交易行为、营销活动等环节的行为，京东均有一系列规则。网店客服人员在上岗前应对相应规则了如指掌，必要时还可以将一些容易出错的规则制作成文档，以便在后续工作中随时查询，京东规则极简版如图2-2所示。这些规则可以帮助网店客服人员更好地了解京东平台的运营规则，从而更好地为客户提供服务，保障网店的合法权益，也有助于营造公平诚信的交易环境，保障交易安全，并促进电子商务平台的规范发展。

图2-2　京东规则极简版

## 二、交易安全知识

伴随着网络技术的不断发展，网店在交易过程中也面临许多安全威胁，所以网店客服人员需要关注网络安全问题，并采取相应的措施来保障交易安全。

### （一）安装合适的防火墙与杀毒软件

防火墙可以阻止来自外部网络的威胁，如未经授权的访问和数据泄露。杀毒软件则可以检测和清除计算机病毒、木马程序等恶意软件，避免计算机受攻击。

### （二）在网络中下载的文件、程序或手机应用软件，经过杀毒软件查杀后再打开

这样做可以确保下载的文件没有被恶意软件感染，避免因打开恶意文件而遭受攻击。

### （三）重要的文件加密并进行备份

加密文件可以防止数据被未经授权的人员访问和窃取。同时，定期备份重要文件可以避免因数据丢失而造成损失。

### （四）电子商务平台的登录密码管理

密码设置尽量复杂一些，不使用容易被破解的密码，养成定期修改密码的习惯。复杂的密码可以增加破解密码的难度，定期修改密码可以降低密码被盗用的风险。

### （五）不随意接收和打开陌生文件

接收文件前最好进行病毒查杀。未知来源的文件存在安全风险，接收时最好先进行病毒查杀，或者直接拒收，避免恶意软件入侵。

### （六）不访问不正规网站

不访问不正规网站，不通过不正规途径下载软件，不扫描来历不明的二维码，以免感染恶意软件或泄露个人信息。

除了以上日常防范手段，网店客服人员还需要注意：定期更新操作系统和应用程序的安全补丁；不要将个人信息和交易信息随意泄露给陌生人；定期检查计算机的安全设置和网络连接情况。网店客服人员时刻保持警惕，养成良好的网络安全习惯，才能有效保障交易安全。

## 三、商品知识

商品知识是网店客服人员的核心技能之一。作为网店客服人员，了解并掌握商品知识，能够更好地为客户提供专业、准确的服务。

### （一）商品规格是商品知识的基础

商品规格包括商品的尺寸、体积、重量、型号等参数，是反映商品品质的重要指标，例如，图2-3为某服装的规格，网店客服人员需要熟悉商品的各项参数，以便准确回答客户的问题，并为客户提供合适的建议。

| 尺码 | 衣长 | 肩宽 | 胸围 | 袖长 |
|---|---|---|---|---|
| M | 64 | 43.5 | 50 | 57 |
| L | 66 | 45 | 52 | 58 |
| XL | 68 | 46.5 | 54 | 59 |
| 2XL | 70 | 48 | 56 | 60 |
| 3XL | 72 | 49.5 | 58 | 61 |
| 4XL | 73.5 | 51 | 60 | 62 |
| 5XL | 74.5 | 52.5 | 62 | 63 |

图 2-3　某服装的规格

### （二）商品基本属性是商品知识的核心

商品基本属性包括材质、成分、含量及配件等，是决定商品品质的关键因素。对于非标类商品，如化妆品、食品等，客户会详细咨询其成分、含量等，以确定商品是否适用。因此，网店客服人员需要掌握这些基本属性，以便为客户提供专业的解答和建议。图 2-4 为网店客服向客户介绍商品属性。

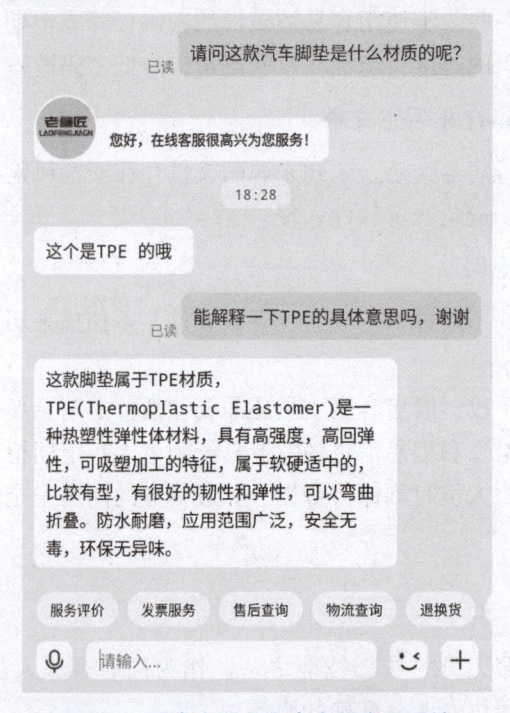

图 2-4　网店客服向客户介绍商品属性

### （三）商品保养与维护方法是重要知识

对于商品的保养与维护方法，网店客服人员需要在客户购买商品时进行一定的阐述和说明，以确保客户能够正确使用和养护商品，延长商品的使用寿命。图 2-5 是网店客服人员向客户提示商品的保养与维护知识。

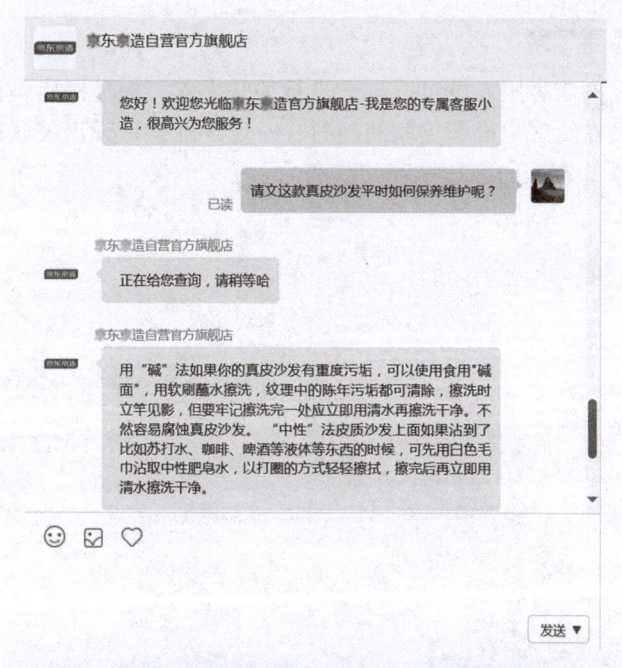

图 2-5　网店客服向客户提示商品的保养与维护知识

## （四）商品的安装或使用方法是必备知识

有时客户会因不会安装或使用商品而咨询网店客服人员，此时网店客服人员需要利用所掌握的商品知识迅速而准确地帮助客户解决问题。协助客户解决商品的安装或使用问题，可以打消客户对商品的疑虑，提升商品转化率，降低商品退货率，提升购物体验。图2-6是客服协助客户安装商品。

图 2-6　客服协助客户安装商品

## （五）关联商品要了解

在销售商品时，网店客服人员可以尝试进行关联推荐，提高网店整体销量。需要注意的是，网店客服人员在给客户推荐关联商品时，一定要准确地说出关联的理由，这样客户才容易接受。图2-7为客服向客户推荐关联商品。

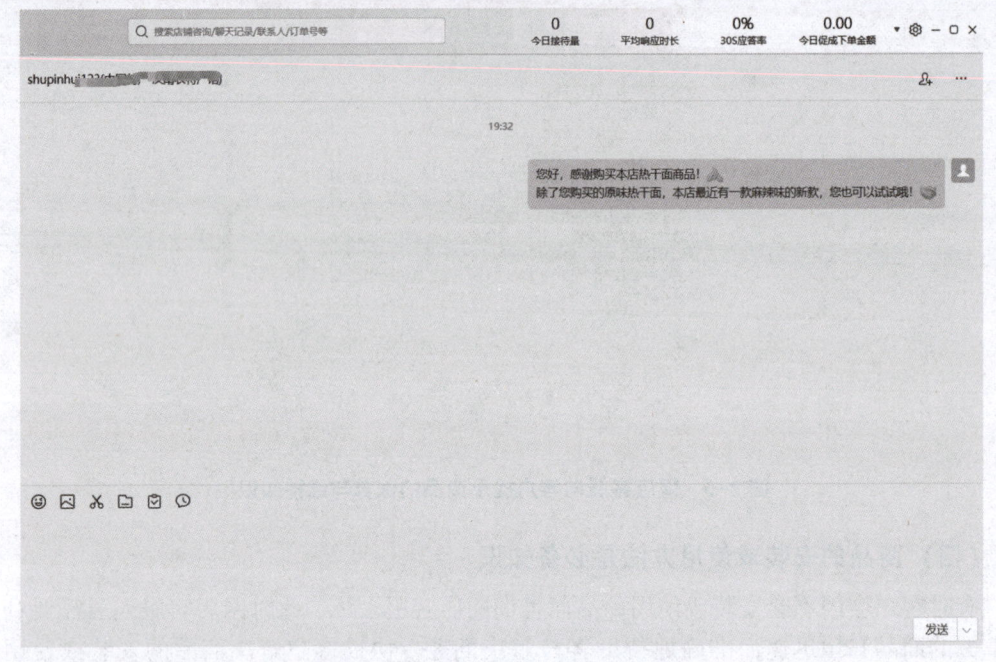

图2-7 客服向客户推荐关联商品

商品知识是网店客服人员必须掌握的知识。了解并掌握商品知识后，网店客服人员能够更好地为客户提供专业、准确的服务，提升客户满意度和忠诚度。

### 知识拓展

**掌握商品的其他知识**

除了以上商品知识，某些网店客服人员可能还需要掌握以下商品知识。

1. 商品使用禁忌

了解商品的使用禁忌可以帮助网店客服人员为客户提供更准确的使用指导。网店客服人员可以查阅商品说明书、咨询厂家或专业人士，了解商品的使用方法和注意事项。

2. 真伪辨别方法

对于一些高价值的商品，如名牌手表、奢侈品等，客户可能会担心买到假货。因此，网店客服人员需要掌握一些真伪辨别方法，以便为客户提供可靠的购买建议。

3. 商品生产地

了解商品的生产地可以帮助网店客服人员为客户提供更全面的商品信息。例如，一些特定的商品可能只在特定的地区生产，而其他地区的生产质量可能存在差异。因此，了解商品的生产地可以帮助网店客服人员为客户提供更准确的购买建议。

**4. 商品售后服务**

了解商品的售后服务政策可以帮助网店客服人员为客户提供更好的购物体验。例如，一些商品可能提供保修、退换货等政策，而其他商品可能不提供这些服务。因此，网店客服人员需要了解这些政策，以便为客户提供更好的售后服务。

### 四、物流知识

物流是网店运营的关键环节，它确保了商品能够安全、准时地送达消费者，从而完成交易过程。因此，网店客服人员不仅要掌握商品的相关知识，还要对物流知识有深入的了解。

#### （一）熟悉各种配送方式

了解不同的配送方式是网店运营的重要一环。目前主流的配送方式为快递，配送时间一般在3天左右，主流的快递公司有申通、圆通、中通、韵达、顺丰、京东等。顺丰、京东的航空件配送时间较短，一般能当天寄出次日送达，但价格较高。

#### （二）掌握物流价格策略

了解不同物流方式的计价方法，有助于在保证服务质量的同时，为客户提供更具竞争力的物流解决方案。

#### （三）了解物流运输时间

现代物流运输方式包括公路运输、铁路运输、水路运输和航空运输等。网店客服人员需要了解不同物流运输方式的寄达时间，以便更好地满足客户需求。

#### （四）建立物流公司联系网络

建立与各大物流公司的联系，准备一份各个物流公司的联系方式清单，同时熟悉如何查询物流公司网点情况、如何查询物流信息，以便快速准确地为客户提供帮助。

#### （五）处理物流售后问题

熟悉不同物流方式的售后问题处理方法，包括包裹撤回、地址更改、状态查询、保价、问题件退回和索赔处理等的处理流程，有助于提高客户满意度，提升网店形象。

## 任务二　网店客服应具备的操作技能

### 任务描述

某网店新入职的客服小李，经过一段时间的基础知识学习后，仍然感到工作吃力，主要原因是和客户沟通的聊天工具、图片处理工具、订单查询后台等操作不熟练，处理一个小问题往往要耗费大量的时间。公司王经理发现这个问题后，安排小李学习网店客服应掌握的操作技能。本任务将带大家和小李一起学习网店客服应掌握的操作技能。

## 相关知识

### 一、工具的使用

对于网店客服人员来说，熟练掌握聊天工具与图片处理工具至关重要。聊天工具作为日常工作中最常使用的工具，有助于网店客服人员快速、准确地与客户沟通，而图片处理工具则能够帮助他们更好地展示产品，提高客户体验。因此，想要成为一名优秀的网店客服人员，不断学习和掌握这些工具的使用方法是非常必要的。

#### （一）聊天工具

以京东平台为例。京麦工作台是京东平台网店常用的商家一站式工作台，京麦工作台内嵌了聊天工具——咚咚。网店客服人员先要认识京麦工作台的工作界面，并学会使用咚咚的设置自动回复和快捷回复等操作。

**1. 认识京麦工作台的工作界面**

京麦工作台有 App、Win 版、Mac 版三种类型，其功能基本一致，只是界面或使用场景略有差别，下面以 Win 版的京麦工作台为例进行介绍。图 2-8 为 Win 版京麦工作台的工作界面，咚咚入口在界面右上方处。

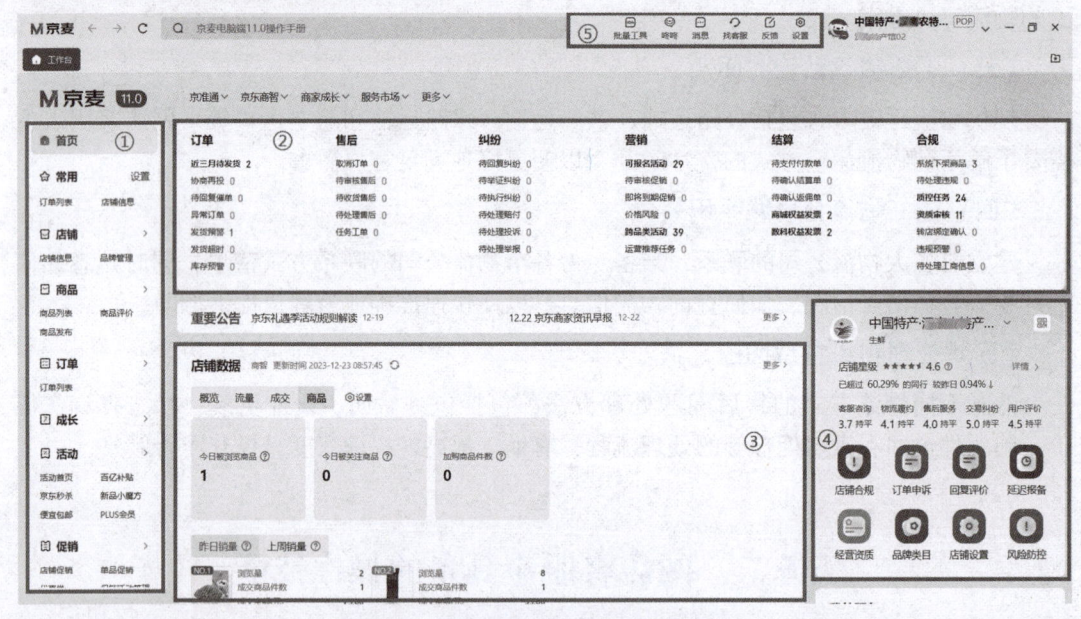

图 2-8　Win 版京麦工作台的工作界面

1）快捷菜单。通过快捷菜单，网店客服人员可以按模块找到店铺运营工作入口，包括店铺信息管理、商品管理、订单管理、促销活动管理等。

2）店铺提醒。店铺提醒用于查看店铺目前需要处理或者正在处理的订单、售后、纠纷等数据。

3）店铺数据。店铺数据是京麦工作台的重要板块。通过该板块，网店客服人员可以查看网店的流量数据、成交单数、商品数据、推广数据等重要信息，还可以对商品、员工、物流等进行管理。京麦工作台中的"京东商智"是一款用于分析网店数据的非常实用的应用，可以分析网店核心指标、流量等重要数据。

4）店铺信息。店铺信息主要用于展示店铺信息，包括店铺名称、店铺星级、账号信息、京东官方运营人员联系方式等。

5）导航栏。通过导航栏，网店客服人员可以进入咚咚，进行店铺商品数据批量操作，对接京东官方客服等。

### 2. 咚咚聊天工具操作界面

对于网店客服人员而言，导航栏中的咚咚板块的使用频率较高，下面详细介绍咚咚的常用功能。单击京麦工作界面中导航栏的"咚咚"按钮，将打开图 2-9 所示的咚咚聊天工具操作界面。

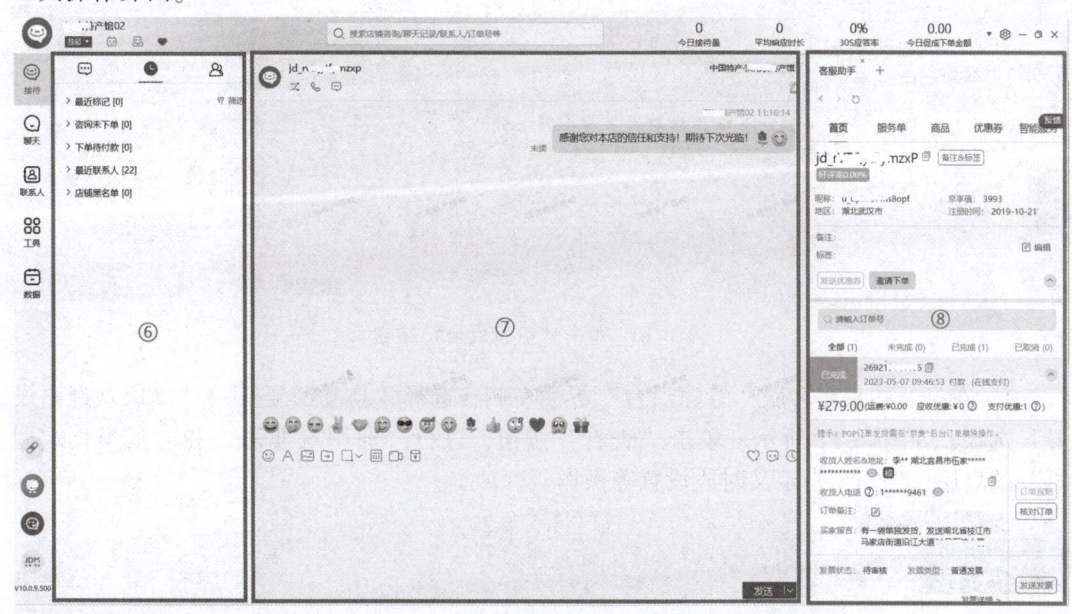

图 2-9　咚咚聊天工具操作界面

1）联系人窗格。该窗格上方的一排按钮从左至右依次为"正在咨询""历史咨询""群聊"，方便网店客服人员有针对性地找到联系人。找到联系人后，网店客服人员可在右侧的聊天窗格中与客户交流。

2）聊天窗格。该窗格显示网店客服人员与客户的聊天记录。窗格左上方客户名称下面，从左至右三个按钮依次为"转接消息给团队成员"按钮、"拨打电话"按钮、"发送消息"按钮。窗格下方按钮从左至右依次为"选择表情"按钮、"字体设置"按钮、"发送图片"按钮、"发送文件"按钮、"屏幕截图"按钮、"计算器"按钮、"发送视频"按钮，以及"发送红包"按钮、"邀评"按钮、"快捷短语"按钮、"历史消息"按钮。

3）信息窗格。该窗格主要显示客户的基本信息，包括昵称、地址、京享值等。如果该客户正在浏览当前网店中的商品，那么该窗格中还会显示客户的浏览足迹、关注的商品等信息。

### 3. 设置自动回复与快捷回复

当在线客户人数较多或者无法第一时间回复客户信息时，网店客服人员可以在咚咚中设置自动回复与快捷回复，以提高工作效率，具体操作步骤如下。

1）登录京麦工作台，单击工作界面中的"咚咚"按钮，在打开的咚咚界面中单击"管家后台"按钮，如图2-10所示。

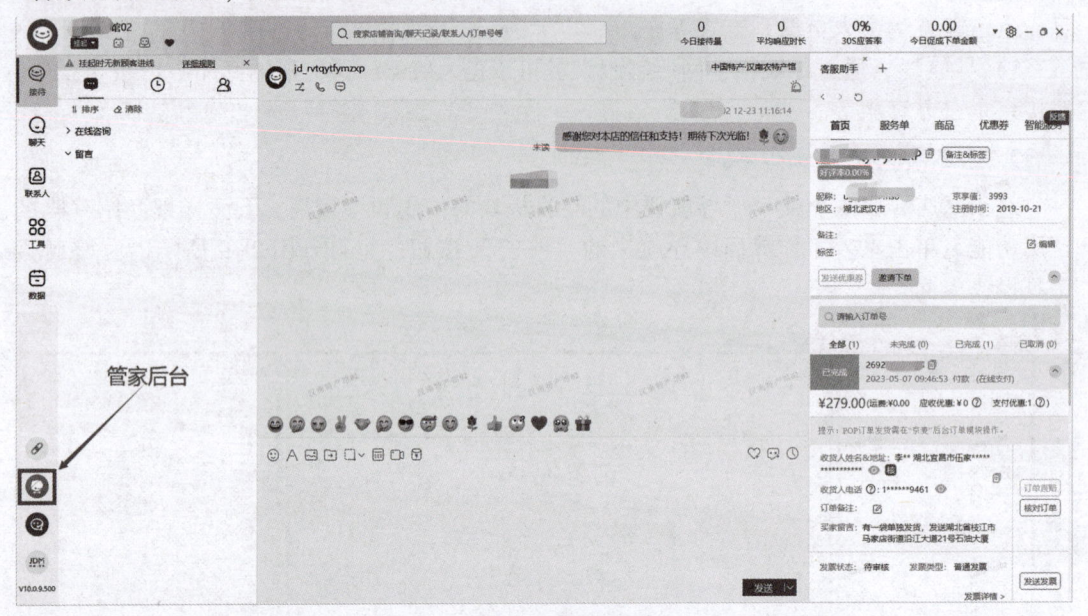

图2-10　单击"管家后台"按钮

2）在打开的京东客服"管家后台"界面左侧，选择"自动回复"→"高级欢迎语设置"选项，如图2-11所示。单击"查看"按钮，进行"通用欢迎语"和"场景化欢迎语"的启用、停用、自定义时段设置等操作。

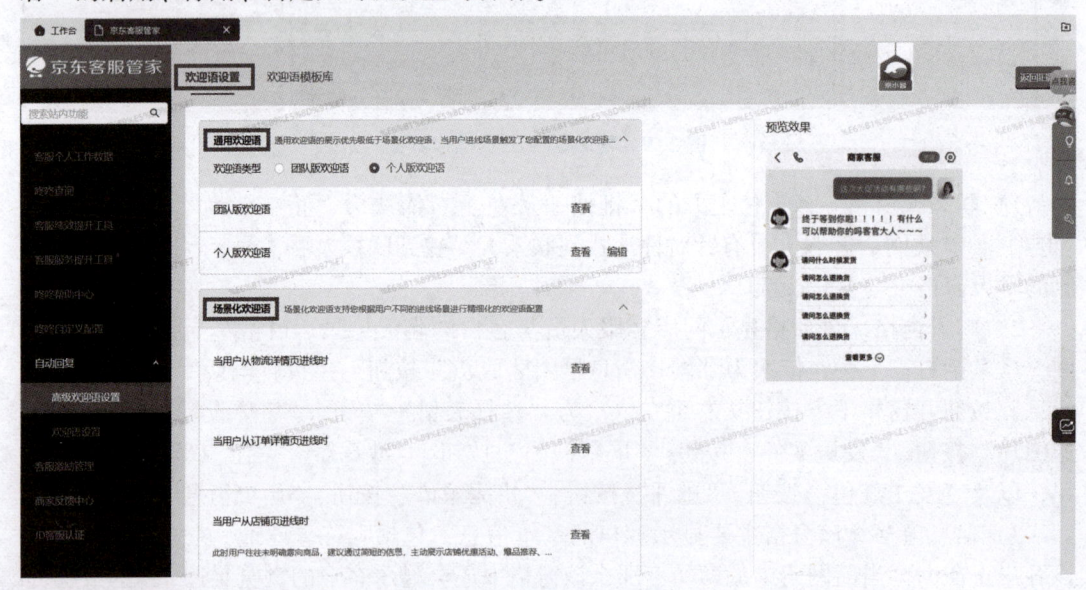

图2-11　高级欢迎语设置

3）如果需要对具体的欢迎语内容进行编辑，则要打开"欢迎语设置"选项进行操作，如图2-12所示。

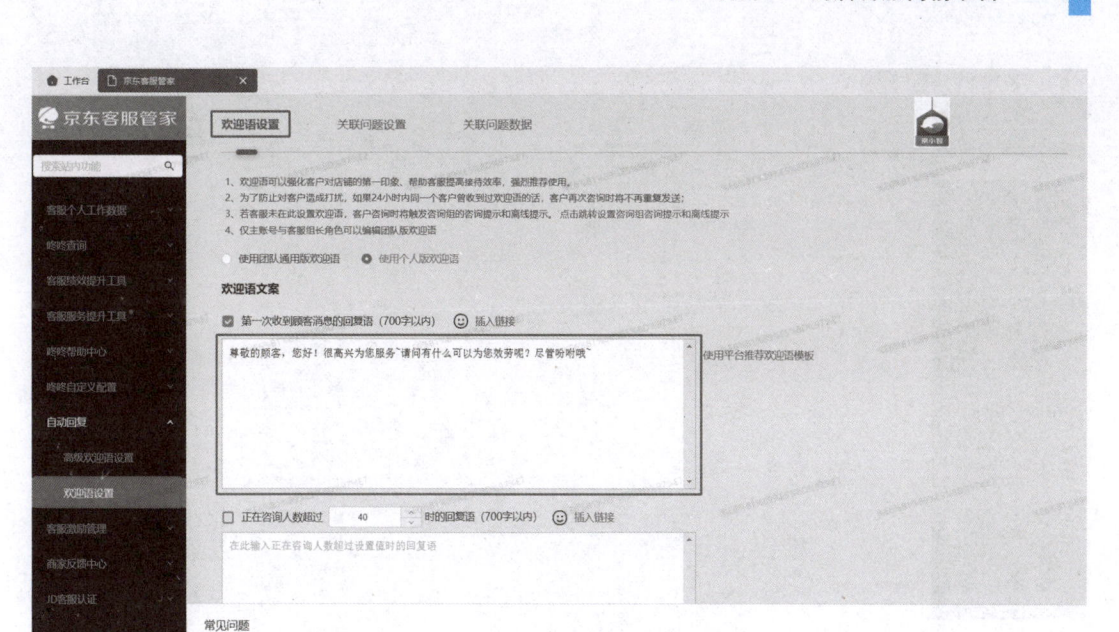

图 2-12 欢迎语设置

4）为了提升网店客服人员的接待效率和客户购物体验，网店客服人员通常会在设置自动回复时，将客户下一步可能咨询的问题及答复同时推送给客户。这就是"关联问题设置"。如图 2-13 所示，最多可以添加 10 个关联问题。

图 2-13 关联问题设置

5）在"关联问题数据"选项中能够查看到每个问题的点击量，如图 2-14 所示。根据点击量的多少可分析出客户最关心的问题，网店客服人员可以据此来优化工作。

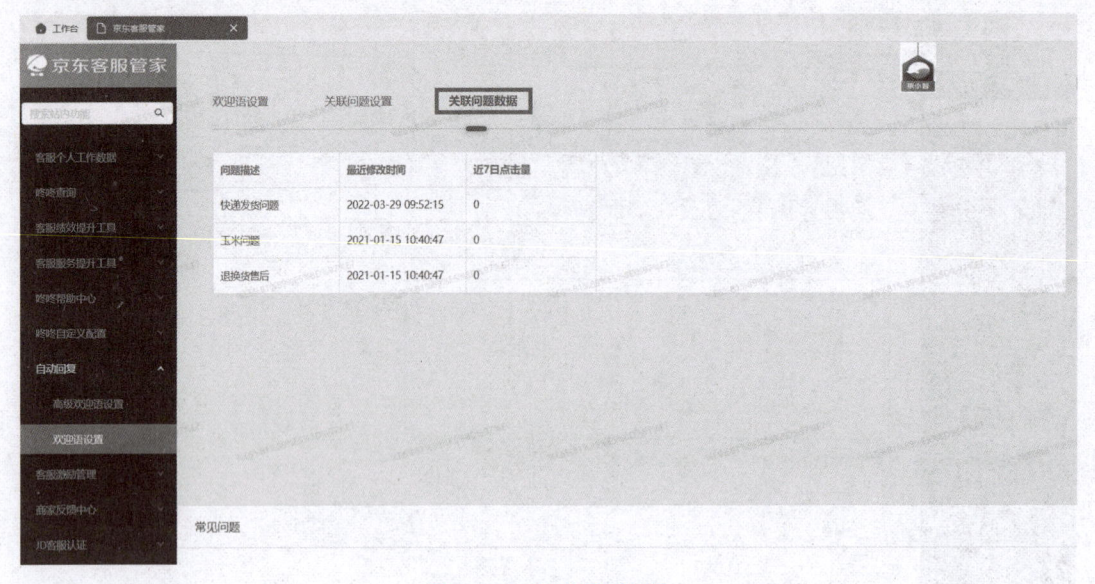

图 2-14 关联问题数据

6) 登录京麦工作台，单击工作界面中的"咚咚"按钮，在打开的咚咚界面中单击"快捷短语"按钮，对话框中会出现快捷短语对话框，快捷短语对话框下方按钮从左至右依次为刷新、新建、导入、导出、下载，如图 2-15 所示。

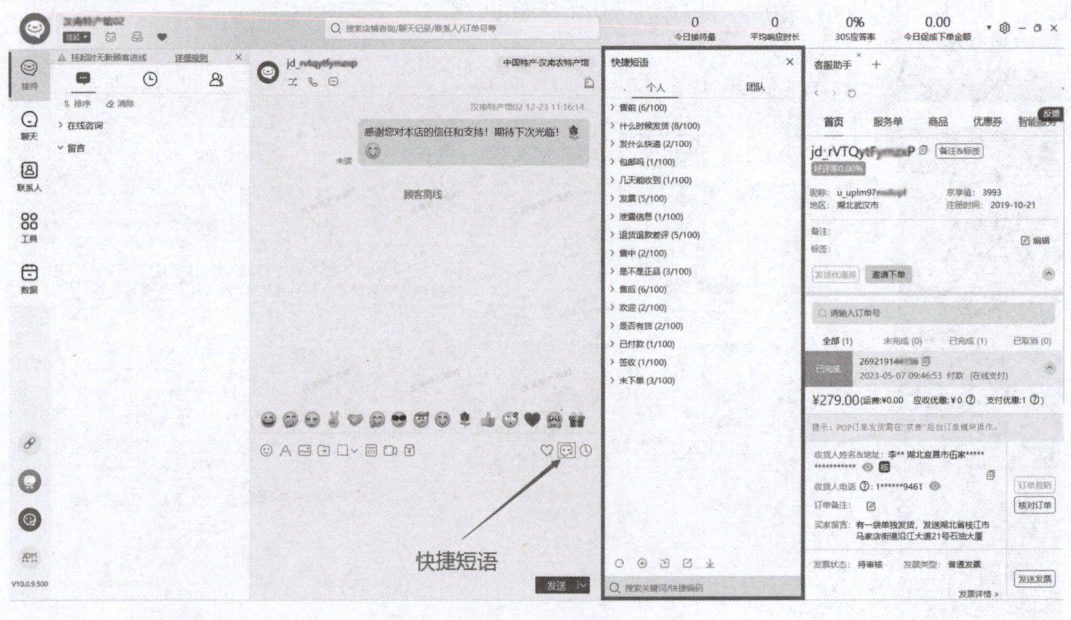

图 2-15 单击"快捷短语"按钮

7) 单击"新建"按钮，会出现"快捷短语设置"对话框，如图 2-16 所示，在"请输入快捷短语（700字以内）"文本框中输入快捷回复内容，如输入"您好！下单后 24 小时内，本店会安排京东快递为您发货的哦！"，然后在"快捷编码"文本框中输入数字"2"，在"选择分组"下拉列表中选择"什么时候发货"的分组，最后单击"确认"按钮。

项目二　网店客服岗前准备

图 2-16　快捷短语设置

8）返回咚咚聊天工具操作界面，在聊天窗口中输入符号"/2"，此时聊天窗口会自动显示新创建的快捷短语，按〈Enter〉键即可将快捷短语添加到聊天窗口，再次按〈Enter〉键或单击聊天窗口中的"发送"按钮，便可将消息发送给客户，如图 2-17 所示。

图 2-17　将快捷短语发送给客户

> **知识拓展**
>
> **京东客服管家**
>
> 京东客服管家是网店客服人员和客服部门负责人常用的管理后台。京东客服管家的主要功能有统计经营数据、客服数据对比、统计设置、服务商管理、咚咚查询、实时监控、咚咚帮助中心、咚咚自定义配置、自动回复、咚咚群管理等。

### （二）图片处理工具

在虚拟的网店中，商品图片往往是决定客户是否驻足的关键因素。一幅吸睛的商品图片，能瞬间抓住客户的视线，激发他们的购买欲望。然而，原始的商品图片往往存在各种不足，如尺寸不合适、光线不均等。这就需要网店客服人员具备一定的图片处理能力，对图片进行必要的裁剪、亮度及对比度的调整，以达到最佳的展示效果。因此，对于网店客服人员来说，掌握图片处理技巧是必不可少的。

#### 1. 裁剪商品图片

网店模块的多样性意味着商品图片的尺寸需求也是多样的。拍摄的商品图片可能因为各种因素而与实际需求不符，这时候就需要对图片进行裁剪。以京东商品主图（800像素×800像素）为例，我们将通过Photoshop CS6来演示如何裁剪商品图片。具体的操作步骤如下。

1）启动Photoshop CS6并打开需要裁剪的商品图片。在工具栏中，单击"裁剪工具"按钮。在属性栏的"裁剪方式"下拉列表中，选择"1×1（方形）"。这时，画布上将出现一个正方形的裁剪框。将鼠标指针移至框内，按住左键并拖动，以调整裁剪框在图片中的位置，如图2-18所示。

图2-18 确定裁剪区域

2）确定裁剪区域后按〈Enter〉键完成裁剪。选择"图像"→"图像大小"命令，在打开的对话框中设置像素大小，此处设置"宽度"为"800像素"、"高度"为"800像素",设置"分辨率"为"72像素/英寸",单击"确定"按钮,如图2-19所示。

图2-19 设置图像大小

3)返回图像窗口,查看图片裁剪效果,如图2-20所示。按〈Ctrl+S〉组合键保存文件。

图2-20 裁剪效果

### 2. 调整商品图片的亮度/对比度

有时网店客服人员还需要处理网店自行拍摄的商品图片,调整存在曝光不足、颜色暗淡等问题的商品图片,使商品图片的光影分布更加合理。在Photoshop CS6中,网店客服人员可以通过"亮度/对比度"命令和"色阶"命令来快速调整商品图片的亮度/对比度,具体操作步骤如下。

1)使用"亮度/对比度"命令调整。在Photoshop CS6中,网店客服人员可使用"亮度/对比度"命令来快速调节商品图片的明暗区域,使商品图片恢复明亮的色调,但调整时不能太偏离商品原本的色彩。其调整方法为:在Photoshop CS6中打开要调整的商品图片,选择"图像"→"调整"→"亮度/对比度"命令,打开"亮度/对比度"对话框,设置"亮度"和"对比度"的具体数值,数值为负时表示减小亮度或对比度,反之则表示增加亮度或对比度,然后单击"确定"按钮查看调整效果,如图2-21所示。

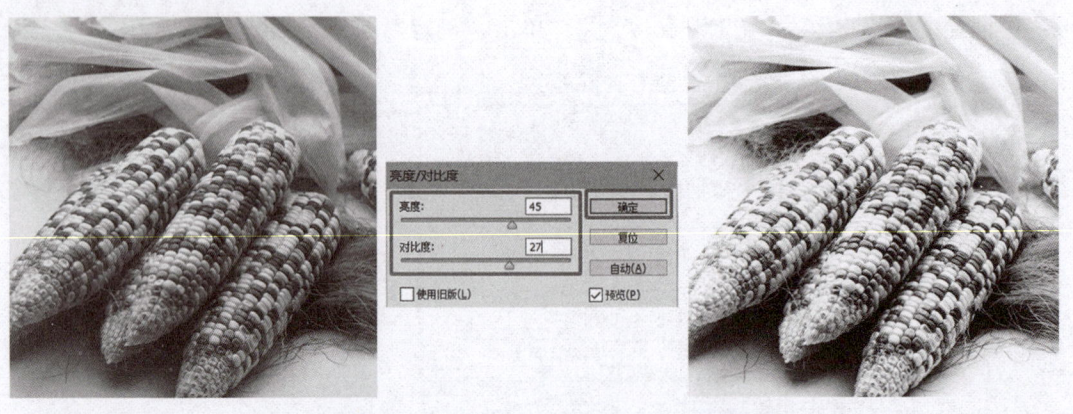

图 2-21 使用"亮度/对比度"命令调整

2) 使用"色阶"命令调整。利用"色阶"命令调整亮度/对比度的方法是：在 Photoshop CS6 中打开要调整的商品图片，选择"图像"→"调整"→"色阶"命令，打开"色阶"对话框，在"输入色阶"区域拖动左边的黑色滑块、中间的灰色滑块及右边的白色滑块，或直接在数值框中输入数值来调整对应的颜色，以优化图片中黑、灰、白 3 个色阶的显示质感，最后单击"确定"按钮，如图 2-22 所示。

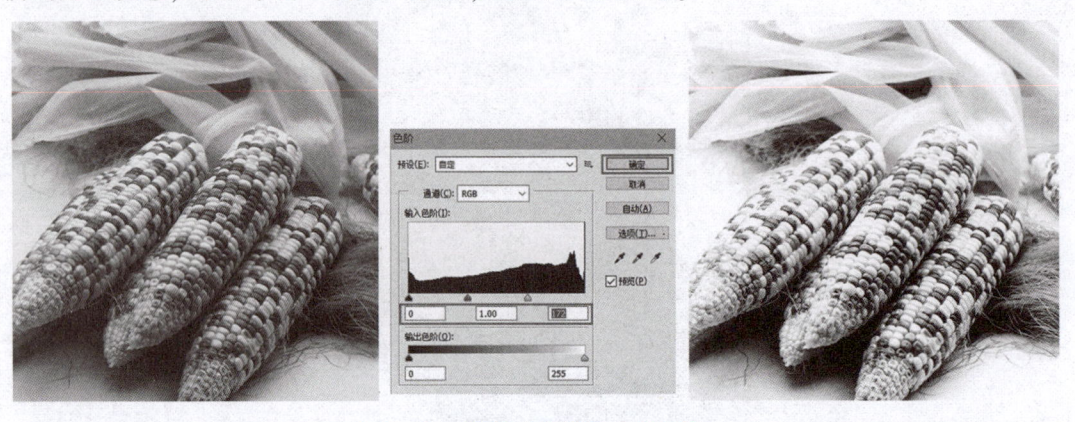

图 2-22 使用"色阶"命令调整

### 知识拓展

#### 色阶直方图中滑块的功能

在色阶直方图中，有 3 个关键的滑块，从左至右分别是黑色滑块、灰色滑块和白色滑块，它们各自代表图像中的不同色调区域。黑色滑块，位于直方图的左侧，代表图像中的阴影区域，这个滑块的位置决定图像中最暗的色调；灰色滑块，位于直方图的中间，代表图像中的中间色调区域，这个滑块的位置决定了图像中间色调的分布和强度；白色滑块，位于直方图的右侧，代表图像中的高光区域，这个滑块的位置决定图像中最亮的色调。

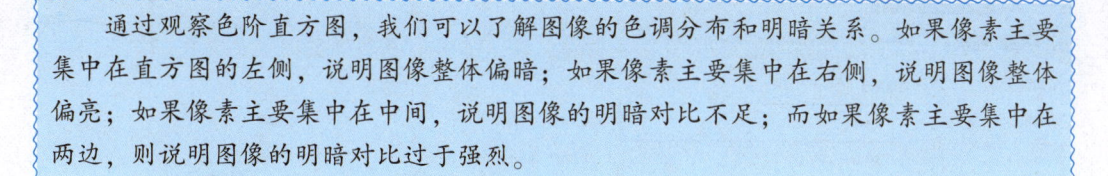

> 通过观察色阶直方图，我们可以了解图像的色调分布和明暗关系。如果像素主要集中在直方图的左侧，说明图像整体偏暗；如果像素主要集中在右侧，说明图像整体偏亮；如果像素主要集中在中间，说明图像的明暗对比不足；而如果像素主要集中在两边，则说明图像的明暗对比过于强烈。

## 二、后台操作

网店的所有运营操作，如物流管理、商品管理和网店管理，都可以通过平台工作台来完成。作为网店客服人员，熟练掌握后台操作至关重要。如查询订单、调整订单价格、备注客户信息、修改订单详情及退款处理等，都是客服人员的常规操作。熟练掌握这些操作技能既可以确保客户服务的专业性，又可以提升客户服务的效果。下面以京麦工作台为主、淘宝平台为辅进行介绍。

### （一）查询订单

网店客服人员可通过商品名称、客户昵称或订单编号等查询订单。下面介绍利用订单编号查询订单的方法，具体操作步骤如下。

1）登录京麦工作台。

2）进入京麦工作台的工作界面，选择左侧列表中的"订单列表"选项卡，在自动打开的"订单查询"界面选择"近3个月订单"选项卡，如图2-23所示。

图2-23 "订单列表"

3）在"订单编号"文本框中输入要查询的订单编号，此处输入"287612380353"，然后单击"查询"按钮，如图2-24所示，随后在"近3个月订单"区域即可看到搜索结果。

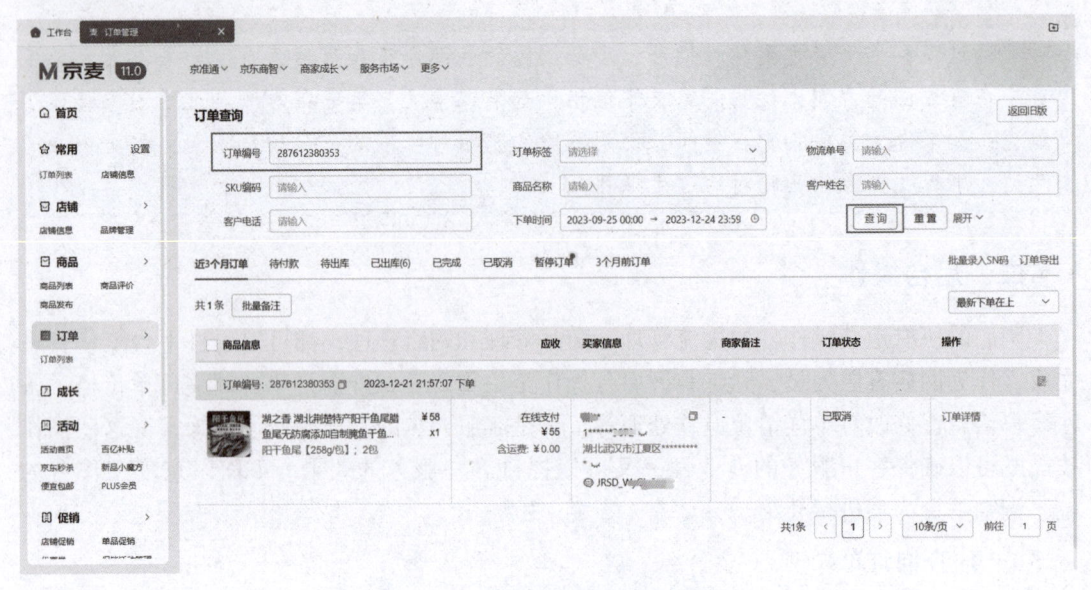

图 2-24 输入订单编号搜索订单

## （二）订单改价

不论在网上销售商品还是在实体店销售商品，都会遇到期望议价的客户。面对此类情况，网店客服人员可能需要调整原先设定的价格。但需要注意的是，订单改价仅限于交易状态为"等待买家付款"的订单。一旦客户完成付款，则无法再修改订单价格。需要注意的是，京东平台网店不支持在订单中修改商品价格，但可以通过免运费来降低客户的订单支付总价。具体操作步骤如下。

1）进入京麦工作台主界面，选择"订单列表"选项卡，在自动打开的"订单查询"界面选择"近3个月订单"选项卡，如图 2-25 所示。

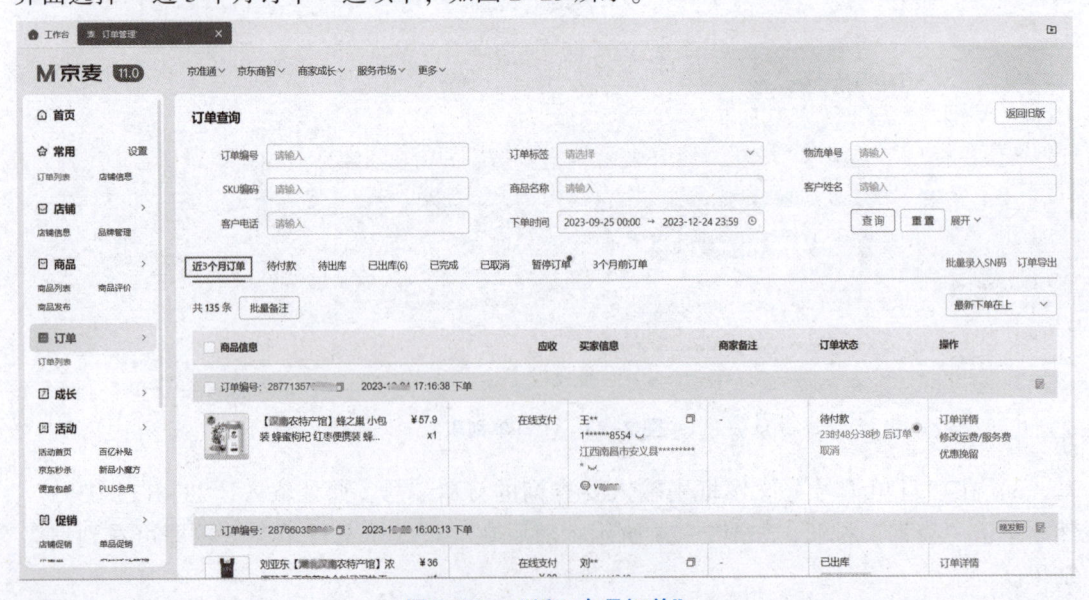

图 2-25 "近 3 个月订单"

2）找到需要修改价格的订单，单击该订单中的"修改运费/服务费"超链接，如图2-26所示。

图2-26 "修改运费/服务费"

3）在打开的对话框中可进行修改运费的操作，可将运费设置为"0"，然后单击"确定"按钮，如图2-27所示。

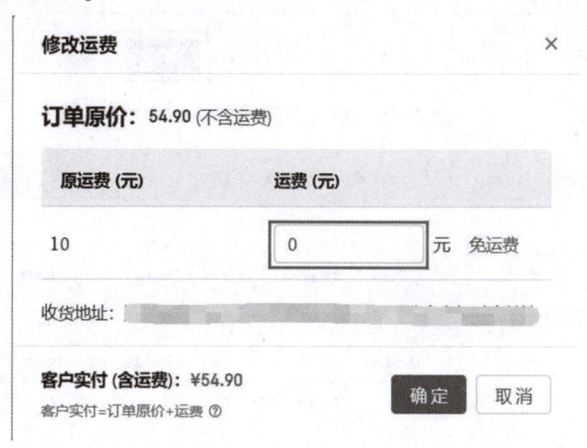

图2-27 修改运费

4）返回"近3个月订单"界面，将自动显示修改后的价格。

### （三）备注客户信息

在交易过程中，网店客服人员如果与客户有特殊约定，如赠送小礼物、写祝福卡片等，可以为订单添加备注。备注客户信息的操作非常简单，进入"近3个月订单"界面后，单击需要备注的订单右侧的灰色"商家备注"按钮，如图2-28所示。然后在打开的对话框中添加备注即可。此处选中红色旗帜（即第一个单选项），然后输入"客户希望赠送手写祝福卡片"的备注内容，最后单击"确定"按钮，如图2-29所示。此时，订单右侧的"商家备注"按钮由灰色变为红色，将鼠标指针移至按钮上方，可以查看添加的备注信息，如图 2-30 所示。

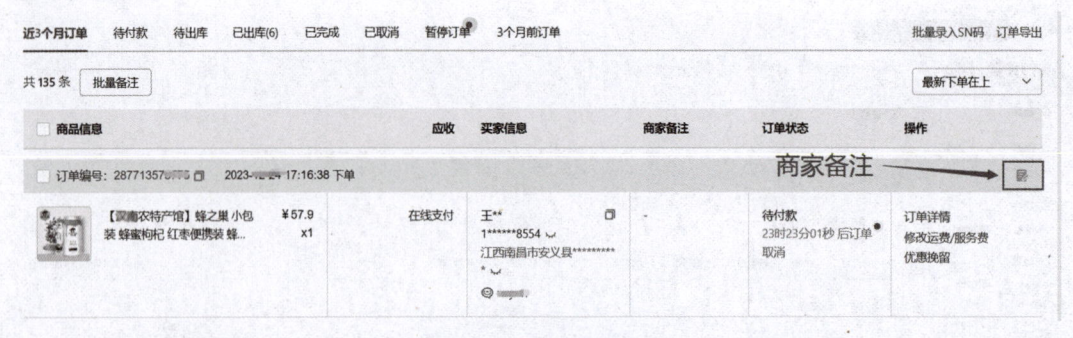

图 2-28 "商家备注"

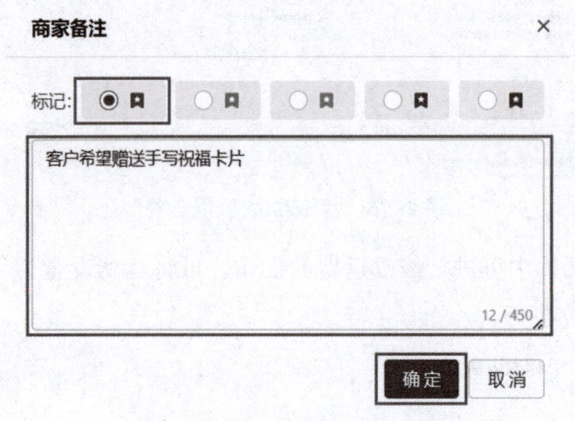

图 2-29 输入并保存备注内容

图 2-30 查看添加的商家备注信息

### （四）修改订单信息

客户在拍下商品并完成付款后，有时可能会遇到一些特殊情况，需要网店客服人员修改订单信息，如协助客户修改收货地址或订单商品颜色、尺码等属性信息。京东店铺目前不支持以上订单信息的修改，主要是为了规避交易风险。下面我们以淘宝店铺为例，说明修改订单信息的具体操作步骤。

1）进入"已卖出的宝贝"界面，在其中找到需要修改的订单，然后单击该订单对应的"详情"超链接。

2）打开的界面中显示了当前订单的状态，单击"修改收货地址"按钮，如图2-31所示。

图2-31 "修改收货地址"

3）在打开的对话框中修改买家信息，其有智能修改和手动修改两种方式。在智能修改方式下，粘贴买家发送的地址或输入买家地址，系统会自动识别并修改。若要手动修改，需先单击"手动修改"栏右侧的按钮。此处手动修改客户的收货地址，如图2-32所示，最后单击"确定提交"按钮完成修改。

图2-32 修改收货地址

4）返回"已卖出的宝贝"界面，在底部的"宝贝属性"栏中单击"修改订单属性"

超链接，如图 2-33 所示。

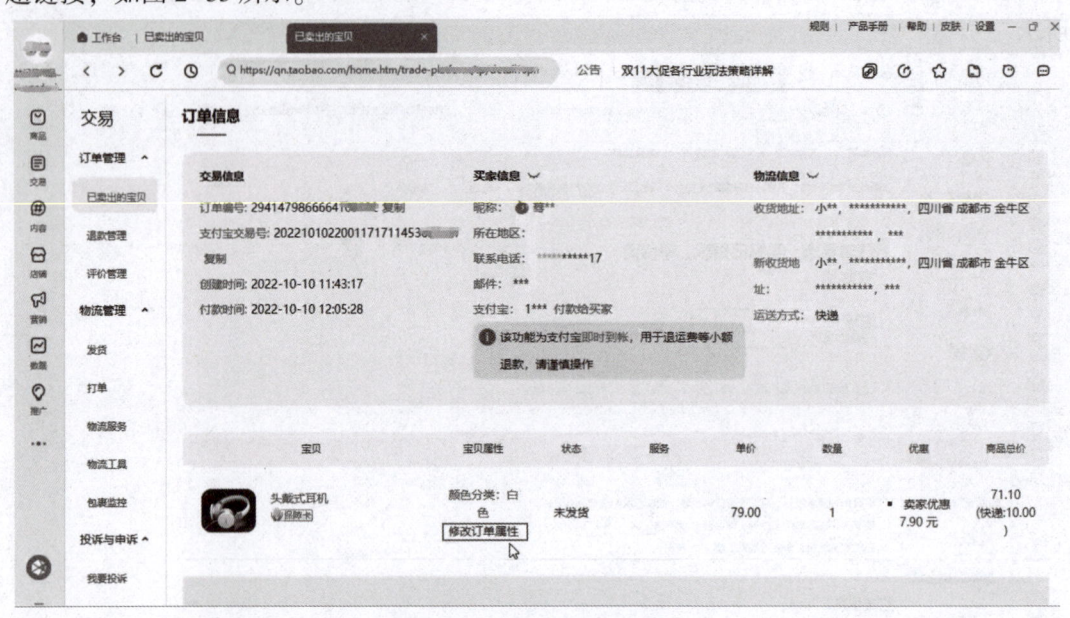

图 2-33 "修改订单属性"

5）在打开的"卖家修改订单属性"对话框中可对商品的颜色进行修改，此处选择颜色分类"黑色"，如图 2-34 所示，单击"确定"按钮完成修改。

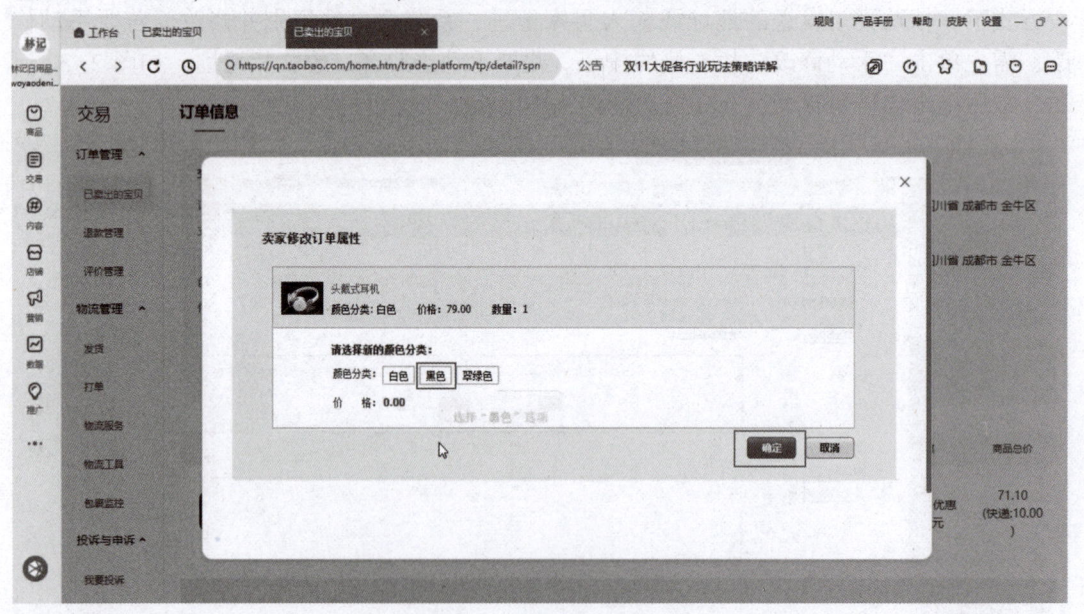

图 2-34 修改商品的颜色

6）返回"交易详情"界面，此时"宝贝属性"栏中显示的便是修改后的订单信息，如图 2-35 所示。

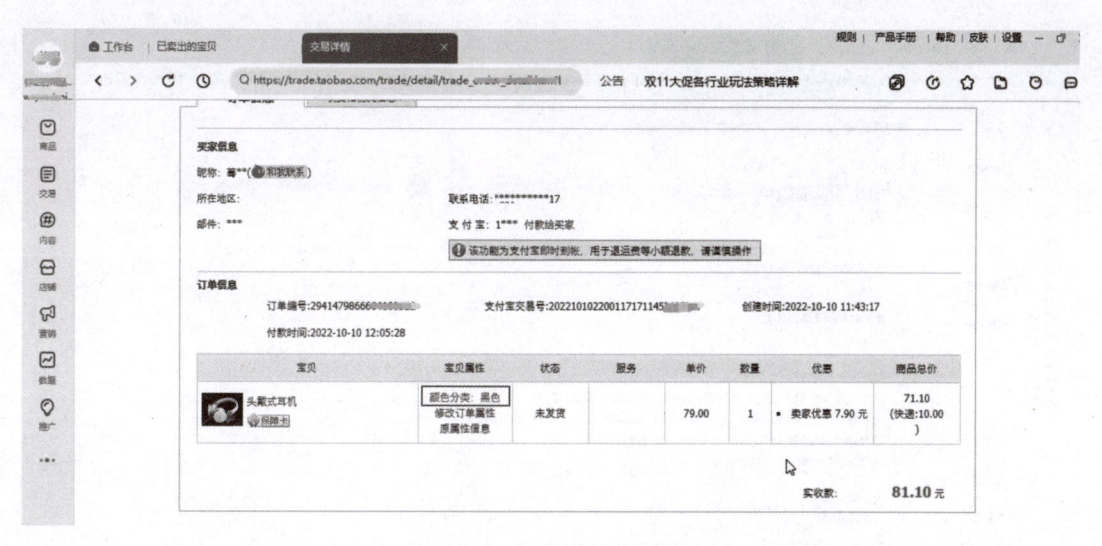

图 2-35 修改后的订单信息

## （五）退款

客户收到商品后不满意要求退货，或者因为商品有瑕疵等要求退款时，会发起退货或退款申请。此时，网店客服人员需要在工作台中进行退货或退款操作。下面以淘宝平台某客户发起的退款申请为例介绍退款的相关操作。

1）进入"已卖出的宝贝"界面，查看存在退款申请的订单，单击"售后"栏中的"请卖家处理"超链接，如图 2-36 所示。

图 2-36 "请卖家处理"

2）进入"退款管理"界面，其中显示了退款的原因、金额及货物状态等信息。如果同意退款，直接单击"同意退款"按钮，如图 2-37 所示。

图 2-37 "同意退款"

3）在打开的界面中输入商家的支付宝支付密码后，单击"确定"按钮，如图 2-38 所示。稍后将会出现退款成功的消息提示，如图 2-39 所示。

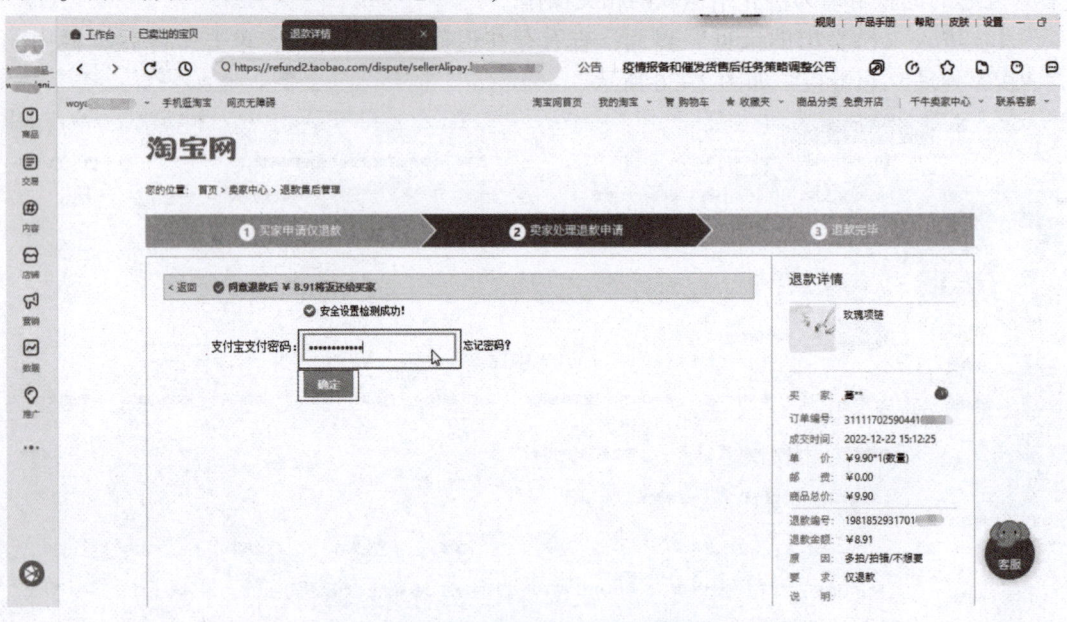

图 2-38 输入商家的支付宝支付密码

图 2-39　退款成功消息提示

需要注意的是，如果客户发起的是退货退款申请，网店客服人员需要先处理其退货申请，待收到客户发出的商品，并且验收无误后，再给客户退款。

# 任务三　网店客服应具备的基本素质

## 🖥 任务描述

某网店新入职客服人员小李，通过一段时间的基础知识和岗位技能学习之后，工作效率显著提升，但小李在语言表达、心理素质、响应速度等客服基本素质方面和公司优秀客服人员相比，还存在着较大差距。本任务将带大家和小李一起来提升网店客服应具备的基本素质。

## 相关知识

### 一、良好的语言表达能力

良好的沟通能力是网店客服人员不可或缺的核心能力，这要求他们能够清晰、准确地表达自己的观点，语言清晰、言辞恰当，以便在与客户交流时有效地推销产品并促成交易。

案例演示：

客服：您好，很高兴为您服务。

买家：这款足球鞋有活动吗？

客服：有的，现在正在做促销，这款球鞋原价 899 元，现在只要 599 元。

买家：43码的有吗？
客服：有的，亲平时穿43码的鞋吗？
买家：不是，是送给我男朋友的生日礼物，他平时穿43码的。
客服：您真是中国好女友啊。
客服：他平时是穿43码的吗？如果是那就选43码，按照平时穿的码数来就行。
买家：我就是担心这个颜色他驾驭不住，感觉太艳丽了一点。
客服：不会的，这款球鞋卖得最好的颜色都是比较亮的，像这款橘红色是我们卖得最好的一款，踢球的时候比较容易辨别。
买家：那好吧，那就要这双了。
客服：好的，谢谢您的光临，祝你们幸福，也祝他生日快乐。
买家：谢谢。

上述案例中，网店客服人员在与客户沟通时，采用循序渐进的方式，从客户提供的信息中挖掘出有效内容进行精准推荐，最终促使客户下单。

## 二、良好的心理素质

在为客户提供服务的过程中，网店客服人员经常会遇到各种挑战和压力，如果没有良好的心理素质，就很难胜任这一职位。以下是网店客服人员应具备的心理素质。

### （一）灵活应变素质

对于网店客服人员来说，"随机应变"是至关重要的。出色的应变能力有助于顺利地处理订单，而缺乏这种能力则可能导致客户的流失，甚至引发负面评价。

### （二）情绪管理素质

网店客服人员每天都会与数十甚至数百位客户进行交流，尽管大多数客户是通情达理的，但难免会遇到一些难以沟通或言辞激烈的客户。在这种情况下，网店客服人员的情绪可能会受到影响，甚至可能出现言辞失当的情况。这不仅会影响网店的形象，还可能会违反平台的规定。因此，网店客服人员需要具备良好的情绪管理能力，始终保持专业的态度。

### （三）强大的抗压素质

网店客服人员如果没有强大的抗压能力，那么在与客户沟通遇到困难时，可能会陷入困境，从而影响自己的心态和行为。在面对客户的投诉或不满时，网店客服人员应始终保持积极、乐观的工作态度。

### （四）发现工作价值的素质

虽然网店客服工作看起来简单，但其本质是在帮助他人。客服人员的一句安慰可能会让一个愤怒的客户冷静下来，一句简单的建议可能会帮助客户找到他们心仪的商品。因此，网店客服人员需要学会在工作中换位思考，发现工作的价值，并肯定自己的贡献，从而更好地投入网店客服工作。

## 三、快速的响应速度

快速的响应速度是网店客服人员必备的基本素质，因为这直接关系到客户的购物体验。如果不能及时回复客户，可能会导致客户的流失。为了提高响应速度，网店客服人员可以采取以下措施。

### （一）提高打字速度

至少要熟练掌握一种输入法，达到盲打水平，并且保持一定的输入速度，一般在 80~120 字/分钟。在闲暇时间，可以利用打字软件如金山打字通等进行练习，逐步提高自己的打字速度。

### （二）设置快捷回复短语

根据平时客户常问的问题，提前设置好快捷回复短语，这样在遇到相似问题时，就能迅速回复。需要注意的是，快捷回复短语不能过于死板、缺乏情感变化，否则可能会让客户失去继续沟通的兴趣。图 2-40 展示了某网店客服人员设置好的快捷回复短语。这样的回复不仅迅速，而且语气生动、活泼，能够拉近与客户的距离。

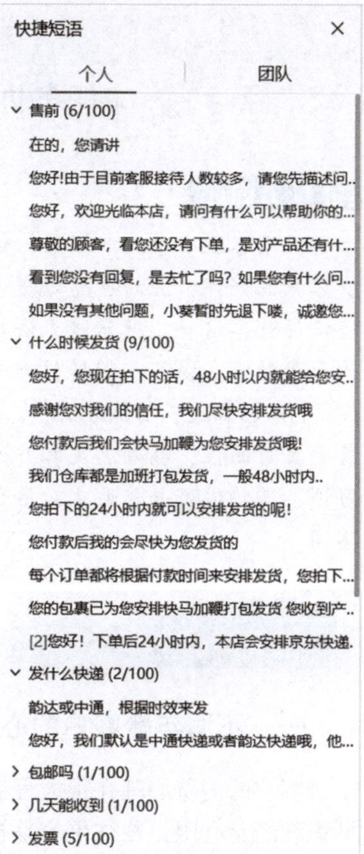

### （三）使用智能客服机器人

在客户咨询量较大的时候，智能客服机器人如淘宝的阿里店小蜜、京东的京东小智等可以发挥重要作用。它们能够精准理解客户意图、高效解决常见问题，为客户提供满意的答案。

需要注意的是，网店客服人员在接收到客户发送的第一条消息时，反应时间不应超过 20 秒。在这段时间内，可以采用适当的欢迎语来回应客户。例如：

"您好，我是客服××，很高兴为您服务，有什么我可以效劳的？（加上笑脸表情）。"

"您好，欢迎光临××旗舰店，客服××竭诚为您服务。（加上笑脸表情）。"

"您好，欢迎来到××（网店名称），我是客服××，很高兴为您服务。"

如果客户是再次光临，可以回复："欢迎再次光临，有什么需要帮助的吗？××很乐意为您服务。"

图 2-40 某网店客服人员设置好的快捷回复短语

### 知识拓展

要成为一名出类拔萃的客服人员，除了具备上述基本素质外，还要注意培养以下素质。

1）忍耐与宽容是优秀客户服务人员的一种美德。
2）不轻易承诺，说了就要做到。
3）勇于承担责任。
4）拥有博爱之心，真诚对待每一个人。
5）谦虚是做好客户服务工作的要素之一。
6）强烈的集体荣誉感。

# 任务四　不同类型客户心理差异

## 任务描述

网店客服小李入职以后，通过不断的学习和工作实践，工作能力越来越强，收到了不少客户的好评，业绩也随之提升。美中不足的是，有一个问题始终困扰着小李，就是他的咨询转化率这一指标始终无法提升，明明花了很多心思努力地为客户推荐产品，客户也认为小李的服务很好，但转化率却不高。本任务就是帮助小李和大家一起来解决这个问题。

"知己知彼，百战不殆。"了解客户的内心所想和所需，网店客服人员才能让自己的销售更具目的性，精确满足客户的实际需求，提升交易成功的概率。通常来说，客户的购物习惯、购物偏好并非天生，他们的购买心理往往会因年龄、性别、消费心理等因素而有所不同。

## 相关知识

### 一、不同年龄客户的心理差异

客户的消费心理在很大程度上受到年龄的影响。年轻、心智尚未完全成熟的客户由于见识和经验有限，往往更容易被新奇、有趣的商品所吸引，产生购买意愿；年长一些、心智更为成熟的客户则更注重商品的品质和实用性，他们的消费心理与年轻客户存在明显的差异。表2-1是不同年龄段客户的心理特点汇总。

表2-1　不同年龄段客户的心理特点汇总

| 年龄段 | 心理特点 |
| --- | --- |
| 少年、儿童（5~18岁） | 少年、儿童通常没有独立的经济能力，自主决定权十分有限，因此需要购买的商品一般由其父母确定。其特点是目标明确、购买迅速 |
| 青年（19~34岁） | 这是一个充满活力的群体，他们思想开放，具有强烈的自我意识，经济独立，消费观念非常前卫。他们喜欢购买新颖、时尚的商品，并且很容易被外部因素影响，产生冲动购买的欲望。通常他们不太会考虑价格因素 |
| 中年（35~64岁） | 这一群体工作稳定，收入有保障，但由于大多已成家立业，购物消费上不如青年群体自由。他们购物时非常理性，注重商品的性价比和实用性，同时对能节省家务时间、提高生活效率的商品很感兴趣 |
| 老年（65岁以上） | 这一群体的收入相对稳定（主要依赖于养老金），消费观念相对保守。随着网络的进一步普及，他们对新事物开始慢慢接受，一部分老年人开始尝试网购。对于已经步入网购行列的老年群体来说，他们的购买习惯非常稳定，不易受到广告的影响。他们对新商品往往持怀疑态度，更倾向于购买能够改善身体素质的商品 |

## 二、不同性别客户的心理差异

除了年龄因素，性别也是影响客户消费心理的重要因素之一。

### （一）女性客户

女性客户在电子商务平台上是一个非常活跃的消费群体。由于网上购物方便、快捷的购物模式，女性客户非常热衷于网上购物。总体来说，大多数女性客户的网上购物特点主要如下。

#### 1. 购买目标较为模糊

许多女性客户的消费行为是在"逛"中产生的，她们在购买商品前可能并不清楚自己究竟要买什么，通常会在浏览商品的过程中发现购买目标，再进行选择性购买。

#### 2. 情绪化购物较为常见

一些女性客户会因为情绪的变化而购买商品，并通过购物来表达情感或缓解情绪压力。例如，一些女性客户会在好心情的驱使下产生购买想法，如发工资时、获得奖金时等。

#### 3. 乐于对比

女性客户如果对某件商品产生了购买欲望，会花费大量时间查看同类商品，从价格、客户评价、销量、客户服务等方面进行比较，最终选择各方面占优势的商品。

#### 4. 易受商品价格变动的影响

减价促销、清仓放送等促销活动很容易激发女性客户的购物欲望。例如，当关注许久的商品突然降价、喜欢的品牌开展促销活动时，即使某些商品并不是当前需要的，一些女性客户也会选择购买。一般来说，侧重价格的广告信息很容易让女性客户心动。

#### 5. 注重商品细节

女性客户在购买商品时对商品的细节要求较为严格，如果商品存在不完美之处，即使不影响使用，也会产生抗拒感，进而放弃购买。

### （二）男性客户

相比女性客户，男性客户网上购物的频次较低。大多数男性客户在网上购物时具有以下特点。

#### 1. 购买目标明确

男性客户在购买商品时通常已经清楚自己的购买目标，在电子商务平台搜索商品时大多只会关注自己需要购买的商品，不会过多注意其他商品。

#### 2. 购买决策果断、迅速

相对于女性客户，男性客户在购买商品时更为果断，他们在搜索商品时常常按照自己对商品的排序进行选择，如按照人气排序、按照销量排序等。

#### 3. 重视商品的整体品质

男性客户选购商品时以质量、性能为主，目的性很强，不过多考虑价格；对于商品细节上的瑕疵，他们通常认为只要不影响商品的正常使用即可。

#### 4. 购买过程图方便、快捷

男性客户对整个购物流程的基本要求主要是方便、快捷，他们通常希望网店客服人员能为他们推荐商品，并附上链接，以省去逛网店的时间；男性客户很少细致地浏览商品详情页，大多只会就几个自己关心的问题咨询网店客服人员，如果没有问题，就会直接购买。

### 三、不同消费心理的需求差异

客户消费心理是指客户在购买商品时所经历的一系列心理活动。网店客服人员了解并研究客户的消费心理，可以更好地满足客户需求，提高客户满意度。表2-2总结了不同消费心理客户的需求特征，以及客服可以采取的应对措施。

表2-2 不同消费心理的需求特征及应对措施

| 消费心理 | 需求特征 | 应对措施 |
| --- | --- | --- |
| 求实心理 | 追求商品的实用性，对商品的面料、质地和工艺比较挑剔。这类客户讲究实惠，主要根据实际需要选择商品，其消费行为是理智的 | 网店客服人员要体现出自己的专业性，以真诚、专业、求实、耐心的态度获取客户的好感，增加商品在客户心中的可买性 |
| 求美心理 | 追求商品的美感，着重关注商品的款式、色彩、时尚性，以及商品包装的艺术欣赏价值等。除了商品本身的美，还注重广告创意的新颖性等 | 网店客服人员尽量推荐店内款式时尚、颜色独特的商品，并结合流行趋势，强调该商品设计师的思路、设计风格定位。另外，还要对客户多加夸奖和肯定 |
| 求名心理 | 以表现身份、地位及价值观为主要购买目的，注重品牌、价位和公众知名度的购买心理，称为求名心理。持该类心理的客户的购买能力和品牌意识非常强，他们常常表现出购买高知名度商品的倾向，并希望网店客服人员能提供与品牌价值相符的服务，对客服人员专业素养和服务态度的要求更高 | 网店客服人员要重点介绍品牌的历史内涵，以及品牌在行业内的地位与知名度，在推荐商品时要善于赞美，顺从客户的意愿 |
| 求速心理 | 以追求快速、方便为主要购买目的，注重购买的效率。这类客户通常比较忙，时间意识比较强，想利用最短的时间、最简单的方式买到优质商品。这类心理的客户对商品的价格不会太在意，只要能保证商品的质量和购买的速度即可 | 网店客服人员要主动将适合客户需求的商品罗列出来，让客户挑选或体验，并给出售后服务的承诺，让客户放心、安心，直截了当，迅速成交 |
| 求廉心理 | 求廉心理是一种想少花钱多办事的心理，其希望用最少的付出换回最大的效用，获得商品最大的使用价值。持该类心理的客户在选购商品的过程中总会选择价格较为低廉的商品，即以获得超值、低价商品为主要购买目的，注重商品的实惠与廉价 | 网店客服人员应做到热情接待，向客户推荐性价比高的商品，并提出下单就赠送一份小礼品。同时，还要强调商品价格虽然优惠，但品质与服务同样好 |

续表

| 消费心理 | 需求特征 | 应对措施 |
|---|---|---|
| 求安心理 | 追求安全、健康、舒适，注重商品的安全性、舒适性与无副作用的消费心理。抱有这类消费心理的客户自我呵护与健康意识较强，普遍性格谨慎，对商品的面料、里料、配件的质量比较敏感，对商品品质要求也很高 | 网店客服人员应强调商品面料、里料及配件的安全性与环保性，借助官方权威的证明，如向客户发送商品的制作过程和实验流程的视频，让客户认识到商品有安全保障 |
| 求同心理 | 求同心理也叫从众心理，是一种以追求与名人或大众消费相同的消费心理。持该类心理的客户趋向于"跟风"和凑热闹，没有特定的自我购买要求，对商品的判断力和主张性不强 | 网店客服人员要主推畅销款，强调很多人已购买，而且购买后非常满意。不需要过多地介绍商品，展示销量和评价便可让客户信服 |
| 求惯心理 | 有特定的购物习惯，这类心理的客户往往注重自己偏爱的品牌和款式，对即将购买的商品充满了信任感。在选择商品时，他们会根据自己的兴趣偏好进行选择 | 网店客服人员要高度重视，尽全力做好"一对一"服务，多了解客户以往购买商品的款式、颜色喜好，为客户推荐他们所偏爱的商品。另外，网店客服人员还可以利用客户的消费积分及会员权益等促进客户的重复购买 |

## 项目实训

### 实训1：体验京麦工作台的基本操作

**[实训背景]**

小李是一家时尚品牌京东网店的客服人员，刚刚入职的他，在主管的指导下，已经对京东的平台规则、商品的专业知识、物流配送流程等有了基本的了解。接下来，主管将指导他学习京麦工作台的基本操作，以便更好地服务客户。

**[实训要求]**

登录京麦工作台，查看京麦工作台的工作界面，然后在消息中心中查看账号接收到的各种消息，并完成快捷短语的设置、在订单中为客户备注"客户要求把快递放到快递柜中"等操作。

**[实训目标]**

(1) 认识京麦工作台的工作界面。
(2) 查看京麦工作台的消息中心板块，并查阅账号收到的消息。
(3) 掌握快捷短语的设置流程。
(4) 掌握备注客户信息的操作。

**[实训步骤]**

(1) 下载并登录京麦工作台，查看其工作界面的各大板块，了解各个板块的组成和主要功能。

(2) 单击工作界面中的"消息中心"按钮，进入"消息中心"查看账号收到的各种系统消息。

（3）单击工作界面中的"咚咚"按钮，进入"咚咚"界面。

（4）在聊天窗口中单击"快捷短语"按钮，单击快捷短语对话框中的"新建"按钮。

（5）打开"快捷短语设置"对话框，在中间的文本框中输入快捷回复内容，此处输入"尊敬的客户，您好！欢迎您光临××品牌京东旗舰店！请问有什么可以帮助您吗？"。然后在"选择分组"下拉列表框中新增名为"欢迎语"的分组，在"快捷编码"文本框中输入数字"1"，单击"确认"按钮。

（6）进入"京麦工作台"首页，单击左侧列表中的"订单列表"选项卡，在打开的"近3个月订单"界面中找到需要添加备注的订单。

（7）单击订单右侧的灰色"商家备注"按钮，在打开的对话框中进行添加备注操作。此处，单击选中黄色的标记颜色，然后输入"客户要求把快递放到快递柜中"的备注内容，最后单击"确定"按钮。

### 实训2：分析客户的消费心理并设计应对方案

**[实训背景]**

杨某是某母婴产品京东网店的客服人员。下面的案例展示了他与一位客户的聊天记录。请根据聊天内容判断该客户的消费心理，并分析杨某的回复是否得当；如果不得当，请提出优化建议。

案例展示如下：

买家：在吗？

客服：您好，很高兴为您服务。

买家：你们店有1岁小朋友用的奶瓶吗？

客服：有的呢，您家是男孩还是女孩呢？

买家：男孩。

客服：您好！刚才发给您的几款奶瓶您有满意的吗？

客服：本店现在做打折促销，这款奶瓶原价199元，现在只要168元。

买家：这几款奶瓶都是什么材质的呢？安全吗？

客服：您好！这几款材质都是食品级硅胶的。最近本店除了打折促销以外，还有满减活动哦，凡是买满200元再减30元，您喜欢的话可以赶紧下单哦！

**[实践目标]**

（1）深入理解各类客户的消费心理。

（2）熟练掌握并应用针对不同消费心理的应对策略。

**[实践步骤]**

（1）判断客户的消费心理。

在提供的案例中，客户表现出典型的求安心理。从客户询问奶瓶材质、是否安全等问题可以看出，客户追求的是商品的安全性、健康和舒适。

（2）评估杨某的回复是否合适。

杨某在对话中反复强调商品正在做活动，客户可以享受打折优惠和满减活动。然而，这种回应并不适用于求安心理的客户。

(3) 提出优化方案。

对于具有求安心理的客户，网店客服人员应重点强调商品的安全性、环保性和舒适性，以满足客户对安全和健康的关注。同时，也可以提供详细的产品检测报告和认证信息，以增强客户对商品的信任。

## 效果评价

**1. 选择题**

（1）［单选］商品知识包括但不限于商品规格、商品基本属性、（　　）、商品安装或使用方法，以及可做关联销售的商品等。

A. 商品保养与维护　　　　　　　B. 公司地址
C. 网店排名　　　　　　　　　　D. 广告费用

（2）［单选］使用京麦工作台，可通过（　　）、订单编号、商品名称、客户姓名、客户电话等字段对客户订单进行查询。

A. 商品规格　　　　　　　　　　B. 商品体积
C. 商品参数　　　　　　　　　　D. SKU 编码

（3）［多选］下列有关京麦工作台的说法中，错误的有（　　）。

A. 京麦工作台的"咚咚"是一个用于查看和阅读系统消息和服务号消息的板块
B. 通过"消息"，网店客服人员可以接收和查看客户消息
C. 在京麦工作台的"咚咚"中可以查看网店客服人员与客户的聊天记录，包括文字和图片
D. 在京麦工作台中能搜索客户订单

**2. 填空题**

（1）在 Photoshop CS6 中，我们可以通过"_____"→"_____"命令来调整图片的亮度/对比度。

（2）_____是指潜伏在计算机中，可受外部用户控制以窃取本机信息或者控制权的程序。

（3）_____指客户追求安全、健康、舒适，注重商品的安全性、舒适性与无副作用的消费心理。

**3. 判断题**

（1）订单改价只针对交易状态为"等待付款"的订单，如客户已付款，则无法修改订单价格。（　　）

（2）求实心理是一种想少花钱多办事的心理，其希望用最少的付出换回最大的效用，获得商品最大的使用价值。（　　）

（3）骚扰他人是指网店对客户实施骚扰、侮辱及恐吓等妨害他人合法权益的行为。（　　）

**4. 简答题**

（1）作为一名网店客服人员，应当掌握哪些岗位操作技能？

（2）网店客服人员要掌握的基础知识有哪些？

（3）客户有哪些消费心理？网店客服人员应如何应对有不同消费心理的客户？

**5. 实践题**

（1）假设你是一名刚入职的网店客服人员，现在店长分配了一个账号给你，要求你登录京麦工作台查看消息，并处理客户问题。其具体要求如下。

①在网上搜索并下载京麦工作台，然后用店长分配的账号登录京麦工作台。

②进入"消息"界面查看接收到的各种系统消息，如营销信息等。

③进入"咚咚"界面，设置"您好，很抱歉给您添麻烦了！我马上核实情况，稍后回复您！"的快捷短语。

④为客户的订单备注"赠送生日贺卡"。

（2）下面的对话为某网店客服人员与客户的对话，阅读后回答以下两个问题。

买家：在吗？

客服：您好，很高兴为您服务。

买家：有参加商务活动穿的外套吗？

客服：有的呢，您是要什么价位的呢？

买家：我想要好的款式，价钱不是问题。

客服：您好！刚才发给您的几款您有满意的吗？

买家：现在有什么促销活动吗？

客服：有的，本店正在做满减活动，凡是买满800元可以减200元，您喜欢的话可以赶紧下单哦！

①案例中的客户具有哪种类型的消费心理？

②假如你是这名网店客服人员，你会如何促使该客户下单？

# 项目三　客服售前服务

## 学习目标

**【知识目标】**
➤了解售前服务基本知识。
➤了解客服售前服务的重要性。
➤熟悉客服售前服务的工作流程。

**【技能目标】**
➤掌握接待客户，解答客户问题的技巧。
➤掌握客户的购买需求，精准地向客户推荐所需的商品。
➤掌握运用说服客户下单的方法，促成订单的完成。

**【素质目标】**
➤培养实事求是、诚实守信的意识。
➤分析客户真实需求，增强提升服务品质的意识。

## 项目导入

刘某刚刚加入一家专业经营农产品的电子商务公司客服部，入职后他参加了公司组织的客服岗前培训，随着培训的深入，刘某对客服岗位的认识越发深入。随后，他参加了培训考核。考核问题是：作为网店客服，如果你接待了一位客户，这位客户对我们公司的某款产品提出了疑问"为什么你们的售价比某店要高一些呢"，作为网店客服，你该如何正确回答并促成客户下单？

刘某思考片刻后回答道："非常感谢您关注我们的商品！这款产品是我们店铺的金牌产品，产品品质非常高。表面上看，我们的价格稍高一些，但我们将售价的1%用来补贴农户，同时会返还给您相应的购物积分。这些积分不仅可以提升您的会员等级，还可以在本店兑换其他产品。"听完刘某的回答后，如果你是客户，你会购买此款商品吗？

网店售前客服是客户进店后接触的第一人。作为售前客服，不仅需要拥有专业的商品知识储备，还需要在接待客户的过程中始终保持良好的服务态度，通过专业知识和真诚服务提升客户购物体验，促使客户下单成交。

# 任务一　售前接待

## 任务描述

售前接待是整个客户服务过程中最重要的环节。售前客服是客户与网店之间的纽带，其对于提升客户满意度和订单转化率等有重要影响。

刘某是一家农产品网店的客服人员。一位客户在咨询一款农产品的原料、保存方法和价格后，表达了购买的意向。但是，客户对该农产品的营养价值和保存方法有一些疑虑，希望能够得到更专业的建议。作为网店客服，刘某需要立即解决客户的疑虑，并促成销售。你认为刘某在销售接待的过程中，需要具备哪些知识和技能，才能够完成该产品的销售？本任务将带领大家一起学习售前客服应具备的知识。

## 相关知识

接待客户是售前客服人员的主要工作。要做好接待工作，售前客服人员需要具备一些必要的知识和技能，例如，熟悉产品、接待准备、与客户沟通等。

### 一、熟悉产品

对于售前客服人员来说，熟悉店铺内的商品是最基本的工作。要对产品的卖点、功能、注意事项等一清二楚，这样才能够快速流利地解答客户提出的关于商品的各种疑问。

【案例】

客户：这款燃气热水器说的无极变频水伺服是什么意思？

客服：生活中时常存在自己在洗浴的时候有家人在洗菜做饭或者洗衣用水的情况，普通燃气热水器就会出现出水温度"忽冷忽热"的情况，影响洗浴体验；水伺服即水量伺服器，可实现精准主动调水调气，以保证全屋多点用水时各出水点出水恒温相互无干扰，从而改善洗浴体验！

客户：净化抑菌是通过什么实现的？

客服：从进水到出水全管路净化，有效过滤杂质，抑制水路细菌附着，从而达到净化抑菌的目的。

在此案例中，客户对于某旗舰店的燃气热水器宣传的无极变频水伺服和净化抑菌产生了疑问，作为售前客服要掌握商品的卖点，对于一些名词可以结合场景解释，通俗易懂，从而打消客户的疑问。

## 二、接待准备

一个优秀的售前客服人员应该懂得做好接待前的准备工作。接待前的准备工作主要包括端正服务态度、整理熟悉售前服务话术等。

### (一) 端正服务态度

端正服务态度，提供优质服务。作为售前客服人员在接待客户时要控制住自己的情绪。无论是面对面的沟通还是在线沟通，礼貌是必不可少的。售前客服人员在沟通时，要保持友善的态度和足够的耐心。与客户沟通时，应该注意语言表达清晰、保持礼貌和耐心、善于提问，以及合理利用各种沟通方式。售前客服人员可以通过良好的沟通，获取所需信息，解决客户问题，提升客户购物体验。

【案例】

客户：此款产品拍下今天可以发货吗？

客服：亲，您好！欢迎光临×××店，我是您的专属客服甲，很高兴为您服务。

客服：亲，您眼光真好，这款商品很畅销的哦！喜欢可以拍下，小二立马安排仓库打包发货，今天就可以发出呢。

客户：发什么快递呢？

客服：亲，您好。我们是默认三通一达快递，有指定快递可以下单备注，立马给亲安排上。

客户：好的，已拍，请帮我发申通快递。

客服：亲，已经帮您备注好了，发申通快递，一般3~5天您就可以收到了。

客服：请亲核对下地址哦，仓库今天就发货了呢。

客户：地址没问题。

客服：好的，亲，请问还有什么可以帮您的吗？

客户：没有了。

客服：收到宝贝有什么问题可以联系我，我会第一时间为您服务。满意的话请给我好评加全5分作为奖励哦。再次感谢您对我们小店的支持及信任，本店期待您的下次光临，祝您生活愉快。

案例中客户对发货问题进行了咨询。在线上，售前客服人员无法让客户直观感受到服务态度，所以要适量添加一些语气助词或者动画表情，让客户感受到客服良好的服务态度。此外，售前客服人员还要注意提升响应速度，让客户感受到热情、被重视、被在意。

### (二) 整理熟悉售前服务话术

售前客服每天会接触大量的客户，大量客户咨询的问题有较大的相似性。所以，整理一些常用的售前话术能大幅提升售前客服的工作效率。表3-1为常用的售前服务话术。

表 3-1 常用的售前服务话术

| 场景 | 售前服务话术 |
| --- | --- |
| 客户进店 | （1）您好，亲！欢迎光临本店，请问有什么可以帮您？我是您的专属助手×××，很高兴为您服务！<br>（2）宝子~，我在，很高兴为您服务！辛苦您简单描述下遇到的问题，我会尽全力为您解答！<br>（3）亲爱哒，眼光真好，此款是店铺畅销款哦。亲，可以发下您的需求，小二这边帮您推荐呢！ |
| 客户咨询 | （1）此款产品的两款规格，可以按照自己的实际需求选择，加厚款推荐北方地区选择，常规款推荐南方地区选择哈！<br>（2）亲，咱家9年老店，服务客户达10万人，商品都是源头直接采购，很多客户选择后都说性价比超高呢！ |
| 客户议价 | （1）亲亲，不好意思，我们店铺的商品都是保证质量的，就为了让亲买得放心买得舒心，虽然价格无法优惠，可以给亲额外送个小礼物哦！<br>（2）真的非常抱歉，亲，已经底价了呢，亲可以下单看下质量，有运费险，满意就留下，不满意就退货哈！ |
| 客户告别 | （1）感谢您的支持，收到货后有任何问题，可以随时联系客服，这边第一时间帮您解决。祝您生活愉快！<br>（2）感谢您的惠顾，您的满意就是本店的唯一追求，祝您购物愉快！ |

## 三、与客户沟通

客服是店铺与客户沟通的重要桥梁，售前客服人员作为与客户对接的第一人，必须具备良好的沟通技巧和服务态度。作为专业的售前客服人员，在工作的过程中，应该如何与客户进行有效沟通呢？

### （一）快速回复

当客户向售前客服人员发送消息时，售前客服人员需要尽快回复客户，如果不能及时回应客户的需求或问题，可能会给客户带来不愉快的体验，甚至可能使客户对客服的服务失去耐心，中断与客服进一步的沟通。

### （二）了解需求

作为售前客服人员，充分了解客户的需求是至关重要的。当客户向客服咨询时，客服应全面、深入地了解客户的需求，以便为其提供最符合客户需求的解决方案。

### （三）耐心倾听

当与客户沟通时，售前客服人员需要耐心倾听客户的意见和建议。客户可能会提出一些问题或疑虑，售前客服人员需要耐心地倾听，并给予详细的解答和解释。

### （四）解决问题

当客户提出问题和疑虑时，售前客服人员需要给予详细的解答和解释。以下是一些解决问题的方法。

1）确认理解。在回答问题之前，售前客服人员可以重复客户的问题或疑虑，以确保自已完全理解了客户的困惑。这样做可以表明对客户的尊重，同时确保回答问题的准确性。

2）提供实用信息。在解答问题时，售前客服人员应该提供实用的信息，例如，产品的特点、功能、使用方法等，以便客户更好地了解产品的优势和应用场景。

3）引用实例。售前客服人员可以通过引用实例来解答问题，例如，提供之前解决问题的案例或使用经验，以便客户更好地理解问题并找到合适的解决方案。

4）主动解决问题。如果客户的问题比较复杂或需要进一步了解，售前客服人员可以主动提出解决问题的方案，例如，提供更多的产品资料、试用装或者预约专业技术人员进行解答等。

5）保持耐心和礼貌。在解决问题时，售前客服人员需要保持耐心和礼貌，不要急于求成或者对客户进行批评。要尽可能满足客户的需求，并建立良好的客户关系。

总之，售前客服人员在解决问题时需要注重沟通、理解和耐心，以便为客户提供满意的服务并达到销售的目的。

## 任务二　商品推荐

### 任务描述

刘某在网店客服工作中接待了一位客户。通过主动询问客户的需求和期望，刘某了解到客户主要是为了送礼，于是他在推荐某款产品卖点的同时，还结合客户需求，重点介绍了本产品特别适合作为礼品赠送。经过刘某的耐心介绍和精准推荐，客户对该产品产生了极大兴趣并决定下单订购。客户对刘某的服务表示非常满意，并承诺会向朋友们推荐此款产品。通过这次成功的接待，刘某证明了在网店客服工作中，挖掘客户需求来进行商品推荐对于提高客户满意度和销售业绩的重要性。本任务将从三个方面带领大家学习商品推荐的相关知识。

### 相关知识

#### 一、挖掘客户需求

在销售过程中，售前客服人员应通过与客户的沟通，了解客户的需求，从而提供个性化的购物建议和服务。

售前客服人员需要具备良好的沟通技巧和敏锐的洞察力，能够快速捕捉到客户的需求和关注点，并针对性地提供解决方案。挖掘客户需求有助于提高客户满意度，促进销售成交，提高网店的竞争力。

（一）直接询问客户

在网店的售前服务中，客服人员扮演着至关重要的角色。他们通过直接沟通，深入了解客户的购买意向和需求，为客户提供个性化的购物建议。这不仅有助于客户快速找到心仪的商品，还大大提升了他们的购物体验和满意度。

除了倾听客户的需求，客服人员还会基于客户的购买历史、浏览记录和购买意向，提供更精准的个性化购物建议。例如，对于经常购买鞋子的客户，客服人员会为其推荐当前流行的款式或新上市的鞋子，确保客户能够轻松找到满意的产品。这种细致的服务会增强客户的购物体验，也有助于进一步提升网店的销售额。

### （二）聆听客户表达

聆听客户表达是建立良好客户关系和提高客户满意度的关键因素。通过运用有效的聆听技巧，网店售前客服可以更好地了解客户需求和市场趋势，从而制定更符合市场需求的产品服务策略。

同时，良好的聆听技巧还可以避免误解和冲突的发生，建立更健康、更长久的客户关系。因此，网店售前客服应重视聆听客户表达的重要性，不断提高自身的聆听技巧，从而在激烈的市场竞争中保持领先地位。

1) 给予关注和尊重：企业应给予客户充分的关注和尊重，以营造良好的沟通氛围。
2) 理解客户的意图：企业应积极倾听客户的反馈，准确理解其意图和需求。
3) 记录和整理客户意见：企业应记录客户的反馈并将其整理成有组织的数据，以便更好地分析客户需求和市场趋势。
4) 及时回应客户：企业应及时回应客户的反馈和意见，以表明对客户的重视和关注。

此外，网店售前客服人员还会在沟通过程中尽力解决客户的疑问和困惑。客户对某个商品有任何疑问或者需要进一步的解释，客服人员都要尽力回答并提供必要的帮助。通过这种方式，客服人员可以建立与客户之间的信任关系，并提高客户对网店的满意度。

## 二、展示商品卖点

网店售前客服人员展示商品卖点的目的是通过清晰地传递商品的特点、优势和附加价值来激发客户的购买兴趣。售前客服在展示商品卖点的同时，还要注重与客户的沟通和交流。针对客户的不同问题、需求和偏好，客服人员应该提供个性化的解决方案，帮助客户进行最好的购买决策。

一般来说，售前客服可以从以下几个方面入手。

### （一）商品特点

介绍商品的特点和独特之处，包括设计、材料、工艺、品质、功能等。图 3-1 为售前客服就某款扫地机器人的技术向客户解释疑问。

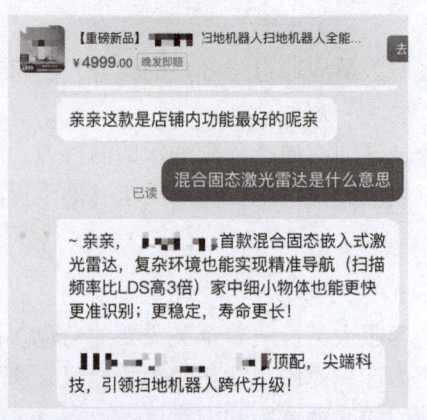

图 3-1　售前客服就某款扫地机器人的技术向客户解释疑问

### （二）品牌优势

介绍品牌的历史、声誉、品质保证、售后服务等，突出品牌的优势和竞争力。

任何商品都会有使用年限，但品牌却可以永生，不断地出现在商品上，持续加深对客户的影响，逐渐形成客户对品牌的认知并形成品牌消费习惯。图3-2为某售前客服向客户介绍商品的品牌历史。

图3-2 某售前客服向客户介绍商品的品牌历史

### （三）用户评价

展示用户的好评和反馈，证明商品的销量，增强客户的信心。

商品的好评数量可直接展现该商品的销量，好评越多销量越多，也证明客户对商品的认同。售前客服可以在商品推荐时，利用好评数据，消除客户的担心。例如："亲，您眼光太好了，这件商品是我们家的王牌商品，得到了数万位客户的好评，您放心用，咱家质量有保证的。"

### （四）行业认证

展示商品所获得的行业认证、检测报告等，证明商品符合相关标准和规范，增强客户的信任感。

如若商品取得了服务认证证书、行业认证证书或专利证书等，可以在售前接待时进行宣传，消除客户的后顾之忧，让客户买得放心、用得安心。

### （五）优惠活动

介绍当前的优惠活动和优惠条件，吸引客户购买，同时增强客户的购买欲望。

商品的质量赢得了客户的认可之后，可以用一些优惠活动，刺激客户的购买欲。常见的优惠活动有店铺红包、优惠券、跨店满减、满赠、淘金币抵扣等。例如，店铺举行店庆活动，这件宝贝可以参与买一赠一活动，两件商品一件的价格，下单自动折算，这么划算可不要错过了！

## 三、推荐与之相关联的商品

售前客服人员在给客户推荐商品时，可以推荐与之相关联的商品。例如，客户购买牛仔裤可以推荐腰带、客户购买洗发水可以推荐护发素等。这种推荐的本质是买卖双方相互信任的基础上，向客户推荐相关的商品，达到一次销售两件或多件商品的效果。图3-3为某售前客服向客户推荐相关联的商品。

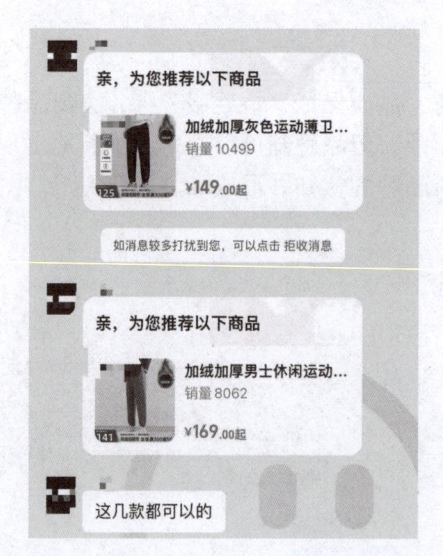

图 3-3　某售前客服向客户推荐相关联的商品

要使客户在购买商品时，对推荐的其他商品产生购买欲，前提是售前客服人员推荐的商品与客户原本购买的商品关联性强，只有这样，关联销售的成功率才会高。

### 知识拓展

> 网店运用客服推荐或商品页展示推荐等方式，来进行关联销售，是增加销量的一种有效手段。需要特别注意的是，进行关联销售时不能给客户带来困扰，降低客户体验感，否则会适得其反。例如，过于冗长的关联销售环节可能会让客户失去耐心，降低他们的购买意愿。因此，应该采取一些有效方式来优化关联销售展示。
>
> 1）简洁明了。在设计关联销售的展示时，应尽量保持简洁。只展示与目标商品密切相关的其他商品，避免过多的信息干扰。
>
> 2）突出重点：应将客户最可能感兴趣的商品放在最显眼的位置，并使用吸引人的图片和描述来突出这些商品的特点。
>
> 3）个性化推荐：利用现代化技术，如大数据和人工智能，根据客户的购物历史和浏览行为提供个性化的关联销售建议。
>
> 4）易于导航：确保客户能够轻松地浏览和选择他们感兴趣的商品，避免在多个页面之间反复跳转。

## 任务三　说服下单

### 任务描述

刘某作为网店售前客服人员，他的工作不仅包括解答客户疑问和推荐商品，还有一项至关重要的任务：说服客户下单。经过售前客服工作岗位的锻炼，刘某深知说服客户下单需要一定的技巧和方法，如优惠成交法、保证效果法、从众成交法、使用教程法、赞美肯定法、让步成交法、机不可失法。灵活运用这些方法，才能提高订单的成交率。本任务将带着大家一起来学习说服下单的技巧。

## 相关知识

### 一、优惠成交法

优惠成交法是一种有效的策略，适用于网店售前客服工作。通过为客户提供优惠条件，客服能够吸引更多潜在消费者，满足他们的经济和心理需求，从而提升销量。

作为网店的售前客服人员，如果发现客户对某款产品感兴趣，就可以适时地提供优惠信息，比如折扣、赠品或会员专享权益等。这些优惠条件能促使他们更快地进行购买决策。

为更有效地运用优惠成交法，客服人员还需注意以下几点。

#### 1. 了解客户需求

在提供优惠条件之前，确保充分了解客户的需求和关注点。通过细致的沟通，判断客户是否真的对产品感兴趣，并针对其需求提供相应的优惠方案。

#### 2. 创造紧迫感

在适当的时候，提醒客户优惠期限或告之库存有限，营造紧迫感。这有助于促使客户更快决策，提高转化率。

#### 3. 强调产品价值

在提供优惠条件的同时，向客户充分展示产品的价值。确保客户了解到优惠是基于他们所获得的优质产品和服务，而非单纯的价格让利。

#### 4. 提供优质的客户服务

优惠成交法只是策略之一，优质的客户服务始终是促成交易的关键。确保在客户购买后继续提供良好的服务，以建立长期的信任关系。

【案例】

客户：这个价有点超出我的预算了。

客服：亲，这个价格是非常优惠的了，可以结合店铺优惠券一起使用，价格会更低哦。

客户：用了优惠券价格还是有点高啊。

客服：亲，这边帮您申请个价值×××元的礼品，这样好吗？

客户：礼品就算了吧，价格再便宜点喽，打个九折可以吗？

客服：您好，小二没有这个权限呢，有这个权限肯定帮您打折了，实在是小二也很难办呢！

客户：我身边好几个同学都想买呢，买回去还能帮你们宣传一波，带动我的朋友下单呢！

客服：亲，我们店铺的商品价格真的很优惠了，小二看您也是诚心想买，也是我们店铺的新客户，我这边试着向领导申请下九折优惠。这种优惠以前都没有的，小二也只有尽力而为,还麻烦亲稍等一下。

客户:好的,非常感谢你!

客服:(过了几分钟)您好,亲!刚刚跟领导申请了,费了好大劲,领导同意给您打个九折,但是请保密哦,这样的价格、这样的折扣可是从来都没有的,您这边拍下,小二这边帮您改价。

客户:好的,我这边马上下单!

### 二、保证效果法

保证效果法是直接向客户提供保证来促使客户下单的一种方法。保证效果法针对客户的忧虑,通过提供各种保障来增强客户的购买决心,既有利于客户迅速做出购买决定,也有利于售前客服人员有针对性地化解客户的异议,有效促成交易。图3-4为某售前客服使用保证效果法来促进客户下单。

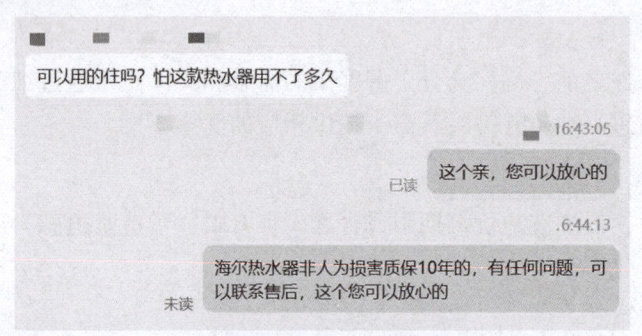

**图3-4 某售前客服使用保证效果法促进客户下单**

使用保证效果法,售前客服人员一定要从实际出发,不夸大使用效果、不过度承诺客户,否则会失去客户的信任,甚至店铺收到投诉或差评。

### 三、从众成交法

从众成交法是一种利用客户从众心理的销售策略,它通过借助群体行为的影响力,促使客户进行购买决策。在网店售前客服工作中,从众成交法的运用需要谨慎且合理,以确保最终提升客户的购买意愿和订单转化率。以下是几个关键的注意事项。

#### 1. 深入了解客户需求

在推荐商品时,客服人员需要深入了解客户的实际需求和偏好。通过主动询问和倾听,客服人员可以更准确地判断客户对产品的关注点,并据此进行推荐。

#### 2. 提供有力的证据支持

为了增强客户的信心,提供有力的证据是至关重要的。这可以包括销售数据、客户评价、第三方验证或专业机构的认证等。这些证据能够有效地证明产品的优点和受欢迎程度。

#### 3. 营造积极的购买氛围

在与客户交流时,客服人员应努力营造积极的购买氛围。这可以通过分享其他客户的成功案例、讲述产品的背景故事或强调产品的独特优势来实现。这种氛围有助于激发客户的购买欲望，提高转化率。

#### 4. 适时利用优惠条件

如果客户表现出从众心理，适当的优惠条件可以起到推动作用。客服人员可以在适当的时候提及当前的促销活动、会员权益或其他优惠信息，以鼓励客户尽快下单。

#### 5. 强调产品价值与口碑

除了优惠条件，更重要的是强调产品的内在价值和口碑，让客户明白选择该产品不仅是因为它受到众多消费者的喜爱，更是因为它确实具备出色的品质和功能。

#### 6. 保持专业与诚信

无论使用何种销售策略，保持专业和诚信始终是关键。在推荐产品时，不应夸大其词或误导客户，而应提供真实、准确的信息，确保客户的权益得到保障。

【案例】

客户：这款破壁机的月销量为2万多台，是真实的数据吗？

客服：您好，您真有眼光，这款豆浆机是本店的热销品，已经累计销售超过100万台了呢！这是我们豆浆机的销售数据，都是真实的呢。

客户：那还蛮多人买的。

客服：不瞒您说，我自己家也用的是这款豆浆机，我们很多同事也购买了这款豆浆机。

客服：这是我们的真实客户秀，很多客户都推荐朋友购买。另外，您下单即享两年质保和7天无理由退换货服务，赶紧下单购买吧。图3-5为客服向客户展示客户秀。

图3-5 客服向客户展示客户秀

### 四、使用教程法

使用教程法是一种非常有效的销售策略，尤其适用于那些需要客户信任和理解的商品。演示商品的使用方法和使用效果，可以大大增加客户的购买信心。

例如，一些网店可能会提供商品使用短视频，这些短视频可以清晰地展示商品的使用方法和效果。这种方式可以让客户更加直观地了解商品，从而更容易产生购买欲望。

此外，售前客服人员在与客户沟通时，也可以通过发送这些短视频来帮助客户更好地理解商品。这种方式不仅可以加深客户对商品的印象，还能让客户沉浸式地感受商品的特点，从而更容易产生购买决策。

总的来说，使用教程法是一种非常有效的销售策略，可以帮助商家更好地展示商品，提高客户的购买信心和购买欲望。图3-6为某网店商品的短视频使用教程。

图3-6 某网店商品的短视频使用教程

## 五、赞美肯定法

赞美肯定法是一种通过赞美和肯定客户来增强客户信心及购买决心的方法。在与客户交流时,售前客服人员应该多使用赞美和肯定的话语,让客户感到愉快,对网店产生好感,从而成为网店的忠实客户。

使用赞美肯定法时,需要注意以下几点。

1)确认客户对商品产生浓厚兴趣:在赞美客户之前,需要确认客户对商品已经产生浓厚的兴趣,否则赞美的话语可能会让客户感到不自在。

2)真诚、诚恳地赞美客户:赞美客户时,需要发自内心,态度诚恳,语言实在,不要夸夸其谈,更不能欺骗和敷衍客户。

3)不要过分夸张:赞美的话语应该适度,不要过分夸张,以免让客户感到不真实。

4)针对客户的优点进行赞美:在赞美客户时,应该针对客户的优点进行赞美,而不是随意编造或夸大其词。

总之,售前客服人员在使用赞美肯定法时,需要注意适度、诚恳,让客户感到愉快和信任,从而增强客户的购买决心,提高销售业绩。图3-7为某客服利用赞美肯定法接待客户。

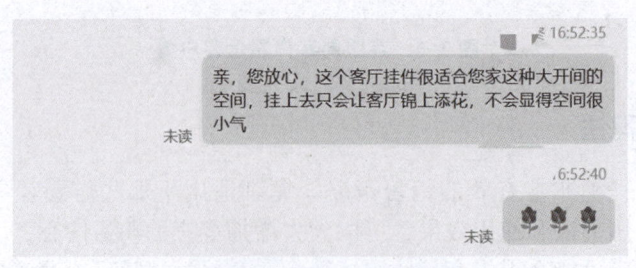

图3-7 某客服利用赞美肯定法接待客户

## 六、让步成交法

让步成交法是一种销售人员通过提供优惠条件促使客户立即购买的策略。在运用让步成交法时,售前客服人员需要注意以下三点。

1）让客户感到特别，让客户觉得你的优惠是专门针对他的，使客户感到自己受尊重和特别。

2）不要轻易给予优惠，否则客户可能会提出更多要求。

3）展现自己的权力有限，表示需要向上级请示："抱歉，我只能在我的处理权限内给你这个价格。"然后转变话题："不过，因为您是我的老客户，我可以向经理请示一下，看能否给您一些额外的优惠。但这种优惠很难得到，我也只能尽力而为。"这样客户的期望不会过高，即使没有得到优惠，他也会感到你尽力了，不会责怪你。

### 七、机不可失法

大多数人对于那些难以获得或购买的商品，会更加渴望拥有。利用这种"怕失去"的心理来说服客户下单的方法非常重要。在运用这种方法说服客户下单时，售前客服人员应该及时发现客户对商品的兴趣，并制造紧迫感，以便促成交易。售前客服人员通常可以采用以下方法来制造紧迫感。

#### 1. 告知限时优惠活动

售前客服人员可以告诉客户，该商品正在进行限时优惠活动，活动结束后将恢复原价或不再提供优惠。这样可以让客户感到购买的紧迫性，促使其尽快下单。

#### 2. 限量供应

售前客服人员可以告知客户，该商品库存有限，一旦售罄将无法再购买。这种限量供应的方式可以激发客户的购买欲望，促使其尽快下单。

#### 3. 强调商品独特性

售前客服人员可以强调该商品的独特性，如限量版、定制版等，让客户感到该商品具有不可替代的价值。这样可以让客户更加珍惜购买机会，促使其尽快下单。

#### 4. 告知即将涨价

售前客服人员可以告诉客户，该商品将在不久后涨价，让客户感到购买的紧迫性。这种涨价通知可以刺激客户的购买欲望，促使其尽快下单。

需要注意的是，在采用机不可失法说服客户下单时，售前客服人员应该保持真诚，不要欺骗或夸大其词。同时，也要尊重客户的意愿和选择，不要强迫客户购买。

## 项目实训

### 售前接待工作诊断

**[实训背景]**

李莉是一家时尚服装网店的售前客服人员，一位客户对一条裙子产生了兴趣，并向李莉询问详情。以下是她与客户的对话。

客户：你好，这条裙子还有货吗？

客服：您好，裙子还有库存哦。

客户：裙子是什么材质的？会起球吗？

客服：这款裙子采用高品质的棉麻混纺材质，不易起球，透气性好。

客户：我看评价里有人说尺码偏小，是真的吗？

客服：建议您根据平时的尺码选购，或者参考我们提供的尺码表进行选择。

客户：你们家的衣服颜色会掉色吗？

客服：我们的产品都经过严格的品质检测，颜色牢度符合标准，正常洗涤下不易掉色。但为了保持衣物的长久鲜艳，建议您使用温和的洗涤方式。

客户：我再看看其他的款式。

客服：非常抱歉，没能帮到您。如果您有任何其他问题，随时可以再来咨询我。祝您生活愉快！

[实训要求]

学生分组进行角色扮演（分别扮演李莉和客户），讨论并诊断李莉在接待客户过程中的问题，然后提出解决方案。

[实训目标]

(1) 掌握售前客服人员应具备的服务态度。

(2) 掌握与客户沟通的技巧。

(3) 能快速、准确地处理客户的问题。

[实训步骤]

讨论并诊断李莉的问题：从对话中可以看出，在接待客户的过程中，李莉主要存在以下问题：当客户询问尺码偏小时，李莉没有及时表达歉意并对问题进行解释；当客户询问颜色掉色问题时，李莉虽然给出了专业回答，但未主动提供其他相关问题的解答。

提出解决方案：针对第一个问题，李莉应首先向客户表达歉意，然后解释尺码可能存在差异的原因并提供相应的解决办法；针对第二个问题，李莉可以主动询问客户是否有其他问题需要解答，以便更好地满足客户需求。

## 效果评价

**1. 选择题**

(1) [单选] 店销一般根据客服岗位的岗位职责，将其划分为（　　）、售中客服、售后客服和物流客服，以便各司其职开展工作。

A. 售前客服　　　　　　　　B. 智能客服

C. 视频客服　　　　　　　　D. 外呼客服

(2) [单选] 对于（　　）类型的客户，需要耐心聆听，并抓住机会适当引导客户进入宝贝相关话题。记得一定要掌握主动权，但不能强逼客户接受。

A. 急躁型　　　　　　　　　B. 犹豫型

C. 健谈型　　　　　　　　　D. 怀疑型

(3) [多选] 卖点就是指商品具有的别出心裁或与众不同的特点、特色。这些特点、特色是吸引客户继续咨询，激发客户购物欲望的重要信息。下面可以作为卖点信息介绍给客户的有（　　）。

A. 价格　　　　　　　　　　B. 质量

C. 促销信息　　　　　　　　D. 商品性能

(4)［多选］采用（    ）措施，可以提升客户的忠诚度。
A. 提供超值服务　　　　　　　　B. 对老客户进行激励与挽留
C. 与客户保持密切的联系　　　　D. 对客户进行等级细分

**2. 填空题**

(1) 淘宝售前客服基本工作流程包括_____、_____、_____。

(2) _____是一种虚拟电子券，也是客服常用的一款店铺促销工具。淘宝客服可以通过满就送方式发放。

**3. 判断题**

(1) 利用旺旺表情，将我们的耐心和热情传达给客户。在回答问题的时候可以多用语气词，像"哦""呢"等，还要多用"亲"。　　　　　　　　　　　　　　　　（    ）

(2) 在与客户沟通后，客户对产品产生一些异议是正常的，只要客服能够处理好异议并让客户满意，就能促成订单。　　　　　　　　　　　　　　　　　　　（    ）

# 项目四 客服售中服务

## 学习目标

**【知识目标】**
➢ 了解订单催付的意义及策略。
➢ 掌握订单处理及物流跟踪的方法。
➢ 了解商品打包的方法。

**【技能目标】**
➢ 学会分析客户未付款的原因并挑选未付款的订单。
➢ 会使用催付订单工具及不同场景催单的策略。
➢ 能进行订单处理、物流跟踪及打包商品的操作。

**【素质目标】**
➢ 通过在订单催付过程中主动跟进、及时沟通等知识的学习,培养客服人员的责任感。
➢ 通过在订单处理过程中快速响应客户需求,使客服人员在面对复杂多变的工作环境时能够保持冷静、果断决策,培养客服人员的应急与应变能力。

## 项目导入

为迎接2023年6月18日京东平台举办的购物狂欢活动,米娅时尚女装店铺针对新客户预备了新客优惠券。今天刚好是客服小安值班,客户李女士咨询完商品觉得很满意想要下单,询问是否有优惠活动。小安回复店铺首页有新客优惠券,让其去领取后再下单。半小时后小安查看发现李女士领取了优惠券但并未下单,这让小安很疑惑,明明自己已经将李女士咨询的问题回复清楚且李女士也领取了优惠券,但为什么一直没有下单成交呢?

通过以上案例我们知道,售中客服不仅需要准确回复客户咨询的问题,更重要的是要时刻关注客户的下单成交情况。这既是售中客服工作的重点，又是售中客服工作的难点，需要售中客服人员在实践中不断积累经验。

# 任务一　订单催付

## 任务描述

在电商领域，"得流量者得天下"，然而在电商平台各商家竞争日益激烈的情况下，客户下单转化率才是王者，高效利用已有流量，让有过浏览、咨询记录的客户成功下单，是客服工作的重中之重。米娅时尚女装店的售中客服小安在"6·18"大促期间接待了近千个客服咨询，针对每一个客户的问题她都很耐心、详细地给出了回复，但最终她的下单转化率并不高。

将到店客户准确分级，在掌握催单工具使用方法及成功催单策略的基础上，能区分出目标客户，针对不同客户的需求及消费场景分析出能促使其尽快成交转化的方法，是有效利用流量提高整个店铺销量的重要举措。

## 相关知识

### 一、催付的意义

网店催付的意义在于提高销售额、降低推广成本、提升下单付款率，以及提升售前客服能力，促成订单的成交，减少买家流失。

具体来说，网店可以通过催付来提醒拍下产品但未及时付款的客户，促使客户完成支付。客户可能因为价格优惠问题或者在货比三家时拿不定主意而未付款。催付可以帮助网店有效地转化这些精准的目标客户，提高销售额。

此外，催付还可以降低推广成本。通过催付，网店可以更有效地利用资源，减少不必要的浪费。同时，催付可以提升下单付款率，提高客户满意度，从而提升网店的口碑和信誉。

### 二、订单催付工具

为提高客服工作效率，可借助客服聊天工具针对不同场景制作催付卡片。可利用旺旺、咚咚等制作催付卡片，如图4-1所示。

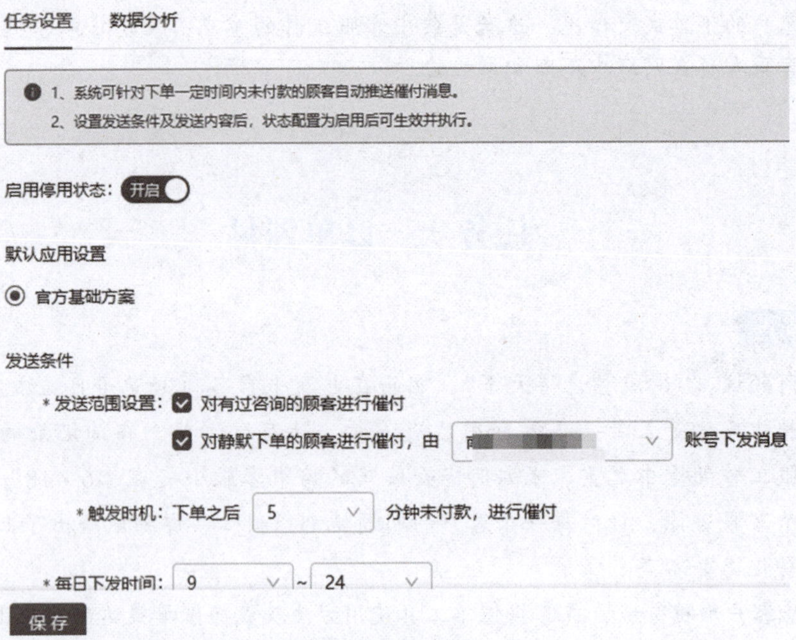

图 4-1　制作催付卡片

## 三、客户未付款的原因及应对策略

### （一）客户未付款的原因分析

客户到店浏览商品、领取优惠券甚至发起客服咨询并点击付款按钮，但最终未成功下单的情况经常会出现，为提高客户下单转化率，提高店铺销量，必须了解客户未付款的原因。表 4-1 总结了客户未付款的原因。

表 4-1　客户未付款的原因

| 序号 | 客户未付款的原因 |
| --- | --- |
| 1 | 账户余额不足 |
| 2 | 新手买家不知道付款的操作流程 |
| 3 | 客户忘记支付密码 |
| 4 | 客户对商品存在疑虑 |
| 5 | 议价不成功 |
| 6 | 客服人员态度不佳 |

### （二）客户未付款的应对策略

**1. 账户余额不足**

策略：一方面，客服检查店铺后台是否将支付渠道都开通了，如开通微信、支付宝、银行卡等平台支持的支付途径；另一方面，客服建议客户及时充值账户并了解客户充值的时间，以便再次催付。

## 2. 新手买家不知道付款的操作流程

策略：售中客服让客户详细描述自己的问题，截图说明操作的办法，直观简单，解决卖家的问题，帮助客户找到付款页，如图4-2所示。

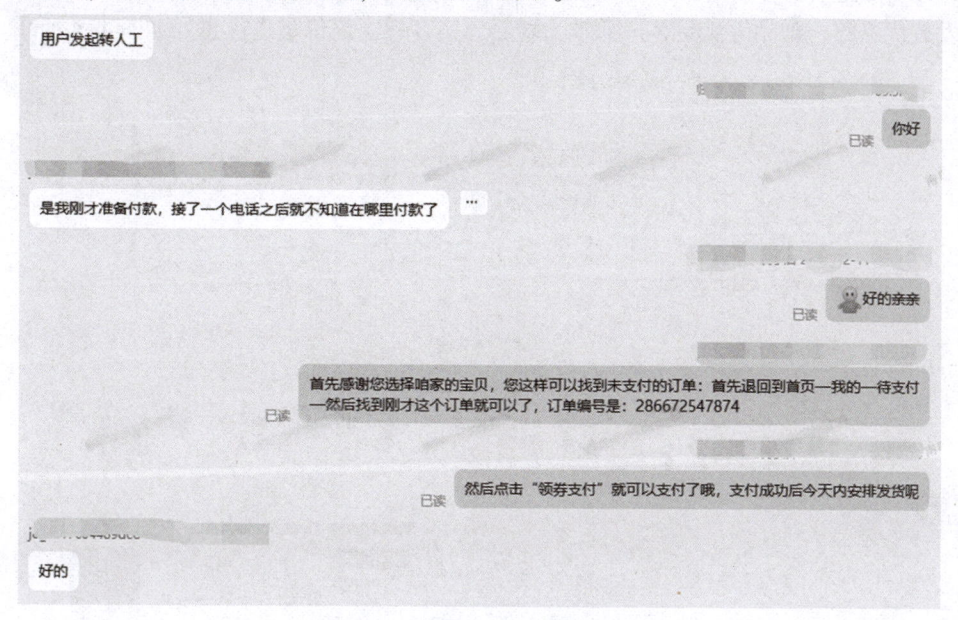

图4-2 帮助客户找到付款页

## 3. 客户忘记支付密码

策略：帮助客户了解找回密码的方法，主动关心进度，当客户找回密码后跟踪催付，帮助客户找回密码，如图4-3所示。

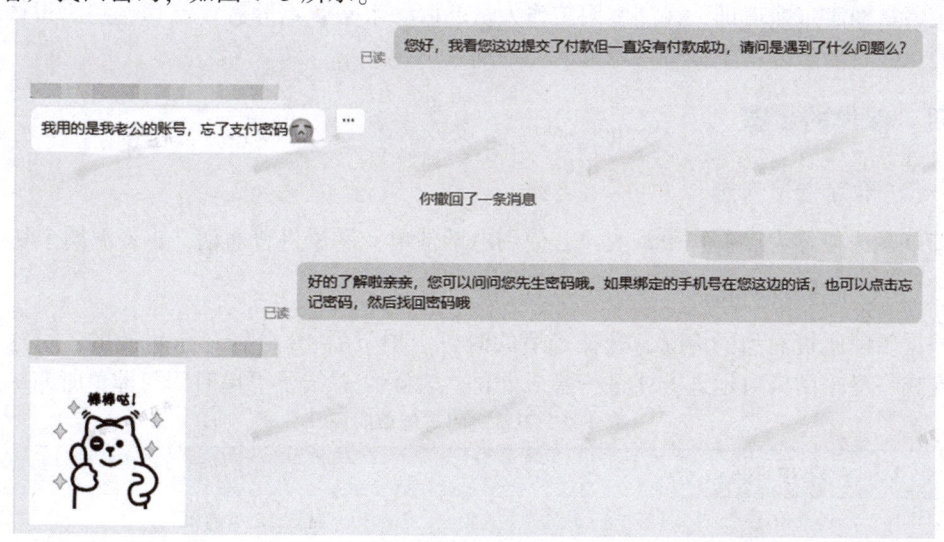

图4-3 帮助客户找回密码

## 4. 客户对商品存在疑虑

策略：针对客户对商品的疑虑进行说明解释，告知本店商品的优势、购买的利益并提供相关的服务保障。

**5. 议价不成功**

策略：通过聊天了解客户的心理预期值，强调产品的性价比，让客户产生情感共鸣，必要时发放优惠券、赠品等满足客户需求，培养忠实客户，议价赠送优惠券如图4-4所示。

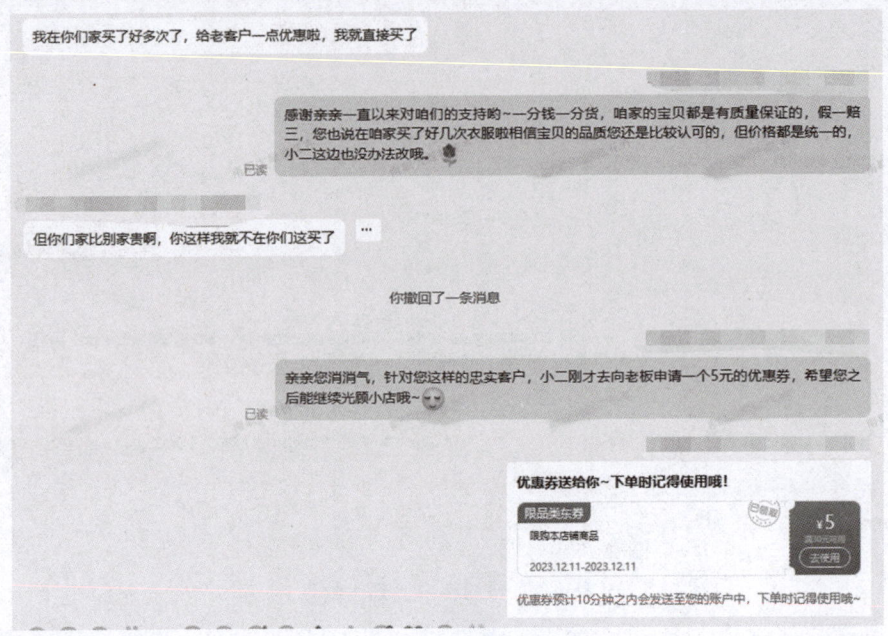

图4-4 议价赠送优惠券

**6. 客服人员态度不佳**

策略：网店定期培训，提高客服工作人员的服务水平，培养态度亲切、用语得体的客服人员，同时制定客服工作考核标准。

## 四、催付的步骤

### （一）确定催单人选

催单人选最好为接单客服本人，若使用电话催单，尽量讲普通话，声音温婉亲切。

### （二）掌握催付时机

根据店铺所售商品的情况，选择合适的时机。拍下后10分钟还未付款的，可通过在线旺旺或咚咚采用核对地址方式进行隐形催付。表4-2总结了下单时间与催单时间。

表4-2 下单时间与催单时间

| 下单时间 | 催单时间 |
| --- | --- |
| 上午单 | 当日12点前催付 |
| 下午单 | 当日17点前催付 |
| 傍晚单 | 次日10点前催付 |
| 半夜单 | 次日10点后催付 |

## （三）催付方式及频率

对于大客户不要用同一种方法重复催付，否则容易引起客户的反感，一定要掌握分寸。同时，催付的频率不可过高，最多 10 分钟催付 1 次，1 天不要超过 3 次。

## （四）催付技巧

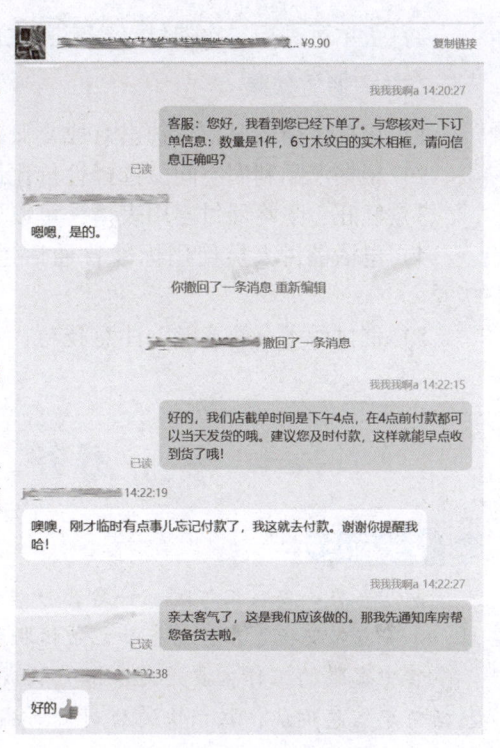

### 1. 客服聊天工具催付

客服聊天工具催付（核对信息）如图 4-5 所示。

售中客服利用在线旺旺或咚咚等客服聊天工具催付时，要先与客户核对订单中商品数量、颜色、收货地址等信息，然后进行催付。

### 2. 短信催付

短信催付具有批量催付的特点，投入产出比较高，适于在订单关闭前 2 日内进行大量未付款订单的催付，如图 4-6 所示。

图 4-5　客服聊天工具催付

图 4-6　短信催付

### 3. 电话催付

若选择电话催付的方式，需提高客服工作人员声音的感染力；同时面带微笑，用语言表达服务热情；尤其需发掘和有效利用自己的语言优势促使客户下单。

## （五）结果备注

1）催付后及时备注结果，标明客户是否付款、未付款原因、客户大概什么时间付款等情况记录。

2）大单可进行二次催付（需以首次催付情况为依据）。

### （六）催付效果

1）根据店铺情况，筛选出有成交概率的订单进行催付。
2）根据产品利润空间，选择性价比最高的催付工具。
3）旺旺、咚咚催付多用表情，可以通过核对地址来进行隐形催单。
4）电话催付人员使用标准普通话进行沟通，同理心强的电话催付往往让客户更易接受。
5）催付话术言简意赅，注意技巧，考虑到客户的情绪。

## 任务二  订单处理

**任务描述**

网店客服小安在工作时，一名客户告诉小安收货地址填错了，问是否能够修改收货地址，小安首先安抚了客户并告知已帮忙联系快递修改收货地址，让客户放心等待产品送达。

售中客服的工作主要是解决客户从成功付款到确认收货过程中的系列订单问题，主要包括订单信息确认、联系快递公司、商品打包、订单发货及物流跟踪，通知客户商家已发货/配送/收货等五个环节。那售中客服如何才能做好这五个环节的工作呢？

**相关知识**

### 一、订单确认及信息核实

客户成功付款后的下一步就是等待商家发货，然而在交易中往往容易出现客户误填地址、拍错产品等情况而发生退换货。为降低退换货率及运营成本，在发货前有必要与客户确认订单信息。

售中客服通过聊天工具（旺旺、咚咚等），将订单信息（客户所购产品信息、收货人、联系电话及收货地址等）发送给客户，客户确认信息无误后再发货，可有效避免退换货，如图4-7所示。

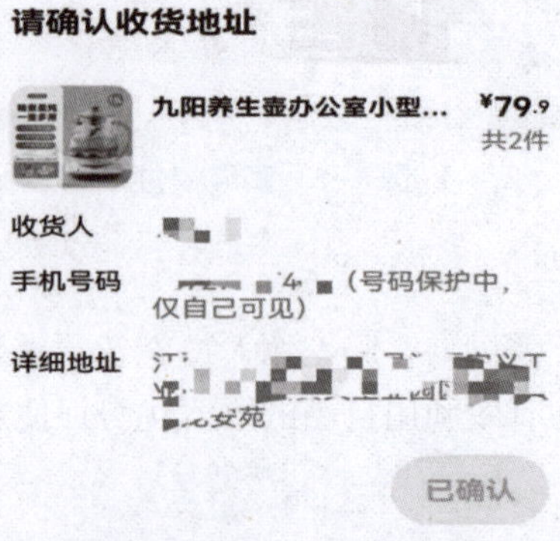

图4-7  确认收货信息

为避免客服休息期间，确认订单信息步骤遗漏，可利用客服聊天工具设置订单核单卡片，当客户成功付款后，由机器人自动发起订单确认，如图4-8所示。

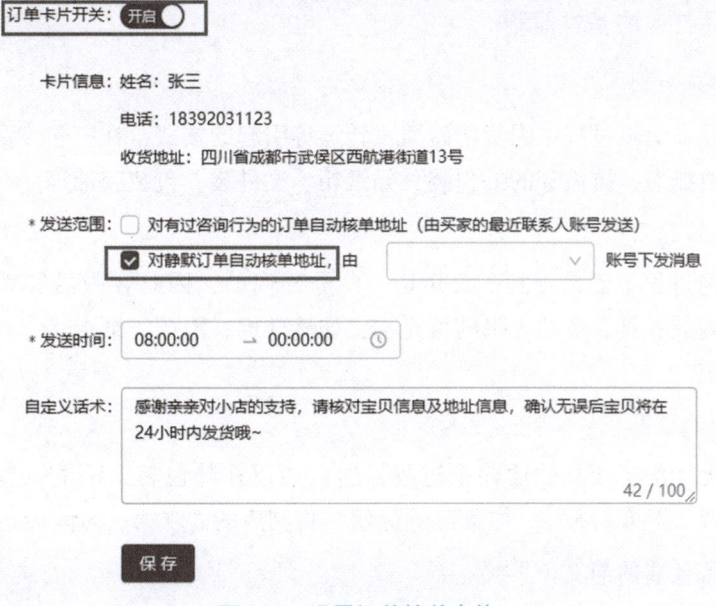

图4-8 设置订单核单卡片

## 二、选择快递公司

网店的运营离不开快递公司的支持，快递公司是连接网店和客户之间的纽带。快递配送速度、安全性是客户关心的问题，也是商家重点关注的问题。那么网店该选择什么样的快递公司合作呢？表4-3为选择快递公司的注意事项。

表4-3 选择快递公司的注意事项

| 要点 | 说明 |
| --- | --- |
| 可选项 | 先观察所在区域有哪些快递公司，一般来说，三通一达（圆通、中通、申通、韵达）、顺丰、京东等都是比较主流的快递 |
| 安全性 | 选择有一定规模、网点分布较广的快递，避免丢包、包裹损坏等情况的发生 |
| 价格 | 尽量减少物流支出成本，"三通一达"价格相差不大，价位适中；EMS（中国邮政）、顺丰、京东等价格较高 |
| 速度 | 客户通常对物流的运送速度非常在意，对网店来说也有利于缩短资金回流时间。目前，顺丰、京东的运送速度快，但价格相对较高；"三通一达"的运送时效差不多，价格相对便宜 |
| 服务质量 | 选择快递公司时，偏向于具有良好服务精神、遵守服务行业行为准则、对工作人员监管机制完善的快递公司 |

## 三、商品打包

商品打包是电子商务中的一个重要环节。商品打包的主要目的是确保商品安全、完整地送达客户。不同类型的商品有不同的包装要求。客服在打包商品时，需首先了解商品打包的基本原则,并掌握常见的商品包装方法,以保障商品的运输安全,提升客户购物体验。

### (一)商品打包的基本原则

#### 1. 不易拆封原则

为减少商品在运输过程中因货物碰撞、转运等引起的损毁,在打包商品时,应尽量选择使用硬质、抗撕裂、抗戳穿的外包装,如纸箱、文件袋、包装胶带等。

#### 2. 无损商品原则

商品在运输过程中容易损耗,尤其是一些易碎商品,因此客服需要掌握内包装的方法,在包装盒内放置具有缓冲效果的填充物,如珍珠棉、泡沫、纸卡等,让商品在包装盒内能够保持固定。

#### 3. 礼貌提示原则

网店客服无法跟踪商品的运输全过程,所以可以在外包装上贴上一些礼貌的温馨提示,如"易碎品,轻拿轻放""加急"等标签,将网店的需求第一时间传达给快递人员。

### (二)商品包装的形式

商品包装是商品的一部分,好的商品包装能让消费者感受到商家的诚意和态度,从而收获忠实的客户。商品的包装形式主要包括外包装、中层包装和内包装。

#### 1. 外包装

外包装即为商品最外层的包装,一般以包装袋、编织袋、复合气泡袋、包装纸箱等为主。图4-9所示的就是将纸箱作为外包装使用。

图4-9 纸箱作为外包装

#### 2. 中层包装

中层包装指外包装盒与商品之间的填充材料,主要用于保护商品,防止在运输途中商品发生损坏。图 4-10 所示的就是用珍珠棉作为中层包装。

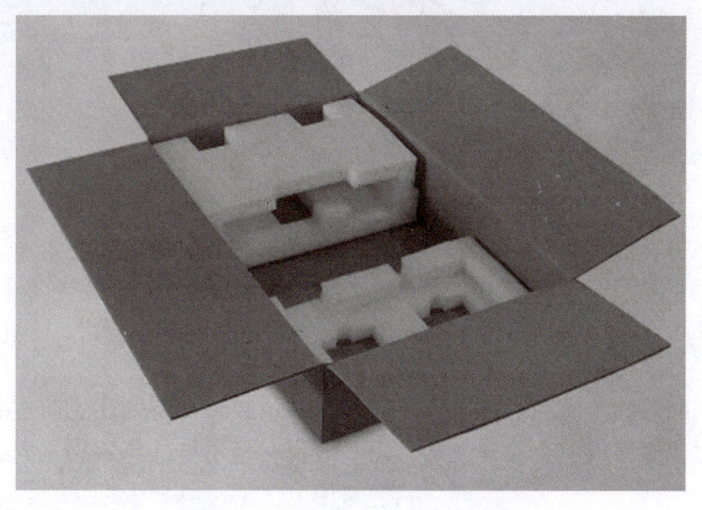

图 4-10　用珍珠棉作为中层包装

3. 内包装

内包装即直接包装商品的材料，主要有自封袋、热收缩膜和热收缩袋等。

(三) 不同类型商品的包装方式

不同类型的商品，其包装的方式各有不同，以下列举常见类型商品的包装方式。

1. 服装类商品

为让服装减少褶皱、保持美观，在进行打包时需进行折叠，必要时用纸板进行支撑，为了防水，可在服装外包裹一层塑料膜，如图 4-11 所示。

图 4-11　服装类商品的包装

2. 首饰类商品

首饰类商品可直接用大小合适的首饰盒进行包装，若是易碎、易刮花的饰品，在打包时还可用保护材料对其进行单独包裹，如图 4-12 所示。

图 4-12　首饰类商品的包装

### 3. 液体类商品

酒水、化妆品等液体类商品都属于易碎品，在包装时需特别注意防震和防漏，可使用塑料袋或胶带封住瓶口以防止液体泄漏，用气泡膜在瓶子与外包装袋之间进行填充，如图 4-13 所示。

图 4-13　液体类商品的包装

### 4. 食品类商品

食品类商品在进行包装时尤其要注意包装材料的安全性，包装袋和包装盒都要求无毒、干净、整洁。部分保质期较短或需要保鲜的食品，则需要特殊的包装材料进行包装，也可抽真空后进行包装，打包好后及时发货，减少物流时间，以保证食品的质量和安全性，如图 4-14 所示。

图 4-14　食品类商品的包装

## 四、及时发货并跟踪物流

将商品打包好后联系快递公司揽收货物,商品后续便会进入物流运输阶段。售中客服需在店铺后台将订单的状态从待发货改为已发货。网店在客户下单后需要在一定时效内完成发货、揽收等工作(如京东的发货、揽收件时效为"24小时发货/48小时揽收")。若遇到特殊情况导致不能按时发货、揽收,售中客服需及时向官方平台进行报备。

## 五、短信通知发货、配送、签收

完成发货后,售中客服需对订单进行跟踪,整个物流过程中主要有三个重要的环节,即订单发货、订单配送及订单签收。为了提高工作效率及方便客户及时查看,客服可通过短信的形式发送物流信息到客户预留的手机号上,如图4-15所示。

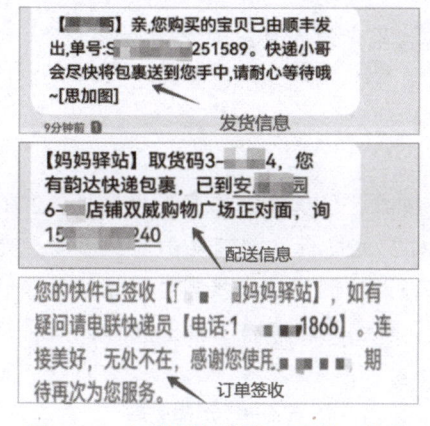

图4-15 短信通知发货、配送、签收

### 知识拓展

**淘宝商家五种发货方式**

淘宝为商家提供了"自己联系物流""在线下单""无须物流""官方寄件""官方货运"五种发货方式。

自己联系物流:这种方式适合自己有熟悉的快递公司的商家。选择"自己联系物流"可以节约时间。商家可以根据自己的需求选择合适的快递公司,并协商价格和服务。这种方式需要商家自己负责快递的寄送和跟踪,但灵活性较高。

在线下单:这种方式通过大数据运算和分析为商家推荐合适的快递公司。商家可以选择推荐的快递公司,或者通过比较选择最适合的快递公司。在线下单可以节省商家的时间和精力,同时能保障快递公司的时效、服务等。

无须物流:这种方式适用于销售的商品是虚拟产品,如话费、会员充值、游戏卡等的商家。虚拟产品不需要实际的物流过程,商家可以通过自己的平台或者第三方支付平台完成交易,无须寄送实物商品。

官方寄件:淘宝网提供了官方的寄件服务,商家可以选择将商品交给官方,由官方负责寄送。商家需要填写相关的寄送信息,并支付一定的运费。

> 官方货运：这种方式类似于官方寄件，但更适合于大批量的商品寄送。商家可以将商品送到指定的仓库，由官方进行打包和寄送。这种方式可以节省商家的时间和人力成本。
>
> 不同的发货方式有各自的优缺点，商家可以根据自己的需要进行选择。

## 项目实训

### 体验售中客服岗位的工作

**[实训背景]**

售中客服是网店直接接触客户的人员，对塑造网店形象，提高商品转化率、客单价、复购率，降低运营成本都起到重要作用。小张是一名客服人员，请根据所学知识及以下资料，帮助小张回复客户咨询的问题。

**[产品资料]**

这款吹风机采用负离子技术，能够有效修复受损发质，2 100 W 大功率可达速干效果。本品采用涡轮增压高转速 AC 交流电机，首钢发热丝，温度稳定。吹风机有 5 挡风力可以调节，采用阻燃尼龙材料，可以达到耐摔、抗震、阻燃的效果。商品支持全国联保，原价 89 元，促销价 79 元，现在下单购买还赠送 3 款出风口，数量有限，先到先得。该产品的产品参数如表 4-4 所示。

表 4-4 产品参数

| 商品名称 | 吹风机 | 机身颜色 | 陶瓷黑、陶瓷白 | 功能 | 负离子、恒温冷热风 |
|---|---|---|---|---|---|
| 产地 | 中国 | 线长 | 2.5 m | 附加功能 | 柔顺 |
| 电吹风档位 | 5 挡 | 便携性能 | 手柄不可折叠 | 适用发质 | 中性、干性、油性 |
| 最大功率 | 2 100 W | 保修期 | 12 个月 | 适用场景 | 家用 |

发货时效：24 h 内发货，浙江金华发货，省内 1 天内送达，省外 3~4 天送达，特殊情况除外。

发货快递：申通、韵达快递（不支持指定）。

售后服务：包运费险、七天无理由退换货。

**[实训要求]**

请根据客户咨询的问题帮助售中客服小张做出合适的咨询回复。

客户：在吗？

客服小张回复：_____。

客户：我刚下单一款黑色的吹风机，想换成白色，怎么办？

客服小张回复：_____。

客户：好的，发什么快递？我家附近只有邮政的。

客服小张回复：_____。

客户（6 h 后）：怎么还不发货呢，之前的吹风机坏了急着用，这要几天才能到（该客户是河北人)？

客服小张回复：_____。

## 效果评价

**1. 选择题**

(1) [单选] (　　) 主要处理客户下单后收到商品前或交易取消前的一系列问题。

A. 售前客服　　　　　　　　C. 售后客服

B. 售中客服　　　　　　　　D. 电话客服

(2) [单选] 商品打包是指将商品包装后交给取件的快递人员。商品打包的基本原则不包括 (　　)。

A. 不易拆封原则　　　　　　C. 礼貌提示原则

B. 无损商品原则　　　　　　D. 快速原则

(3) [单选] 下列选项中不属于售中客服的工作内容的是 (　　)。

A. 发货关怀　　　　　　　　B. 签收关怀

C. 订单确认　　　　　　　　D. 纠纷解决

(4) [单选] 售中客服与售后服务之间的区别在于 (　　)。

A. 售中客服负责销售前期，售后服务负责销售后期

B. 售中客服负责处理订单生成，售后服务处理客户退换货

C. 售中客服负责提供售前咨询，售后服务处理客户投诉

D. 售中客服负责销售过程中的交流和协调，售后服务负责售后支持和维护

(5) [多选] 外包装即商品最外层的包装，通常以 (　　) 等为主。

A. 包装袋　　　　　　　　　B. 包装纸

C. 包装箱　　　　　　　　　D. 气泡膜

E. 海绵　　　　　　　　　　F. 复合气泡袋

**2. 简答题**

(1) 每到电商大促活动的时候都会出现客户领取了网店发放的优惠券但未付款的情形，试分析出现这种情况的原因，并给出针对性的解决办法。

(2) 售中客服的工作内容有哪些？

**3. 实践题**

(1) 经过考核培训，你成为一名售中客服，现在店长分配了一个客服账号给你，要求你登录京麦工作台处理客户问题。其具体要求如下。

①下载京麦 App，并登录京麦工作台。

②进入"客服"界面，找到客服聊天工具，根据售中客服工作场景设置自动回复。

③进入"客服"界面，找到客服聊天工具，设置催单卡片。

(2) 以下为某网店售中客服人员与客户的对话，阅读后回答问题。

客户：在？

(10 分钟后)

客服：你好，在。

客户：怎么那么久才回复啊，我买了一件外套，尺码买错了，你给我换成L码。
客服：不好意思，仓库已下单，没办法换颜色了。
客户：什么？我才买啊，怎么仓库就已经下单了？我不管，你给我换成L码！
客服：刚和仓库核对，可以修改，已换成L码了哈。
客户：好，发顺丰吧，这个快点儿。
客服：不好意思，我们没有顺丰快递，只发韵达和中通。
客户：……

请问案例中客服的回复是否得当？若不得当，请简要说明有哪些问题并给出解决办法。

# 项目五　客服售后服务

## 学习目标

**【知识目标】**
➢明确售后服务的重要性。
➢了解售后服务的价值及影响因素。
➢了解售后服务的工作内容。

**【技能目标】**
➢了解客户反馈信息的处理流程。
➢掌握普通售后问题及纠纷与投诉事件的处理方法。
➢学习客户评价管理技巧。

**【素养目标】**
➢通过学习客服售后问题处理流程，培养客服人员细致严谨的工作态度。
➢通过学习纠纷与投诉应对技巧，培养客服人员情绪管理能力和同理心。
➢通过学习客户评价管理的要求，帮助客服人员客观分析评价内容，培养自我反思精神。

## 项目导入

海尔网店成立已有多年，起初凭借性价比高的商品迅速积累了一批忠实粉丝。然而，随着业务量的增长，客服团队的处理能力和售后服务的响应速度逐渐跟不上客户的需求，导致客户满意度下滑，投诉增多。海尔深知，如果不立即采取行动，多年树立的品牌形象将面临崩塌的风险。面对困境，海尔决定启动一项名为"悦享无忧"的客服售后服务优化项目。该项目的核心目标是：通过技术创新和服务流程再造，打造行业内领先的售后服务体系，让每一位客户都能享受到便捷、高效、贴心的服务体验。项目的部分升级内容如下。

（1）智能客服系统升级。海尔引入了先进的 AI 智能客服机器人，实现 24 h 不间断服务。这一系统能够快速响应客户的咨询，辅助人工客服处理常见问题，大大减轻了人工客服的负担。

（2）一键式服务流程。为了简化售后服务流程，海尔优化了退换货页面设计，实现了一键式申请。客户只需几步操作即可完成退换货流程，同时，海尔提供了明确的退换货政策说明，增加了服务的透明度。

（3）售后反馈机制。为了持续改进服务质量，海尔建立了售后反馈机制。这一机制鼓励客户分享服务体验，收集意见和建议，以便不断优化服务流程。

经过几个月的努力，"悦享海尔"项目取得了显著成效。客户满意度大幅提升，退换货处理时间缩短了近一半，投诉率也大幅下降。更重要的是，通过口碑传播，海尔网店的新客户增长率也有了明显提升。海尔深知，这一切的改变，都离不开对售后服务体系的深度改革和对客户需求的深刻洞察。

# 任务一　售后服务的重要性

## 任务描述

小张是刚大学毕业的职场新人，现在某网店从事售后客服工作，他对自己的工作漫不经心，他认为自己不过是一名不起眼的售后客服人员，做得好与坏并不重要，也不会对店铺产生什么影响。

本任务学习，将转变小张对售后服务的看法，明确售后客服的重要性，帮助小张以更饱满的热情投入本职工作中。

## 相关知识

在以客户为中心的时代，留住客户需要的是优质的服务，而提供服务的不是企业的管理者，不是客服中心的负责人，而是千千万万的客服人员。售后服务工作是客服人员日常工作的重心。

售后服务工作是一份对综合技能要求较高的工作，因此对从事售后服务的工作人员的要求也较高。随着商品经济的发展，客户维权意识的增强，以及消费观念的变化，在同类商品的质量和性能相似的情况下，客户越来越重视售后服务。特别是在网上交易的整个过程中，售后服务这一环节越来越重要。

### 一、明确售后服务的重要性

售后服务是指商家在产品出售以后为客户提供的各种服务。对于企业来说，售后服务既是一种促销手段，又是一种有效扩大企业影响力、树立企业良好形象的方法。

售后服务承担着"无声"宣传员的责任，这种无声的宣传比那些夸夸其谈的有声宣传要高明得多，是增强客户信任感的有效途径之一。

部分网店为售前工作做了充分的准备，但忽视了售后工作的重要性。这种思维在当前及以后的电子商务市场中是错误的。在未来的电子商务市场中，售后服务会直接影响网店的整体销量，其重要性不言而喻。

## 二、提高客户满意度

在商品交付客户之前，客户只能感知商品价值，而对商品价值的体验和确认是发生在交付商品之后的，所以此时售后客服就承担着跟踪反馈客户对商品价值体验的责任。所以说，售后客服是网购模式下品牌价值的维护者。

另外，在电商环境中，比价系统极其发达，网店仅凭商品本身的性价比很难胜出，而良好的售后服务是决胜的法宝之一。在整个线上交易过程中，售前、售中、物流等环节都难免会发生一些小问题，当问题发生时，客户的满意度很有可能会降低，如果此时售后服务不及时，将导致网店服务评级降低，网店负面评价增加，投诉、纠纷率上升，严重的还会影响品牌形象及网店口碑。在互联网飞速发展的今天，口碑已成为品牌及网店的重要命脉之一。因此，客服做好售后服务，让客户不满的情绪得到发泄和缓解，让客户有尽量完美的购物体验，从而赢得客户口碑。

## 三、提高客户的二次购买率

部分客户在购买商品时出现了不愉快的购物体验，导致其不会再复购商品，严重的还会将其不愉快的购物体验进行传播，这将严重影响网店的品牌形象。在网络交易过程中，如果客户产生了不愉快的购物体验，其第一时间想到的就是在线联系售后客服，此时，售后客服就起到了至关重要的作用。优质的售后服务不仅可以解决前期产生的问题，还可以成功留住客户，将其转化为网店的忠实客户。因此，做好售后服务可以提高客户的复购率，复购率数据分析如图5-1所示。

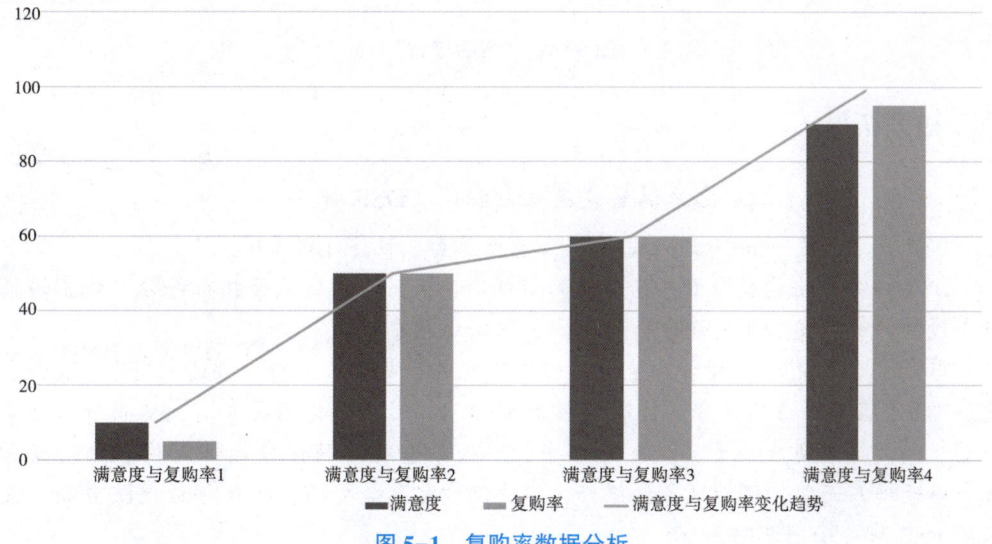

图5-1 复购率数据分析

## 四、减少网店的负面评价

售后客服的日常工作之一是进行有效的售后服务管理，减少网店的负面评价，降低给网店带来的负面影响。在经营网店的过程中，中差评和其他负面评价是很多网店常遇到的问题。中差评和其他负面评价不但会影响网店和商品的流量，还会降低客户对网店的信任度，影响客户的购买决策。

网店售后客服在商品销售出去以后为客户提供良好的售后服务，能扭转客户对商品、网店的看法，进而使客户在评论区对之前的负面评价进行追评，从而降低负面评价的影响。

如果客服没有进行有效的售后服务管理，就很有可能导致网店受到降分、商品下架、限制活动及屏蔽等处罚，严重时还会导致"网店被封"，如图5-2所示。因此，只有将售后服务做好，才能使网店规避风险，把负面影响降到最低，从而提高客户的满意度。

图5-2 "网店被封"

### 知识拓展

#### 客户满意度反映指标——DSR评分

DSR是Detail Seller Rating的简写，意思是卖家服务评级系统。

DSR评分主要构成因素包括店铺的好评率、宝贝与描述是否相符评分、卖家的服务态度的评分、发货速度评分、退款率、纠纷退款率。

电商平台常说的DSR评分主要是指客户完成交易后给出的"描述相符""服务态度""物流服务"三项评分。较高的DSR评分可以让网店排名更靠前，从而带来更多流量，大大提高网店销量。DSR评分中，"服务态度"的评分能够反映客户的满意度。对于网店而言，售后服务做得好，客户满意度就会提高，DSR评分也就会高，某店铺DSR评分如图5-3所示。

图 5-3　某店铺 DSR 评分

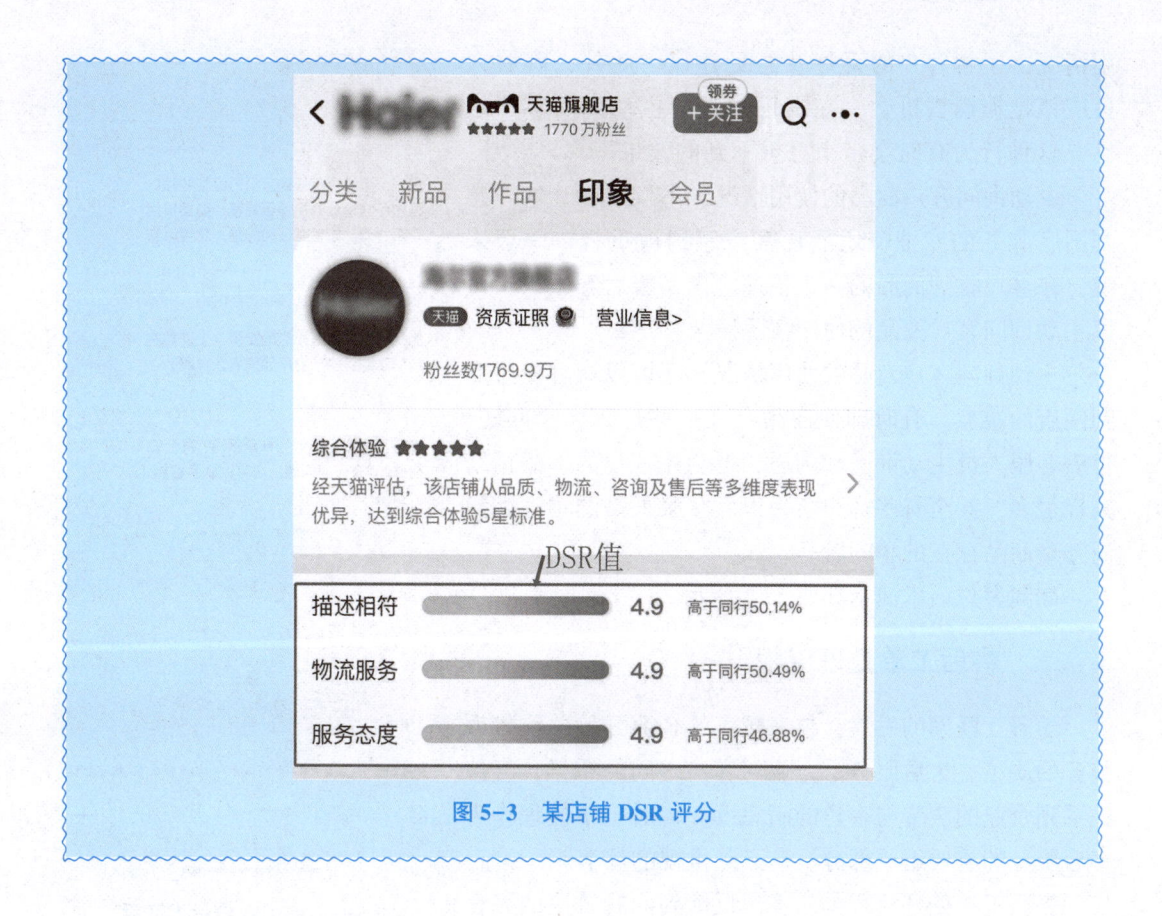

## 任务二　客户反馈信息处理

### 任务描述

小张在了解到网店售后客服的重要性之后，对售后客服工作充满热情，但由于缺少相关的工作经验，他总是不能及时有效地处理客户反馈信息，因此被客服主管点名批评。

本任务内容可以帮助小张处理客户反馈信息，明确客户反馈信息处理流程，使小张更好地胜任售后客服工作。

### 相关知识

跟进并处理客户的反馈信息是售后服务中较为关键的一环。客户收到商品并不意味着服务终止，售后客服人员应主动跟进并处理客户的反馈信息，如收到的商品是否完整、商品使用是否正常、客户对商品是否满意等。

#### 一、主动询问客户商品使用情况

不少客户在交易的过程中即使出现了不满意的情况也不会主动向商家反馈，而是默默转向其他商家进而成为流失客户。这就要求售后客户服务人员主动询问客户商品的使用情况，了解客户的喜好及意见建议。此外，客服人员应该把握销售机会，在销售过程中主动询问客户意见，这种行为有时会带来意想不到的效果。

主动询问客户商品的使用情况，不仅可以让客户感到网店服务的专业，还能让客户感到被重视。一般来说，在客户收到商品的一个星期之内，售后客服人员可以主动询问客户商品的使用情况。

主动询问客户商品的使用情况，还可以让客户感受到网店的诚意。有时即便商品存在一些瑕疵、小问题，售后客服人员主动询问和沟通，也会让客户的不满情绪减轻很多，甚至有些客户会为售后客服人员的主动询问而忽略商品存在的小问题。

询问客户话术演示如图5-4所示。

## 二、售后工单处理流程

随着互联网的发展，越来越多的企业开始关注售后服务的质量。售后服务是企业与客户之间的桥梁，直接关系到企业的声誉与客户的满意度。售后工单处理作为售后服务的重要组成部分，是必须重视的环节。

售后工单处理流程是从客户反馈到问题解决的完整流程，主要分为以下几个阶段，如图5-5所示。

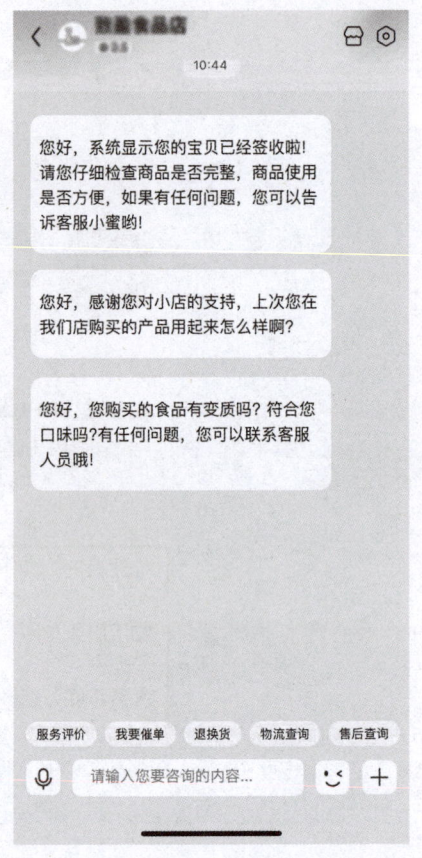

图5-4　询问客户话术演示

图5-5　售后工单处理流程

### （一）客户反馈

客户反馈是售后工单处理的第一步。客户可以通过电话、邮件、社交媒体等渠道向企业反馈遇到的问题，或者直接在企业的售后服务平台上提交工单。

### （二）工单登记

一旦客户反馈问题，企业就需要将问题进行登记。登记时需要记录客户的个人信息、问题描述、问题分类等信息。这个阶段的关键是确保将所有信息都完整地记录下来，以便后续处理。

### （三）工单派发

工单登记完成后，派发相关专业客服人员处理。派发时需要考虑客服人员的专业领域、能力和工作负荷等因素，确保相关客服人员能够对工单进行及时、有效的处理。

### （四）工单处理

工单处理是售后工单处理流程中最重要的一环。在处理工单时，客服人员需要仔细阅读工单信息，调查问题原因，并采取相应措施进行处理。如果问题无法在第一次处理中解决，客服人员需要将工单转交给更高级别的客服人员或者相关部门处理。

### （五）工单解决

一旦问题得到解决，工单状态需要更新为"已解决"。这个阶段需要将解决方案记录下来，并与客户进行确认，确保客户对解决方案满意。

### （六）工单关闭

工单关闭是售后工单处理流程的最后一步。在关闭工单之前，需要确认客户对解决方案是否满意，如果客户对解决方案不满意，需要重新打开工单进行处理；如果客户对解决方案满意，工单就可以关闭并存档。

## 三、及时收集反馈信息并进行调整

市场状况是网店选择出售商品类型的主要因素，客户的意见是网店调整经营模式的重要依据。在为客户提供服务的过程中，售后客服人员要及时收集客户的反馈信息并及时上报，以便于网店经营者根据客户的需求及时调整所售商品。

### 知识拓展

**客户反馈登记表**

客户反馈登记表指的是客户在服务或购物过程中填写的反馈意见表格，一般包括对服务质量、商品质量、价格、售后服务等方面的打分、评价和建议。这种表格的意义在于让商家了解客户的需求和喜好，发现问题并及时改进，提高客户的满意度和忠诚度，促进企业的发展。

客户反馈登记表的填写，需要翔实客观，避免情绪化言辞。客户应该在表格中准确地描述问题，提出具体的改进建议，同时在表格上留下自己的联系方式，以便商家能够及时与自己沟通和解决问题。商家也应该认真针对客户反馈意见进行整理和分析，及时采取措施改进服务和产品，回应客户的反馈和意见。

客户反馈登记表不仅可以帮助商家提升服务质量，也是搭建企业与客户沟通交流的重要桥梁。通过这种方式，商家可以了解到客户真实的需求和感受，从而更好地满足客户的需求，赢得客户的信任和支持。因此，各商家都非常重视客户反馈登记表的填写和分析。表5-1为客户反馈登记表模板。

表 5-1　客户反馈登记表模板

| 客户 ID | 购买时间 | 购买商品 | 反馈意见及建议 |
|---|---|---|---|
| 大海会唱歌 | 2023.9.5 | 海尔双开门冰箱 BCD-478WGHTD5DDYU1 | 物流问题，产品送货时间未提前沟通 |
| 向云端 | 2023.10.11 | 海尔空调 AWC-473RFGHTD5DDYU12 | 上门安装服务极差，空调外机安装需要自备安装工具 |
| 靓靓 | 2023.11.11 | 海尔燃气灶 RQD-178WGHT25DDYRE | 颜色和家里装修不搭，建议多出其他颜色燃气灶 |

## 任务三　普通售后问题处理

### 任务描述

小张在客服部学习了一段时间后，被安排至售后组工作。小张刚接触工作，就碰到了几个问题订单：一是客户 A 买的东西未到货，想通过售后咨询包裹情况；二是客户 B 买的东西不符合预期，想申请退换货；三是客户 C 买的东西有瑕疵，要求售后维修。

通过学习本任务内容，了解普通售后问题种类，掌握售后处理基本流程，帮助小张快速处理问题订单。

### 相关知识

客服人员及时解决客户售后问题，不仅能提升客户对企业的信任度，还能增加客户的忠诚度，这正体现了以客户为中心的服务理念。常见的售后问题主要涉及查单查件、退换货和售后维修三大类问题。掌握这些问题的类型及处理方式，有助于客服人员更好地满足客户需求。

#### 一、查单查件问题

在日常工作中，客服人员经常接到各类咨询，尤其在电商行业迅猛发展的背景下，每天都会处理大量消费订单。其中，查询快递流向是关键服务内容之一。客户在查询商品物流信息时，可能会遇到系统未显示物流信息、快递长时间停滞未流转，以及系统显示签收但实际未收到商品等问题。因此，客户往往希望通过客服了解包裹的具体走向。常见的咨询问题主要涉及以下几个方面。

（一）非本人签收包裹

这是常见的售后咨询问题，而导致快递显示已签收但客户未签收的原因主要有以下几个。

1）快递员将包裹误投收件人。
2）客户包裹被人冒领。

3）由物业、快递超市、门卫或公司代签。
4）软件系统或人为错误，导致系统显示错误的收件信息。
非本人签收包裹情况如图 5-6 所示。

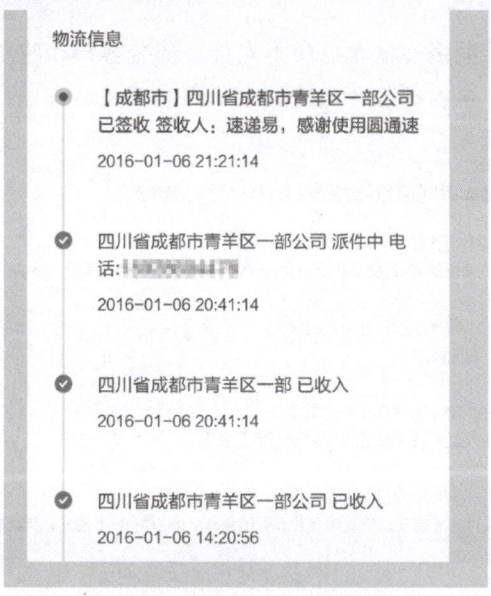

图 5-6　非本人签收包裹情况

针对这种问题，客服人员首先应安抚好客户情绪，表示会积极解决问题。随后应与快递人员联系，了解快递的实际存放点或代签人，核实完商品情况后，立即向客户反馈结果。

### （二）疑难件无法派送

在日常派件中，客户号码有误或者过于繁忙等原因会导致快递人员无法联系到客户，因此包裹长时间无法派送，滞留在快递站点，最终被标记为疑难件。在后期客户发现未收到快递，包裹信息显示为疑难件时，会联系客服人员了解情况，快递疑难件情况如图 5-7 所示。

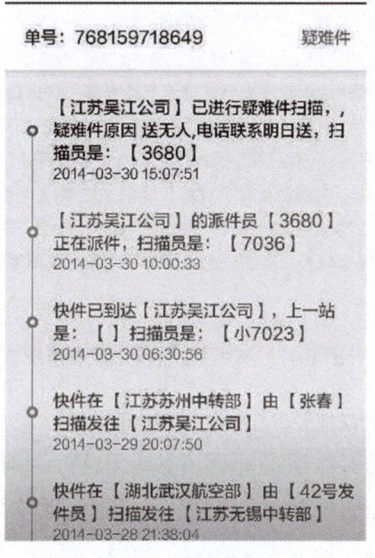

图 5-7　快递疑难件情况

在处理疑难件问题时,客服人员应尽快与快递公司联系,通过运单号及客户号码等基本信息查询包裹派送员,并向客户确认派送时间及地点后,督促快递人员按时派送。

### (三)超区件无法送达

由于部分地区的物流网络运输布点尚不完善,部分客户在收发快递时可能需要前往距离较远的固定快递站点,这给部分客户接收大宗商品或发运大宗商品带来了不便,超区件无法派送情况如图5-8所示。

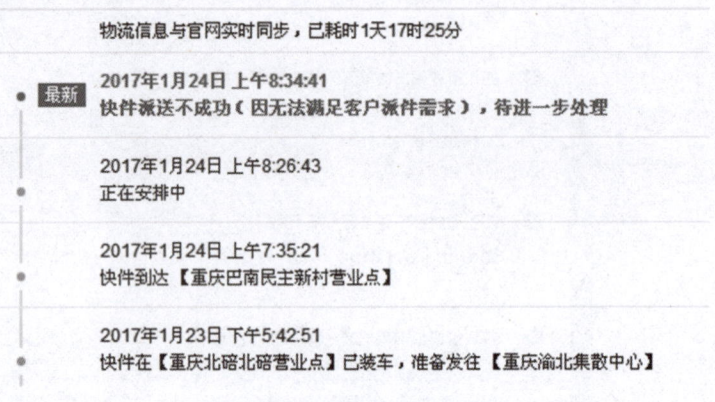

```
物流信息与官网实时同步,已耗时1天17时25分

• 最新  2017年1月24日 上午8:34:41
        快件派送不成功(因无法满足客户派件需求),待进一步处理

•       2017年1月24日 上午8:26:43
        正在安排中

•       2017年1月24日 上午7:35:21
        快件到达【重庆巴南民主新村营业点】

•       2017年1月23日 下午5:42:51
        快件在【重庆北碚北碚营业点】已装车,准备发往【重庆渝北集散中心】
```

图5-8 超区件无法派送情况

为解决这一问题,客服人员可以与客户协商是否可以自提。对于大宗商品或价值较高、利润空间较大的商品,客服人员可以与客户协商增加一定的派送费用,以提供送货上门服务。

### (四)因不可抗力无法派送

不可抗力导致的快递无法派送属于正常且可理解的情况。常见的不可抗力因素包括地震、台风和海啸等。这些因素可能导致快递派送受到阻碍,无法按时送达。不可抗力无法派送情况如图5-9所示。

> ⚡ 根据气象台最新预报消息显示,今年第14号台风"灿都"将于本月13日至14日影响上海市,届时会出现暴雨大风天气。台风天气持续期间,为保证邮件快件及运输安全,寄递时效可能会受到一定影响,请消费者给予理解。及时关注寄递企业有关提示信息,合理安排使用寄递服务,另在此期间,请收、寄件人耐心等待并保持电话畅通,以便快递小哥能及时顺利的联系到您。

图5-9 不可抗力无法派送情况

在处理因不可抗力因素导致派送时效过慢的问题时,应先了解当前客户所在区的环境状况,向客户说明当前无法及时派送的原因并表示歉意。如果出现快递丢失的情况,还应与客户协商后续赔付问题。最重要的是,客服人员在处理这类问题时,应保持耐心,确保客户能够得到满意的解决方案。

### （五）受大促活动等因素影响导致的派送时间增加

每年的大促活动时，快递单量急剧增加，运输压力突出，导致部分商品的运输时间延长。

为了更好地服务客户，客服人员应在售前阶段提前告知消费者快递可能会出现延迟的情况。若后续有消费者就此问题来电咨询，客服人员应耐心沟通，解释原因，并表示会尽力催促快递公司，希望客户能够给予谅解。

### （六）快递丢失和破损

在快递单量急剧增加时，快递丢失或破损的问题也较突出。大量快递堆积可能导致快递站点无法进行有效的统筹规划，进而出现快递遗失、误取、破损等情况。

当遇到这类咨询时，客服人员要先安抚客户的情绪，向客户道歉并表示会尽快解决问题。接着应与快递公司联系，了解丢失或破损等问题的具体原因。如果包裹无法找回，可与快递公司协商客户赔偿问题。对于破损的包裹，在了解破损程度后，可与客户协商是给予一定的补偿还是进行退换货处理。

## 二、退换货问题

随着电商行业的迅猛发展，客户对网上购物的需求日益增长，网上商店之间的竞争也愈加激烈。为了更好地吸引消费者的关注，除了调整产品价格外，提供其他增值性服务也是吸引消费者的重要手段之一。部分商店会通过提供运费险来吸引消费者，这种服务在一定程度上会影响消费者的退换货率。此外，平台的消费者权益保护也为消费者提供了更好的消费保障，从而影响了商品的退换货概率。

### （一）换货

如果遇到客户要换货，要先确定换货的原因，再要为客户解决问题。在与客户沟通的过程中，语言要规范，态度要诚恳。换货的原因多种，主要有错发、尺码不合适、质量问题、保障期内无理由换货等。具体举例如下。

#### 1. 错发导致换货

客户："我买的衣服是白色的，怎么给我发来一件蓝色的？"

客服："您好，很抱歉发生这样的问题。请问您方便拍张照片供我们核实一下吗？如果确定，我们会及时为您提供换货服务的。"

#### 2. 尺码不合适换货

客户："你好，我买的这条裤子试穿后感觉不好看，我想换货怎么处理？"

客服："您好，请问您购买的裤子吊牌是否还在呢？"

客户："在的，没有剪掉。"

客服："好的。请问裤子是否有清洗过呢？因为清洗后的裤子产生了使用痕迹，裤子将无法妥善处理哦。"

客户："没有清洗过，就是试穿了一下。"

客服："好的。您可以在购买的订单记录上选择退换货，理由可以选尺码不合适，寄回方式可以上门取件或您自己寄回。如若自己寄回，请记得及时填写运单号，我们在收到您的商品、核实无误后会为您办理换货服务。"

### （二）退货

退货同样是常见的售后问题，退货的问题类型也是多种多样的。一般情况下，有些退货是可以避免产生的。减少退货问题，一定程度上依靠客服人员的力量，客服人员的言语或态度，可以影响客户决定是否最终退货。

### 三、售后维修问题

当客户购买的商品属于三包类商品，并且在保修期内时，网店应提供相应的售后服务，包括换货或维修等。在售后维修过程中，客户通常会关注四个关键问题：维修站点的选择、维修所需时间、商品维修后的回寄方式以及维修后出现问题的处理方式。售后客服人员应具备专业知识和耐心，针对客户的疑问进行详细解答，并确保在核实具体情况后再进行相应的处理。通过提供满意的售后服务，网店可以增强客户的信任感，提升品牌形象，并促进客户再次购买的可能性。

网店客服售后维修问题包括但不限于：商品发生质量问题，需要进行维修或退换货；商品配件丢失或损坏，需要进行补发或维修；订单信息错误或遗漏，需要进行修改或补充；商品维修流程咨询和指导；其他售后服务相关问题。

以上为常见的一些售后咨询问题。咨询对话示例如下。

客户："你好，请问我购买的产品出了问题，可以找客服售后处理吗？"

客服："您好，非常抱歉听到您遇到了问题。可以告诉我具体是什么问题吗？"

客户："我购买的电脑出现了开机无法启动的问题，我需要修理或者更换。"

客服："好的，我会帮您处理这个问题。首先您可以提供一下购买时的订单号和产品信息，我们会尽快为您处理。"

客户："订单号是123456，产品是×品牌×型号的电脑。"

客服："好的，我已经记录下来了。我们会安排售后人员与您联系，尽快为您处理。同时，您可以将电脑寄回我们的售后中心进行检修或更换。"

客户："好的，谢谢您的帮助。"

客服："不用客气，如果有任何其他问题，可以随时联系我们。祝您生活愉快。"

## 知识拓展

**售后客服话术分享**

一、客户咨询时的话术

1）亲爱的客户，您好！请问有什么可以帮助您的吗？

2）非常高兴能够为您提供帮助，您遇到了什么问题吗？

3）请您放心，我们会尽力解决您的问题。您可以详细描述一下您的问题吗？

4）您好，感谢您选择我们的产品。关于您所咨询的问题，我们会有专业的售后团队为您处理。请您提供一下您的订单编号，以便我们更好地为您服务。

二、客户抱怨时的话术

1）非常抱歉给您带来了不好的体验，我们深感抱歉。请您告诉我具体是哪里让您不满意了？

2）非常感谢您的反馈，我们会尽快改进，让您满意。

3）我们会认真听取您的建议，不断改进我们的服务，希望您能够给我们机会。

三、退换货时的话术

1）亲，如果您对商品不满意，可以申请退换货。请您提供订单信息，我们会尽快为您处理。

2）非常抱歉给您带来了困扰，退换货流程需要一定时间，请您耐心等待。我们会尽快为您处理。

3）感谢您的理解和配合，我们会尽快为您解决问题，让您满意。

4）亲爱的用户，关于您询问的退换货政策，我们支持7天无理由退换货。但请您注意，商品需保持原状并确保包装完好。如有其他疑问，欢迎继续咨询。

5）您好，如果您对购买的商品不满意，我们支持7天无理由退换货。请您将商品寄回，并附上您的退换申请及订单信息，我们会尽快为您处理。

四、维修时的话术

1）您好，如果您的商品需要维修，请您提供一下您的订单编号和具体故障情况。我们会为您安排专业的维修人员进行处理。维修期间如需寄回商品，运费由我们承担。

2）非常抱歉给您带来了不便，由于维修需要一定时间，我们会及时跟进处理进度并通知您。如有其他疑问或需要帮助，欢迎随时联系我们。

3）亲爱的用户，对于一些小故障或问题，我们建议您尝试自行解决或咨询专业人员。如问题较为复杂，请及时联系我们，我们将为您提供专业的维修服务。

五、结束服务时的话术

1）感谢您的咨询和配合，如果您还有其他问题，欢迎随时联系我们。祝您生活愉快！

2）祝您生活愉快！如果还有其他问题或需要帮助，请随时联系我。

## 任务四　纠纷与投诉处理

### 任务描述

小张通过积极学习努力提升，当月工作表现突出，获得客服主管表扬。在掌握了普通售后问题及其处理流程后，新的工作难题又出现了。某天，小张接收到一起客户投诉事件，由于缺乏相关经验，小张毫无头绪。

通过学习本任务内容，了解纠纷与投诉产生原因，掌握处理流程，帮助小张有效处理客户投诉。

> **相关知识**

纠纷在网络电商中，主要是指商家与客户就交易的产品产生相应的矛盾且双方就问题产生一定的冲突。投诉在网络购物中是指客户为生活消费需要购买、使用商品或者接受服务，与经营者之间发生权益争议后，请求客户权益保护组织调解，要求保护其合法权益的行为。纠纷与投诉问题会对商家带来比较大的影响，主要有以下几个方面。

1）影响品牌形象：网络客服纠纷与投诉可能导致客户对品牌产生负面印象，从而影响客户对品牌的信任度和好感度。

2）降低客户忠诚度：客户在遭遇网络客服纠纷或投诉后，可能会对品牌失去信心，降低他们的忠诚度，甚至选择转向其他商家。

3）影响销售额：不良的网络客服纠纷与投诉可能导致销售额下降，因为客户不再愿意购买该品牌的产品或服务。

4）加剧品牌危机：如果网络客服纠纷与投诉得不到妥善处理，可能会加剧品牌危机，引发更多的负面传播和公众关注，严重影响企业形象和发展。

5）增加经营成本：处理网络客服纠纷与投诉需要耗费大量的人力、物力和财力，增加企业的经营成本，影响企业的盈利能力。

总的来说，不良的网络客服纠纷与投诉对企业经营和发展都会产生负面影响，因此企业应当重视并积极处理相关问题，以维护良好的品牌形象和客户关系。

## 一、纠纷产生的原因

产生纠纷的原因多种多样，当客户在收到商品后发现商品的质量不符合描述或者商品存在问题，会导致商品质量纠纷；当客户收到商品后，向客服人员发出售后需求但问题未能有效解决，会产生售后服务不到位的纠纷；因客户或卖家对交易条件或交易过程中出现的问题引起的分歧，也可能会导致纠纷发生。下面将介绍几种常见纠纷的产生原因。

### （一）商品质量问题

在网购中，商品质量问题可能导致客户与商家之间的纠纷，这种纠纷可能涉及退货退款、换货、维修等问题，客户往往会提出不满意的诉求。商品质量问题导致的纠纷，需要客户和商家之间进行良好的沟通与协商，商家应该尊重客户的权益，积极解决问题，保障客户的合法权益。同时，客户应该理性对待问题，通过合理渠道解决纠纷，维护自己的权益。商品质量纠纷主要涉及商品表面质量、商品使用质量及客户心理预期等方面。

#### 1. 商品表面质量

1）外包装损坏或不完整：客户收到商品时，外包装存在明显的损坏、破裂或不完整，导致商品无法正常展示或使用。外包装的损坏通常不会导致比较严重的纠纷，在不影响正常使用的情况下，客服人员与客户友好协商后，可以妥善解决矛盾，避免问题升级，如图5-10所示。

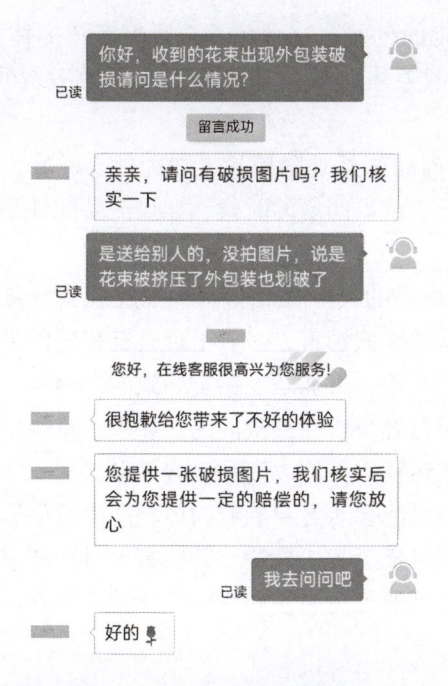

图 5-10　外包装损坏售后处理

2）表面瑕疵：商品表面存在明显的划痕、污渍等瑕疵，影响了商品的整体外观品质。表面瑕疵会影响客户的正常使用，尤其对于产品外观要求比较高的客户，会注重产品的完整性。遇到这类客户，客服人员可以先与其协商赔付一定的金额，如果客户拒绝接受，可以再继续协商退换货问题，如图 5-11 所示。

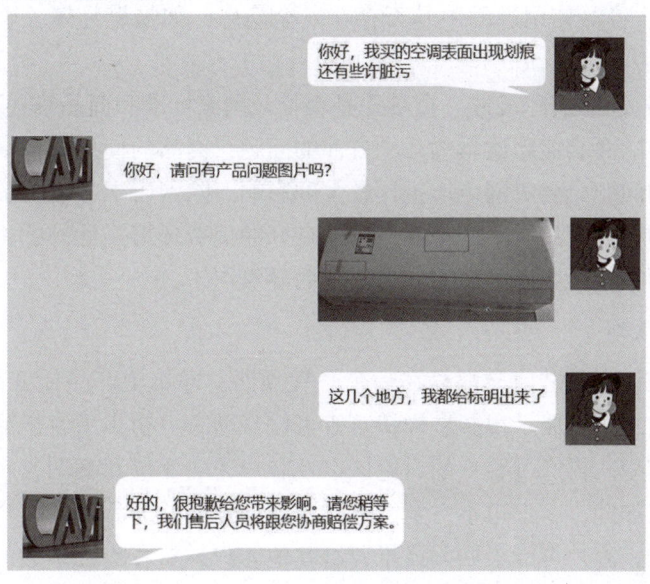

图 5-11　表面瑕疵售后处理

3）颜色差异：商品的实际颜色与网页描述或者商品照片上的颜色存在明显差异，让客户感到失望。在产品图拍摄的过程中，可能由于拍摄光线、角度及后续图片色调调整等问题，成品图与原物有一定的色差。这种色差会影响客户的体验感，尤其是对于部分因为产品颜色比较符合自己审美才购买的客户而言，颜色差异可能会直接决定其是否要退货。

4）外观附属品缺失：商品的外观附属品，如配件、标签、包装袋等缺失，影响了商品的完整性和美观度。在产生这类纠纷的时候，如果产品配件是可以补发的，可以考虑与客户协商补发配件。

5）外观不符合描述：商品的实际外观与网页描述或者宣传图片不一致，存在虚假宣传或者误导客户的情况。这类虚假销售，一般平台会有相应的惩处措施。如果客户收到的商品与商品链接描述的商品不符，可能是发错货导致的，因此客服人员可以先行确认是否为错发，如果是错发，及时与客户协商换货问题。如果不是错发，可与客户协商赔付一定金额补偿，同时应尽快提醒运营人员修改商品链接信息。

这些商品表面质量纠纷可能会对客户的购物体验产生负面影响，因此客户有权要求商家提供合理的解决方案，如退货退款、换货或补偿等。对于商家而言，也应该在商品外观质量方面严格控制，提高商品的外观品质和完整性，避免外观质量纠纷的发生。

### 2. 商品使用质量

商品使用质量主要有以下几个方面的问题。

1）材料质量：商品制作所用的材料是否符合标准，是否具有耐久性和安全性。

2）制造工艺：商品制造过程中是否存在工艺缺陷，如焊接不牢固、黏合不牢固等。

3）功能性能：商品是否能够正常使用其所宣传的功能，如家用电器的使用效果、电子产品的操作体验等。

4）安全性能：商品使用过程中是否存在安全隐患，如易燃易爆、电气安全等方面的问题。

5）规格尺寸：商品实际尺寸、重量等是否符合国家标准和商品描述。

以上是主要影响商品使用质量的几个方面的问题，商品的使用质量如果不佳，甚至质量发生比较重大的问题，会对网店产生比较大的影响。除网店本身需要关注产品的使用质量外，平台也应加大对商品质量的把控，营造良好的消费环境。此外，客户在购买商品时需要关注以上方面，避免因商品使用质量不佳而导致纠纷。

### 3. 客户心理预期

客户在购买任何产品之前，都存在一个心理预期，即希望产品能够满足其某种期待。网店的一些成品图、产品展示视频、详情页等可以帮助客户初步了解产品的特性，在心中大概勾画出产品模型。再通过客户的讨论区以及客户秀的评价和晒图，客户可以更进一步地了解商品。尽管如此，客户也不一定能够买到自己预期的商品。当客户拿到的商品高于或等于事先期待时，客户可能会回购或推荐给其他客户。随着购买次数的增加，客户容易对该产品产生较高的忠诚度和信赖度。反之，如果客户购买的商品低于其预期，那么就会产生巨大的心理落差，可能会导致售后纠纷的产生。处理这类纠纷，需要客服人员耐心解释，同时了解客户的预期，如果客户提出的问题属于正常范围，那么客户的建议甚至可以帮助品牌优化产品。

### (二) 商品价格问题

商品价格对于客户来说，是影响满意度的重要一项指标，因此商品价格也会导致纠纷的产生。当前，平台会进行一定的价格保护，也就是我们所了解的价保。价保指的是在一定期限内，如果商品的售价下跌，客户可以在商家规定的条件下，获得差价退还或者商家提供的购物券等优惠。尤其在一些重大活动时，部分商品会在商品首页或者详情页标注；若客户在购买商品××天内，产品降价，可申请差价补贴，这是为了避免产生价格纠纷。具体纠纷示例如下。

客户："怎么回事，我前几天才买的电脑，现在价格就降了300元，这是什么情况？"

客服："您好，很抱歉由于最近开学季的活动，店铺正在进行满减活动，满5 000元可减300元。您这边可以在订单页面申请售后补偿，我们在收到您发出的售后要求后，会尽快为您办理差价补贴。"

客户："大概多久可以退回差价呢？"

客服："我们在收到售后要求后，会在3天内为您办好，并将差价返还至您的账户，请注意查收哦。"

客户："好的。"

### (三) 货源问题

货源问题主要是两个方面：一个是缺货问题；另一个是断货问题。无论是缺货还是断货都会影响客户的满意度。面对这类问题，客服人员要先安抚客户的情绪，告知对方将如何解决。

#### 1. 缺货

处理缺货的客户投诉需要及时回复，向客户致以诚挚的歉意，并提出解决方案。收到客户投诉后，尽快回复客户，让客户知道他们的投诉被重视。向客户表达诚挚的歉意，说明公司对于造成客户不便的问题感到抱歉。之后提出解决方案，如可以退款、补发商品或者提供其他替代商品。如果有明确的到货时间，也可以告知客户。此外，也可以考虑提供一些额外的优惠或礼品作为补偿，以弥补客户因缺货而产生的不便和困扰。要与客户保持积极的沟通和交流，确保客户对解决方案满意，避免因为缺货而导致客户流失。总之，对于缺货的客户投诉，公司需要积极回应、诚挚道歉、提出解决方案，并尽可能提供补偿措施，以维护客户的满意度和忠诚度。具体缺货示例如下。

客户："你好，请问这件商品为什么一直显示缺货？"

客服："非常抱歉，由于供应商出现了一些问题，导致该商品暂时缺货，我们正在加紧补货，请您耐心等待。"

客户："可是我需要这件商品，很急，有没有其他途径可以获取呢？"

客服："很抱歉目前没有其他途径可以获取，不过您可以留下您的联系方式，一旦补货我们会第一时间通知您。"

客户："好吧，我就再等一下看吧，希望能尽快补货。"

客服："我们会尽快补货的，感谢您的理解和支持。如果您有任何其他问题，随时与我们联系。"

### 2. 断货

年底是各大店铺进行清仓销货的时候，尤其是利用"双 11""双 12"等大促活动的流量加成，可以很好地将产品销售出去，避免库存积压。但同时会产生断货的问题，比如仓库在盘点库存的时候出错，或者运营后台数据未及时更新，导致明明没有货客户却购买了商品的问题。

售后客服人员在面对因商品断货而产生的纠纷时，一定要及时向客户道歉并说明情况，及时退款、换货，以消除客户的不适心理。

## 二、处理纠纷的流程

要妥善地解决客户的纠纷，就要找到合适的方式与客户进行交流。有些时候，客户在纠纷处理的过程中会表现得情绪激动、愤怒无比，甚至会在情绪的刺激下说出过分的话。这是一种发泄怒气的方式，但是作为客服人员要避免与客户产生直接的正面的冲突，要理性地看待问题，保持正确的心态和态度去处理问题。纠纷处理的流程可以参考以下流程。

### （一）倾听

首先应该耐心且认真地听客户的倾诉，了解问题。在倾听客户说明问题的过程中，要保持良好的态度，在与客户交谈中多站在客户的角度，使用的语言如"很抱歉影响您的购买体验""我很理解您此时的感受""我们会尽量帮您解决的，请您放心"。

### （二）分析

对客户投诉的问题进行调查核实，确定问题的确切情况和产生原因。在了解问题的过程中，语气要舒缓，同时要带有引导性的提问。因为客户在情绪比较激昂的时候，往往容易偏离话题的中心，这时就需要客服人员的引导。具体示例如下。

客户："你们这个产品有问题，对我造成了很大的影响，我要打电话投诉你们。"

客服："您好，很抱歉我们的商品没给您带来好的使用体验，请问产品是出现了什么问题？"

客户："问题非常多，你们卖的商品是假冒伪劣的吧？我已经申请了售后赔偿，你们看到了就快点审核。"

客服："明白您的担忧，我们会尽快处理的。这边需要核查下具体问题，请问产品是造成了哪方面的影响？我们核实完一定会为您提供满意的保障。"

### （三）提供解决方案

在了解清楚问题之后，就要解决客户的问题，避免客户矛盾升级。同时，客服人员要让客户明确地感受到你是在为他着想，并且你很重视他。这样的处理方式，能够让客户感受到你的关怀，能让问题更好地得到解决。

在提供解决方案的时候，要让客户来选择最佳的解决方案，而不是客服人员为客户进行选择。比如，要询问客户是否愿意退换货，如果客户不愿意，就需要换一种解决问题的方案，如是否愿意接受一定的金额赔偿。此外，在解决问题的过程中，需要保持言语的严谨，避免在交流过程中答应客户的一些要求，而在最后又无法兑现承诺。

### （四）解决问题

根据客户接受的解决方案，采取相应的处理措施，并确保客户满意。

### （五）跟进处理结果

在解决问题后进行跟进，确认客户对解决方案的满意度，并在必要时进行进一步的沟通和处理。对于客服人员没办法立刻解决的问题，要做好相应登记和记录，及时地跟进问题处理的结果，尤其涉及一些其他部门的问题，更要了解整个问题处理的进展情况。客户是没办法直接与我们的业务人员沟通的，因此中间催办的过程需要客服人员跟进，同时在出现问题处理停滞没有更新进程的情况下，及时催促同事尽快处理。

### （六）记录与总结

对问题的处理过程进行记录与总结，以便作为今后的参考，改进售后服务流程。记录与总结是方便在后续遇到相似问题的时候，可以知道整个事件的处理流程，提高工作人员的效率。

通过以上流程，客服人员可以及时有效地处理售后纠纷，维护客户满意度和品牌声誉。

## 三、客户投诉

收到客户投诉，通常意味着交易中存在较大的争议。这些争议主要集中在发货、换货、退款、补差价等问题上。当双方无法有效解决投诉问题时，第三方电子商务平台将会介入。一旦投诉成立，网店可能面临严重的处罚。

### （一）投诉原因

常见的客户投诉原因主要有以下几个。

1）产品质量问题：产品本身可能存在缺陷或质量问题，如制造工艺、材料质量、设计缺陷等，导致客户对产品的满意度降低。

2）物流配送问题：物流配送过程中可能出现延误、破损、丢失等情况，影响客户对产品的使用，从而引起投诉。

3）售后服务问题：售后服务不到位或不及时，如退换货政策不明确、维修周期过长等，可能导致客户对售后服务不满意。

4）价格问题：客户对价格存在异议，如认为产品定价过高或存在价格欺诈行为，可能导致投诉。

5）虚假宣传问题：卖家在宣传产品时可能存在虚假宣传或夸大宣传的情况，导致客户对产品的期望值过高，从而产生不满情绪。

6）恶意评价问题：一些恶意评价可能来自竞争对手或不良客户。这些评价可能对卖家的信誉造成负面影响，导致客户对产品或服务产生不信任感。

7）服务态度问题：客服人员的态度可能让客户感到不满，如回复不及时、态度冷淡等，这些问题也可能引发投诉。

### （二）投诉处理流程

处理客户投诉不仅能解决具体问题，也能促进店家对售后服务流程的改进，提高店铺的竞争力。投诉处理的流程可以分为以下几个步骤。

1）接受投诉：售后客服人员首先需要接受客户的投诉，并记录客户的信息，包括姓名、联系方式、投诉内容和投诉时间等。

2）真诚道歉：对于客户的不满和投诉，售后客服人员应该向客户表示歉意，以示对客户的尊重和关心。

3）协商解决方案：客服人员应根据客户的投诉内容和具体情况，提供相应的解决方案，帮助客户解决问题，包括退换货、补寄商品、提供赔偿等方式。

4）跟踪处理：客服人员需要及时跟进解决方案的执行情况，并与客户保持沟通，确保问题得到妥善处理并提升客户的满意度。

在处理客户投诉时，客服人员需要保持耐心和善意，尊重客户的意见和诉求，努力寻找解决问题的办法，以提高客户的满意度和忠诚度。同时，客服人员需要不断总结经验，改进服务方式，提升服务水平和服务质量。

## 知识拓展

### 京东售后纠纷处理规则（部分）

京东受理买卖双方在京东上产生的交易争议处理申请时，若出现以下任一情形的，京东有权不予受理，买卖任一方有权自行通过合法途径向相对方主张权利：

（一）因买卖双方责任，导致交易纠纷事实无法查清，京东有权不予受理。

1. 消费者未在本规则规定的受理期限内发起维权的情形。

2. 因消费者撕毁或涂改标贴、防伪标记、特殊包装而无法确定商品来源的情形。

3. 因同一问题产生的纠纷，经京东介入已给出处理结果，无新的争议事实，消费者就同一笔订单再次申请京东介入处理的情形。

4. 买卖双方进行不以真实交易为目的的订单的情形。

5. 交易订单显示的商品或服务与买卖双方约定的实际交易商品或服务不一致，导致交易事实无法查清的情形。

6. 交易做退款处理后，因商家需要取回商品产生争议的情形。

7. 买卖双方经自行协商达成退款或退货退款约定并履行完毕，一方或双方反悔产生争议，或双方另行约定达成一致的情形。

（二）商家违法违规等导致行政机关或司法机关介入，京东有权不予受理。

1. 买卖双方纠纷已由行政机关或司法机关介入。

2. 司法机关对争议作出判决且生效的，以判决结果为准，如无特殊情形，京东不再介入处理。

3. 经新闻媒体曝光、行政机关通报或经京东排查发现，商品本身或信息涉嫌违法违规，为保障消费者权益，京东要求商家立即停止发货等情形。

（三）人身危害、不可抗力等原因，京东有权不予受理。

1. 特殊品类如食品、生鲜商品退款后消费者自行保留商品的，因食用产生食品安全、人身危害问题的情形。

2. 不可抗力因素导致的情形，或消费者主张交易引发的额外损失或法定赔偿事宜的情形。

（资料来源：https：//rule.jd.com/rule/ruleDetail.action? ruleId=2392）

## 任务五　客户评价管理

### 任务描述

小张在某网店售后客服岗工作一段时间后，对售后服务工作内容有了全面了解，但最近他又遇上了个工作上的难题，他总是无法对客户评价进行有效管理，因此造成了网店的部分客户流失，对此他感到非常苦恼。

通过学习本任务内容，帮助小张正确管理客户评价，明确客户评价管理的重要性，全面提升网店口碑，减少客户流失。

### 相关知识

客户评价管理是一项重要的工作，旨在了解和掌握客户对企业产品或服务的满意程度，获取客户的意见和建议，为企业提供改进机会。通过有效的客户评价管理，企业可以加强与客户的沟通和合作，提高客户满意度，增强企业竞争力。

店铺的客户信用评价分值，不仅是影响网店升级的考核因素，也是客户对商品质量优劣判断的参考指标。好评率越高，购买商品的客户越多。然而，一旦商品出现中评或差评，往往会导致潜在客户犹豫不决，甚至选择放弃购买。因此，客服团队应积极回应客户反馈，致力于提升客户信用评价。通常情况下，客服可以通过深入分析客户的中评、差评，准确找出产品问题的根源，并灵活运用电话、阿里旺旺等沟通工具，与客户建立有效沟通，从而有效降低客户给予中评、差评的概率。

#### 一、好评处理

客户收到商品后，若是对此次购物没有争议，就会确认收货，此时售后客服可以提醒客户对产品进行评价，并引导客户对产品进行详细的评价。待客户对此次购物进行评价后，客服也要对客户进行回评，提升客户的购物体验。

对客户的好评进行回评的具体操作如下。

步骤1：登录电商工作台后台首页后，在左侧列表中单击"交易"按钮。

步骤2：打开"已卖出的宝贝"页面，在"近三个月订单"列表中可看到，交易成功订单右侧的图标下方会显示"对方已评"字样，表示客户已经对此次购物进行了评价，单击"对方已评"链接，可以查看客户的评价内容，如图5-12所示。

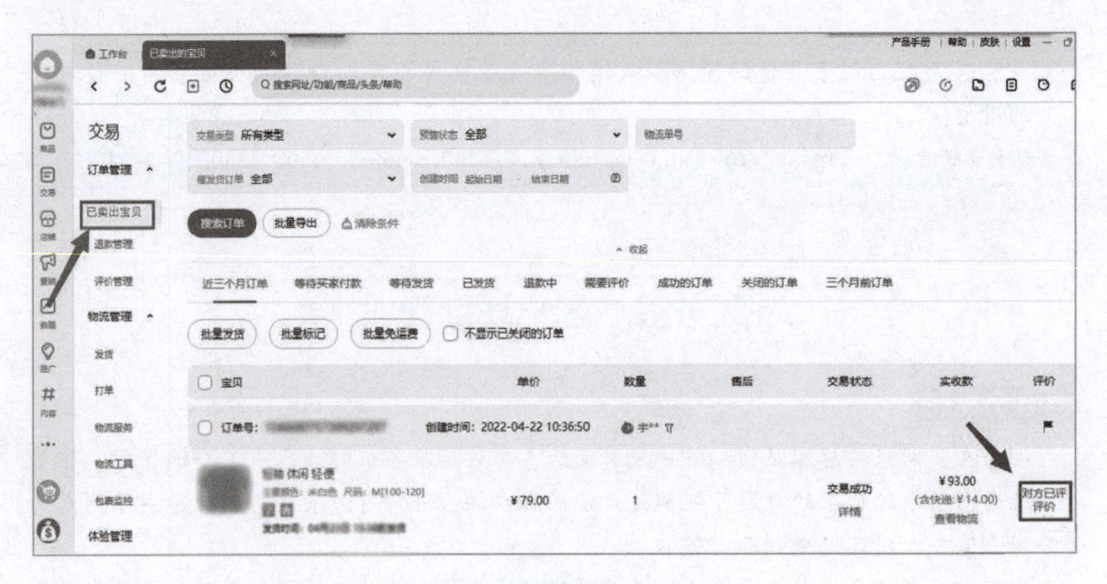

图 5-12　查看客户评价内容

步骤3：打开"评价管理"页面，会显示顾客对本次订单商品的好评、中评、差评，客服可选择其中的评价进行回复。回复内容可以是感谢顾客的购买，也可以是对顾客评价中提出的问题进行解答等，如图5-13所示。

图 5-13　回复客户评价

步骤4：双方互评后，原来的"对方已评""评价"两个链接将变更为"双方已评"一个链接，单击该链接，可以在打开的"评价详情"页面中查看双方互评的内容，如图5-14所示。

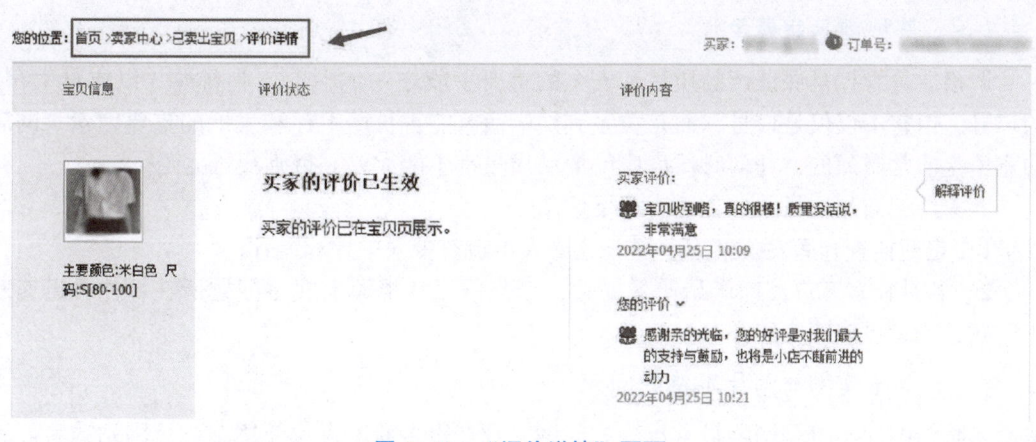

图5-14 "评价详情"页面

## 二、中评、差评的影响

### 1. 降低商品转化率

消费者在购买前往往会查看商品的评价，尤其是中评、差评内容。负面评价会直接影响潜在买家的购买决策，降低他们的购买意愿。当消费者看到关于商品质量、服务态度或物流速度等方面的中评或差评时，可能会认为该商品或服务存在风险，从而选择放弃购买。

### 2. 拉低单品的DSR评价分

DSR（Detailed Seller Ratings）即卖家服务评级系统，包括商品描述相符、卖家服务态度、物流服务速度三个维度。中评、差评会直接影响这三个维度的评分，拉低整体DSR分数。DSR分数是买家选择商品和店铺时的重要参考指标，低分可能导致店铺信誉受损。

### 3. 导致退换货率过高

中评、差评中常涉及商品质量问题或尺码不符等问题，这些问题往往导致客户提出退换货申请。高退换货率不仅增加物流成本和人力成本，还影响了店铺的运营效率。此外，频繁的退换货过程会降低客户满意度，影响客户对店铺的忠诚度。一些客户可能会因为退换货的烦琐而放弃再次购买，甚至通过社交媒体等渠道传播负面口碑。

### 4. 毁灭爆款产品

爆款产品往往是店铺的主要销量和利润来源，一旦这些产品出现大量中评、差评，其市场口碑将迅速恶化。消费者在选择商品时往往会优先考虑市场反馈好的产品，中评、差评的累积会迅速导致爆款产品的销量下滑。爆款产品的失败不仅意味着直接的经济损失，还可能对店铺的品牌形象造成长期伤害。品牌形象的受损将使店铺在未来推出新产品或进行市场推广时面临更大的困难。

## 三、有效预防中评、差评

客户给中评、差评的原因多种多样，作为商家只能有效预防，不断提高服务水平，努力减少中评、差评的出现。商家可以做好以下几个方面，来有效预防中评、差评。

## （一）严把商品质量关

严格质量管控是保证产品质量和安全的重要手段之一，不少企业高举"以质量生存"的口号，但它不仅仅是口号，而是关系到网店商家能否长期生存和发展的重要因素。网店的竞争是非常激烈的，任何时候商家的商品质量都不能太差，否则很难立足。

商家严把商品质量关的方法有以下两个。

1）定期抽查仓库发货情况，防止仓库人员疏忽带来中评、差评。

2）若是较多客户反馈产品质量问题，需与厂家从根源上找出问题所在，并且迅速解决问题，或者更换源头厂家。

## （二）关于实物与图片不符的问题

实物与图片不符是网购最常出现的问题。现在很多商家喜欢使用杂志、网站或者厂家提供的图片，而不去拍实物图，造成实物与图片不符，以致客户收到货后给出中评或差评。

客户在网上购物时是看不到实物的，图片就是客户判断商品优劣的重要依据，所以商家一定要展示实物图，而且实物图要和商品尽量相符，商品描述要全面、客观。

商家应该以广告、产品说明、实物样品或者其他方式表明商品或者服务的质量状况，且应当保证其提供的商品或者服务的实际质量与表明的质量状况相符，这样可以有效降低客户给中评或差评的可能性。

## （三）商品包装要仔细、完好

售后服务与包装有什么关系？可能很多人不太理解二者之间的关联，但网络上成千上万的开箱视频证明，开箱过程能让探索产品的过程变得有趣。如果能够在这个过程中添加一点亮点，一定能提高品牌认知度和口碑推荐。

比如，使用环保材料包装，不仅可以展示企业对环保的贡献，更能提升客户对品牌的认可度与忠诚度。

时刻牢记，包装是品牌的延伸。高质量、好看的材料对购买决策的影响很大，巧妙的设计通常具有较高的品牌识别价值。

总之，商品包装是客户第一印象必不可少的环节，无论如何都不能马虎对待。包装时必须严谨，不能偷懒。好的包装可以使商家避免很多退换货的环节，而且会为商家的服务增光添彩。

## （四）良好的售后服务

一个良好的售后服务可以为企业带来好口碑。客户在获得专业的帮助后，可能会在社交媒体上分享他们的经历，这将为企业带来更多的曝光机会和好评。

## （五）勇于面对评价

面对差评，良好的处理心态是与客户沟通的前提。

如果收到了客户的中评或差评，客服人员首先不要感到气愤，这不利于接下来事情的解决，先要看自己该如何做才可以更好地解决这件事情。客服人员可以主动与客户进行沟通协调，在此过程中不推卸责任；如果真的是自己的过失，要勇于承担责任，并真诚地向客户道歉。

中评、差评其实是可以取消的，能否取消取决于客服人员怎么和客户进行沟通。如果不是特别大的问题，只要客服人员真诚地道歉，客户也许会取消中评或差评。

在撤销中评或差评过程中，售后人员同样需要保持热情。这些热情体现在与客户的所有沟通过程里。

例如，挂电话时，要热情地邀请客户再次光临我们店，或者根据客户以往的购买记录，向对方推荐一些近期的新品或畅销品。

### （六）分析客户类型，区别对待

当一家网店的客户数量达到一定规模时，企业如果将他们放在一起统一管理，只会让整个流程变得杂乱无章。此时，企业可以通过客户细分（Customer Segmentation）进行管理方式上的优化。

在对接客户的过程中常常会遇到具有不同性格特征的客户，不能用一种方法与不同的客户打交道，而要采用不同的应对方法，这样才能在各种客户之间做到临阵不乱、游刃有余，同时提高客户满意度。

以下是售后问题处理过程中几种常见的客户性格类型。

#### 1. 抱怨型客户

表现特征：抱怨型客户在表达不满时，情绪往往比较激动，可能表现出愤怒、焦虑等情绪。他们可能会因为一个小问题而大发雷霆，对网店的服务或产品表示强烈的不满。抱怨型客户通常会明确指出他们对网店服务或产品的具体不满点，如商品质量问题、物流配送问题、售后服务问题等。他们希望通过抱怨来引起网店的重视，并期望网店能够迅速采取措施解决问题，恢复他们的满意度。

心理分析：抱怨是这种客户的一种表达方式，当客户抱怨时，其实也是希望商家能够帮他解决问题。

应对技巧：遇到这类客户时，作为售后客服，我们不能跟着抱怨，我们需要让对方尽情发牢骚、抱怨，需要认真倾听、耐心等待、适当安抚。用平常心来对待，用不卑不亢的言语去感染客户。

#### 2. 怀疑型客户

表现特征：这类客户喜欢用怀疑的眼光审视产品，不相信别人的话，偶尔会显示出不耐烦的表情，这样会导致售后客服人员感觉很压抑。

心理分析：这类客户一般很注意对产品的讲解，同时会分析网店及产品。此类客户一般属于发烧友，他们细心、安稳，属于非常理智型购买者。

应对技巧：对这类客户销售过程中应该有礼貌，诚实且低调，要相信自己对产品的了解程度，在现场销售或在线上销售中都应多强调产品的实用性，并通过详细询问找出客户的疑虑及需求点，针对性地向客户介绍产品，有理有据。

#### 3. 挑剔型客户

表现特征：这类客户思维比较缜密，对产品功能外观及服务等具体要求非常高，对售后客服的销售话术有排斥心理。

心理分析：这类客户谨慎小心，担心上当受骗，所以尽量多地提出一些问题，关注细节，以消除内心的顾虑。

应对技巧：耐心解答客户提出的所有问题，打消其顾虑，语气一定要坚定，并在讲解过程中引导其思考，可以以反问的方式直接发问：您觉得这个产品怎么样？一个一个地消除客户的疑虑，拉近和客户的距离。当客户提出挑剔的条件的时候，你要稳下心来接受对方的情绪发泄，耐心倾听，尊重对方。

### 4. 好奇型

表现特征：这类客户在购买时没有任何障碍，但在购买之后会不断咨询售后客服人员，一般情况下他只是想了解更多产品的信息，只要时间允许，他都愿意听售后客服的详细介绍，且态度谦恭，并且会礼貌地提出一些恰当的问题。

心理分析：这类客户只要看上心动的产品，并激起购买欲则可购买。他们是一时冲动而购买的类型。

应对技巧：对这类客户应把产品介绍得更精彩一些，使客户产生兴奋感，促成二次成交。一定要让此类客户觉得这是个"难得的机会，不能错过"。

### 5. 虚荣型

表现特征：这类客户自尊心很强，很喜欢别人去夸赞他。

心理分析：只要售后客服人员进行合理的"夸赞"，便有可能让对方产生二次购买行为。如果赞美的时候太过火了，过于夸张，对方也是不会接受的。

应对技巧：应附和这类客户，并加以赞扬，表示要向他学习，很容易促成购买。

以上就是几种典型客户的性格分析，需要注意的是，无论客户是哪种类型，客服都应不卑不亢，保持良好的心态去跟对方沟通，不要轻易被对方的态度所影响。

## 四、中评、差评的处理

### （一）引起中评、差评的原因

淘宝电商平台明确规定：若评价方给出了中评或差评，在评价后的30天内有一次修改或删除评价的机会。因此网店出现了中评、差评，客服应尽量在有效时间内采取措施，减轻中评、差评对网店的影响。

如果网店中出现了中评、差评，客服应该理性对待，找出客户给予中评、差评的原因并解决问题。客户给予中评、差评的原因主要来源于客户、商家和社会方面。

1）买卖双方误会：误会是产生中评、差评的最普遍原因，其症结主要是买卖双方在购物时由于沟通不良造成误会，比如表达不准确、双方交谈不愉快等，这都可能造成客户购物后给予网店中评、差评。

2）对商品的期望值过高：期望也是一种动机，有的客户在购买产品或服务时，期望值过高，收到商品后，觉得实物与期望值差距太大，但又因为怕麻烦而不想与网店协商退换，于是给予网店中评、差评。

美国心理学家弗洛姆提出的期望理论（Expectancy Theory）认为，影响客户期望值的因素包括企业的广告宣传、口碑、客户价值观、客户背景、竞争环境、媒体信息、客户年龄、之前对该公司的体验、之前对其他公司的体验。每一种因素的变化都会导致客户期望值的变化。这种信息源的多样性，导致了客户期望值的不确定性。

3）对服务不满意：对网店的商品、客服的服务等不满意，或商品、服务等存在质量问题，觉得心里气愤，于是给予网店中评、差评。

4）恶意竞争：网店的竞争非常激烈，有些网店为了打击竞争对手，会故意对竞争对手卖得好的商品给予中评、差评。

5）职业差评师：职业差评师，顾名思义，就是靠给别人差评生活的人，是由电商发展催生的新兴职业。淘宝上有很多恶意客户做职业差评师，专门以给网店差评为手段索要钱财，甚至还出现多人合作的"团伙作案"。

### （二）正常的中评、差评处理

这类差评是客户对你的产品及服务的真实反馈，需要你认真对待。只有认真地分析改进，你的网店才能存活下去。发生了这类差评不要想着如何去删差评，而是要去和客户沟通，去了解客户为什么给差评，是你的产品还是服务让客户不满意，这样才能避免此类差评再次产生。

产生此类差评，一般有如下几个原因。

#### 1. 产品与描述不符

这种情况具体分两种情况：一种是客户提前沟通过；另一种是客户直接给出差评。

应对：如果是客户提前和你沟通，一定要积极解释，进行退换货，不要有任何拖延，态度诚恳，避免中评、差评产生；如若客户不退换货，执意给差评，那么也一定要强调，本店承诺产品质量问题可以提供售后服务。

如果是客户直接给出差评，一定要和客户进行沟通，如能说服修改尽量修改（可以给一些补差，也可以红包返现）；如果客户执意不改，一定要对客户遇到的情况予以解释，不要去斗嘴，让矛盾激化。

#### 2. 客服态度

客服在自己的工作岗位上，需要不断地调整心态，遇到困难、遇到各种挫折都不轻言放弃，保持良好的职业态度。

下面是客服回复话术，大家可以参考一下。

"很对不起亲，您消消气，您大人有大量，不和她计较。"

"客服是新来的，经验还不足，给您造成了心理阴影，真是不好意思了。"

"我们已经对客服进行了严厉的批评，扣掉她本月奖金，写了深刻检查，客服也知道自己错了，明确表示一定吸取教训，改正错误，还希望亲能谅解她一次。"

"您的评价是对我们服务质量的一次提醒和督促，我们会继续改进各项服务指标。请相信我们，会给广大客户提供更加优质的服务，谢谢啦。"

#### 3. 商品运输物流

物流问题是最好解决的差评原因，因为物流的原因给差评，可以先向客户表示歉意，然后表示非常理解客户的心情，催促物流尽快将包裹送到客户手中，还请客户耐心等待。

下面的话术大家可以参考一下。

客户评价：物流选择得实在是太差劲了！比蜗牛还慢，脖子都等长了！

掌柜回复：对不起，这确实是我们的责任，我们没有料到快递那边临时出现了延迟。您给我们提了个醒，我们会继续完善物流服务，给您和亲们提供愉快的购物体验。

请给我们一次改进的机会，我们会给您做出补偿以表达我们真诚的歉意。如果还有什么问题，请及时联系我们，我们一定为您提供满意的服务，谢谢亲。

### （三）不正常的中评、差评处理

#### 1. 同行恶意竞争

产生这种差评的店铺基本是做得不错的店铺，而且一般关键词的排名比较靠前，基础销量也很高。有的排名差不多的同行为了打击对手、恶意竞争，有时会使用这个方法。

这类客户的基本特点是不沟通，比如旺旺不回、短信不看、电话不接。如果差评内容写得很专业，而且有如上情况发生，那么同行恶意差评的概率就非常大。

遇到这种客户时，我们应找平台方投诉，撤销这类差评对店铺的影响。投诉的路径如下（以京东为例）："商家后台"→"商品管理"→"商品评价管理"→"全部评价"→"评价投诉"，如图5-15所示。

图5-15 "评价投诉"页面

京东将在商家提交"评价投诉"后的3个工作日内审核完毕，商家到"商家后台"→"商品管理"→"商品评价管理（新）"→"投诉管理"中可查看处理状态。

审核通过将按照规则对评价内容进行屏蔽或部分敏感词屏蔽，审核驳回会反馈具体驳回原因，如图5-16所示。

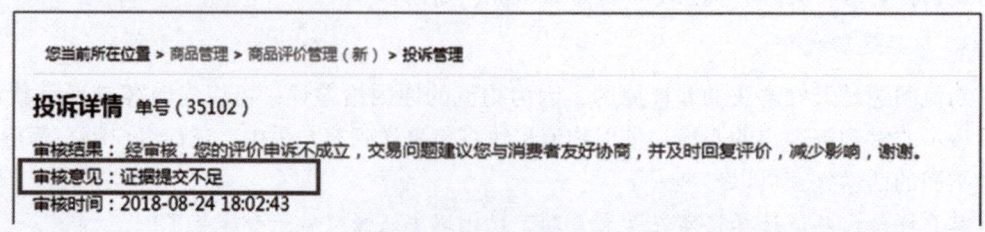

图5-16 "投诉管理"页面

### 2. 职业差评师

这类卖家存在如下特点：账号级别低、问题问得很详细，差评吹毛求疵。职业差评师一般会主动和商家线上或者电话沟通，商家可以在沟通时引导他付费删除差评从而保留证据。

以下是京东平台商家通用性举证要求。

提供您和客户所有的沟通凭证（包含不仅限于咚咚、微信、QQ 完整的沟通记录截图），在投诉描述中简述您不合理的理由。

1）如果全程只使用了咚咚，仅提供咚咚聊天记录截图（咚咚聊天记录完整截图，请勿提供断章取义的内容）。

2）如果也使用了微信、QQ 等其他聊天工具，则需提供：

①从咚咚转移到该聊天工具的凭证（如对方提供微信/QQ 账号信息的聊天页面截图）。

②双方的 QQ/微信等基本资料页面截图。

③QQ/微信中关键聊天记录截图。

④酌情提供聊天截图外的其他证据。

⑤暂不支持语音上传，电话沟通不作为凭证处理，建议用有文字记录的聊天工具沟通，以利于取证。

3）京东平台不合理评价投诉申请条件。

①商家仅可针对店铺订单产生的评价申请处理。

②申请时间应为评价产生之日起的 30 天内，超过 30 天，商家将无法发起申请。

③针对同一个评价内容，商家仅能发起一次申请，如证据不全或无法证明为恶意评价的，京东将驳回该申请，且不支持再次发起申请。

对于这类差评，商家在有证据支持的前提下，一定要投诉，以保障自己的合法权益。

### 3. 客户不合理要求

如果商家已经判定客户的要求为无理要求，应该委婉拒绝，并耐心地为客户解释清楚原因。商家一定要有自己的原则和底线，如果突破了底线，那以后再有同样的事情发生时商家将难以应对。

例如，客户过度维权，或者要求好评返现。

回复话术："各位客户朋友，本店严格按照平台规则办理。这位亲恶意挑刺，且不合理维权。现官方已判定他过度维权，他因此给本店差评。本店再次承诺，本店无理由退货。"

> **知识拓展**
>
> **"新增评价模板"提高工作效率**
>
> 在后台"评价"对话框中单击"新增评价模板"链接，在打开的页面中可以编辑一些常用的评价话术作为模板，待下次对客户进行回评时使用。在"评价"对话框中直接单击"快捷评价模板"列表中添加的模板话术便可快速进行回评，以此来提高工作效率，如图 5-17 所示。

图 5-17 "新增评价模板"

## 项目实训

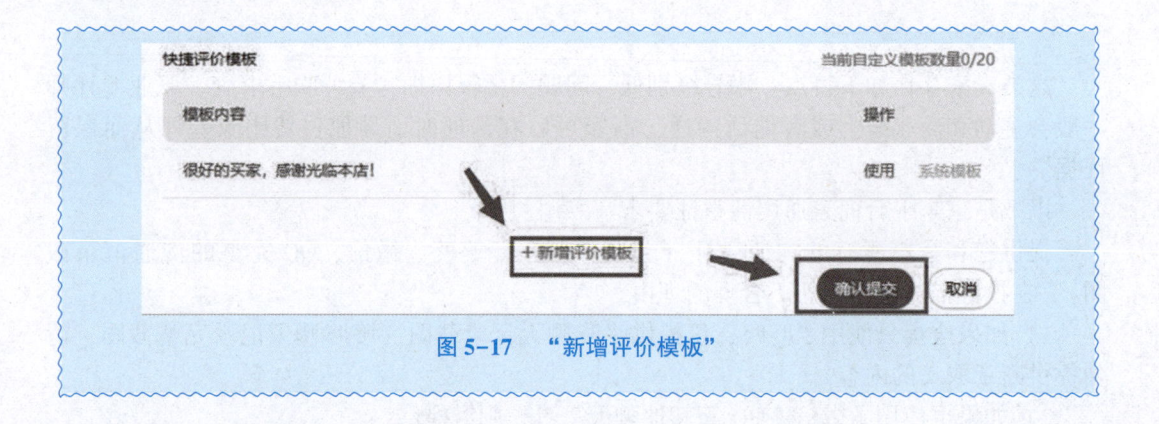

### 水果生鲜类产品售后问题处理

[实训背景]

小张是一家水果生鲜类网店新入职的售后客服人员，由于缺少从业经验，小张总是没办法很好地解决客户售后问题。

根据所学知识，解答水果类网店售后问题，帮助小张更好地胜任客服工作，处理售后问题。以下是水果生鲜类网店常见售后问题。

问题1：客户反馈缺斤短两。

产生原因：净重和毛重的偏差，很多卖水果的标题会出现10斤（1斤＝500克）装、买5斤送5斤等，但有时候5斤、10斤是包含包装、冰袋的质量。

问题2：生鲜类产品水分流失问题。

产生原因：水果在运输过程中会出现水分蒸发的情况，这是常见的现象。但是，客户会觉得自己被骗了，觉得与描述不符。

问题3：产品腐坏，客户拒收，但商家不可退换货。

产生原因：水果生鲜属于易腐品，不耐往返运输，因此商家一般不支持拒收。

[实训要求]

分析上述情况中常见的客户售后问题，针对已经出现的售后问题提出解决方案。

[实训目标]

（1）了解不可退换商品的种类。

（2）能熟练处理客户强制退换不可退换商品而引起的纠纷。

（3）了解售后问题处理时售后客服人员应具备的基本素养。

[实训步骤]

（1）分析客户是否可以退货。根据电子商务平台的相关规定，客户定制的、鲜活易腐的商品，以及泳衣等贴身衣物是不支持七天无理由退换货的。另外，客户退货的商品应当完好，不影响二次销售。

（2）提出减少这种情况发生的方法。第一，在网店的商品详情页中说明不可以退换货的情况；第二，网店应该要求售前客服人员在客户下单时向客户进行必要的解释。

（3）提出解决方案。售后客服人员首先应当向客户表示诚挚的歉意，以产品特性为切入点向客户解释不能退换货的原因，必要时还可以申请给客户一些补偿或者赠送一些礼品。

## 效果评价

**1. 选择题**

（1）［单选］售后服务的重要性不包括（　　）。
A. 提高客户的满意度　　　　　　B. 提高客户的二次购买率
C. 减少网店的负面评价　　　　　D. 保持网店的盈利水平

（2）［单选］下列有关退换货的说法中，错误的是（　　）。
A. 如果售后客服人员遇到发错货导致的换货问题，可先查明原因，确定是否符合换货条件
B. 只要客户提出换货，售后客服人员都应当满足
C. 当售后客服人员遇到要求退货的客户时，应及时为客户解决问题，并尽量引导客户取消退货
D. 商品出现质量问题，客户要求退货时，最好让客户提供证据

（3）［单选］（　　）指客户就网店的商品或服务与网店经营者产生争议，导致消费权益受损，采取的请求电子商务平台等保护自己的消费权益的行为。
A. 售后　　　　　　　　　　　　B. 纠纷
C. 投诉　　　　　　　　　　　　D. 维权

（4）［单选］以下不属于售后服务工作的是（　　）。
A. 送货服务　　　　　　　　　　B. 安装服务
C. 维修服务　　　　　　　　　　D. 发放资料

（5）［单选］商家应树立"竭尽全力为客户服务，达到（　　）"的售后服务工作标准理念。
A. 高额利润　　　　　　　　　　B. 客户满意
C. 无退换货　　　　　　　　　　D. 微笑服务

（6）［单选］以下不属于售后接待流程的是（　　）。
A. 调查客户　　　　　　　　　　B. 礼貌接待
C. 安抚客户　　　　　　　　　　D. 问题处理

（7）［单选］负责审核退换货信息，并在质量部及技术部的协助下对测评进行检测的是（　　）。
A. 销售部　　　　　　　　　　　B. 客户服务部
C. 财务部　　　　　　　　　　　D. 人事部

（8）［单选］售后服务人员负责按规定填制"产品退/换货处理单"，由客户签字确认后及时向（　　）提供相关资料，然后将退款转入客户账户中。
A. 人事部　　　　　　　　　　　B. 财务部
C. 销售部　　　　　　　　　　　D. 客户服务部

(9)［单选］产品运抵公司后,销售主管在（　　）、技术部协助下对产品进行检测,并出具退换货产品检测报告,交由客户服务经理及销售经理审核、确认。

A. 质量部　　　　　　　　　　B. 客服部

C. 销售　　　　　　　　　　　D. 行政部

(10)［单选］以下选项中,不属于售后服务工作人员遵循的基本要求的是（　　）。

A. 礼貌待人、主动服务,与客户之间建立良好关系

B. 微笑服务,对客户的感受、情绪要表示充分的理解和同情

C. 重大质量问题要及时反馈公司有关部门予以解决

D. 完成工作任务后,要认真填写"售后服务报告单"

(11)［多选］客户与网店产生纠纷的原因主要有（　　）。

A. 产品质量问题　　　　　　　B. 商品价格问题

C. 货源问题　　　　　　　　　D. 快递问题

(12)［多选］中评、差评的影响包括（　　）。

A. 影响转化率　　　　　　　　B. 影响单品的DSR权重分

C. 毁灭爆款产品　　　　　　　D. 提升产品销量

## 2. 简答题

(1) 简述售后服务的重要性。

(2) 售后客服人员在遇到客户纠纷时,应当按照怎样的流程进行处理?

(3) 如果纠纷的原因是商品有破损,售后客服人员应当如何处理?

## 3. 实践题

以下所示为售后客服人员处理退换货的聊天场景,阅读对话后回答相关问题。

客户:"商家,冰箱坏了。"

售后客服:"在的,本店承诺产品保修期限为两年。在保修期内实行三包,免费服务,免费提供设备正常使用情况下的维修、更换及保养服务。"

售后客服:"产品超过了2年的质保期吗?"

客户:"超过了。"

售后客服:"超过保修期限的产品,本店提供专人上门维修服务,但因此产生的费用需自行负责。"

客户:"为什么要自己负责?你们不是有售后保障吗?"

针对聊天场景中的问题,假如你是这名售后客服人员,你会如何处理?

# 项目六　客户关系维护

## 学习目标

**【知识目标】**
➢了解客户关系基础知识。
➢熟悉客户的筛选与管理技巧。
➢熟悉客户关怀的方法。

**【技能目标】**
➢能独立搭建客户互动平台。
➢具备客户关系管理的能力。
➢能独立对客户展开关怀工作，维护客户关系。

**【素质目标】**
➢通过客户关怀相关知识的学习，培养客服人员的人文关怀精神和情感管理能力。
➢通过了解客户需求的实践活动，培养客服人员关注细节、理解他人需求的同理心。

## 项目导入

小李是一位新入职的网店客服，每天都努力地在线接待客户，处理关于产品的各种问题，以及引导客户下单和给予好评。然而，他的工作并非一帆风顺。"双11"的销量暴增带来了大量的售后问题，客户因各种原因发起的质疑和投诉让小李倍感压力。客户的指责让他痛苦不堪，甚至产生了离职的念头。

幸运的是，店长张经理及时察觉到小李的困境，不仅给予了关心和开导，还为他安排了专业的客户关系维护培训。经过培训，小李对客服工作有了全新的认识，心态也变得更加积极。面对复杂的客户问题，他应对自如，工作起来轻松多了。

网店客服的一言一行都代表着网店的形象，工作能力直接影响到网店的各项关键指标，如成交率、回购率和DSR评分。那么，如何更好地管理客户并维系客户关系呢？这不仅需要客服具备专业的产品知识，更需要具备良好的沟通技巧和服务态度。只有这样，才能真正赢得客户的信任和支持，为网店的发展贡献力量。

# 任务一　客户关系基础知识

**任务描述**

随着网店的运营，新老客户在不断积累。小李在长期的工作中发现，每一位客户的行为特征、消费习惯都不一样，这就要求在进行客户服务的工作过程中，根据每一位客户的具体情况灵活地调整自己的服务内容、沟通话术等。而且小李观察到，与老客户的沟通效率远远高于与新客户的沟通效率，促单的过程会更加容易和轻松。那么网店怎样才能将新客户转化成老客户，又怎样去维护与老客户的关系，保持老客户与网店之间的黏度呢？

**相关知识**

## 一、什么是客户关系管理

客户关系管理（Customer Relationship Management，CRM）是按照客户细分的情况有效组织企业资源，培养以客户为中心的经营行为，实施以客户为中心的业务流程，利用信息科学技术，实现市场营销、销售、服务等活动自动化，使企业更高效地为客户提供满意、周到的服务，以提高客户满意度、忠诚度为目的的一种管理经营方式。

客户关系管理既是一种管理理念，又是一种软件技术，具体包括寻找潜在客户、构建客户数据库、建立客户关系、制定客户关系策略、维系客户关系、增进客户关系等工作。客户关系管理要在充分了解客户的基础上满足客户的现有需求，挖掘客户的潜在需求，用心开展客户服务，创设客户关怀，提高客户满意度，培育客户忠诚度，实现客户终身价值最大化，进而提升网店的盈利能力和竞争优势。

客户关系管理的核心在于客户价值管理，通过"一对一"营销原则，满足不同价值的个性化需求，提高客户的忠诚度和保留率。

例如，对于客户购买一次后不再光顾的情况，客服可以采取以下措施。

1）分析原因：客服可以与客户沟通，了解他们不再光顾的原因。可能是产品或服务不符合客户期望，或存在其他问题。通过了解原因，采取相应的改进措施。

2）提供个性化服务：客服可以了解客户的需求和偏好，提供个性化的服务。根据客户的购买历史和偏好，推荐适合他们的产品或提供定制化产品。

3）保持联系：客服可以定期与客户保持联系，发送个性化的信息和优惠活动。这样可以提醒客户，并激发他们再次购买的兴趣。

节假日是否对网店的老客户进行信息推送，要取决于具体情况。一般来说，节假日是促销和推广的好时机，因为许多客户在这个时候更愿意购买礼品或享受优惠。然而，推送信息时应注意不要过度打扰客户，要确保信息内容与他们的兴趣和需求相关。

通过客户关系管理，网店可以统一管理客户的性别、年龄、收入状况、性格、爱好、购物时间和购买记录等数据，然后有针对性地加以关怀并进行营销。这将极大地提升客户的回头率，从而使网店的利润得到成倍增长。

## 二、如何做好客户关系管理

做好客户关系管理工作是客服工作的重要内容。任何客户都希望在网购的同时，还能享受舒心的售前、售中、售后服务。要想维护好客户关系，客服可以通过以下几种方式来实现。

### （一）为客户着想

客户利益无小事。如果不了解客户的实际需求，一味地推荐自己的商品，结果让客户购买了不适合的商品，就损害了客户的利益。客服要把客户的利益作为首要考量，让客户购买到适合的商品。

### （二）真诚待人

对待目的明确的客户，不宜过多地推荐自己认为的超值商品，否则会适得其反。对待目的不是很明确的客户，则可以通过与客户的聊天来挖掘需求，从而有针对性地推荐商品。并且，客服在给客户推荐商品时一定要真心实意，推荐真正超值的商品，让客户感受到你的真心。

### （三）详细描述

网购的弊端之一就是不能看到真实的商品，因此网店想要让客户相信自己商品的质量，除商品详细页中的描述和评价以外，还应该把商品的特点、功能、使用方法及注意事项等描述清楚，让客户感到网店不仅在推荐商品，而且在高效地服务。

### （四）价格合理

网店要想做大、做强，除了商品质量要有保障外，商品价格也不能太离谱。利润应该控制在10%~20%，"买卖要公平"就是这个道理。

### （五）接受差评

任何东西都不可能十全十美，如果确实是网店做得不好，则一定要虚心接受，认真改正自己服务中的缺陷，这样客户才会更加信任你。

## 三、老客户具有哪些优势

维护一个老客户的成本远远低于开发一个新客户的成本。研究表明，网店吸引新客户的成本至少是留住老客户成本的8倍，而网店80%以上的利润是老客户创造的。因此，网店应该把有限的资源放到对重点客户的关怀和维护上。只有做到精准营销，才可能让网店的利润爆炸式地增长。

### （一）维护老客户的好处

维护老客户的好处有很多：老客户的回头率超过20%；老客户是忠实的新款体验者，

他们的评价总是最丰富、最能打动人的；老客户会不断地把网店宣传给身边的人；老客户会不断地帮网店指出问题，同时鼓励网店进步；老客户和商家会慢慢形成朋友关系，会和商家分享生活中的酸甜苦辣。

### （二）留住老客户的方法

想留住老客户，提供优惠和额外福利是非常重要的。网店可以采取阶梯式的折扣优惠政策，比如购物满 500 元享九五折优惠、满 1 000 元享八五折优惠。也可以是具体的满减优惠，比如满 200 元减 20 元、满 300 元减 40 元等。除了折扣和满减，网店也可用免运费和赠送礼品的形式来吸引和留住老客户。

## 四、影响客户回头率的因素

留住老客户、提高客户回头率是提升网店竞争力、降低网店推广成本的关键所在。网店要想拥有较高的回头率，客服必须做到商品好、服务好、回访好。

### （一）专业知识要熟悉

在客户咨询时，客服千万不能用"可能""也许"等词语来回答，这样显得自己不够专业，无法赢得客户的信任。

### （二）敢于承担责任

客服一定不要为自己的错误找借口，与其费心、费力地找各种借口还不如老老实实地承认自己的过失然后尽力补救，哪怕给予客户一定的优惠也未尝不可。当网店承担了相应的责任并努力改正后，同样可以赢得客户的好感和信任。

### （三）不做损害他人的事

对客户和潜在客户说竞争对手的坏话，只能让客户认为你明里竞争不过别人，就在背后说人家的坏话，反而让客户对网店的信誉产生怀疑。

### （四）重视客户反馈信息

了解客户对网店的不满有助于网店的发展。客户的反馈可以让网店知道哪些方面做得好，哪些方面还存在着不足。客服了解客户的不满原因后，还可以在客户改变主意之前采取补救措施，如果客服对客户的反馈进行及时处理，就表明了网店对客户的重视和尊重，从而让客户成为网店的回头客。

### （五）服务要有保障

有的网店可能会在生意好的时候悄悄降低商品的质量或服务标准，认为这样细微的变化客户是无法察觉的。如果网店存在这样的想法，那么客户的流失是无法避免的。

### （六）不能不思进取

不要因为有了一点点成绩就不思进取。在瞬息万变的电商环境下，如果不求发展，就会在同行中落伍。因此，客服要不断改变、发展，对行业的了解越深，客户对我们就越有信心，网店自然也会成为客户心目中的第一选择。

### (七) 货源要可靠

客服对自家的货源一定要清楚，要向客户保证自己的商品质量等级，不同质量等级的商品价格是有所区别的。客户也会明白"一分钱一分货"的道理，所以不会轻易流失。如果销售的商品质量达不到承诺的等级，就会为网店带来更多的麻烦。

#### 知识拓展

**网店客户关系管理与传统客户管理的区别**

1) 传统客户管理是被动的，客户没有问题，就不需要进行客户服务。网店客户关系管理则是主动的，不但要解决客户关于产品的种种问题，还要主动与客户联络，欢迎客户咨询，促使客户复购。

2) 传统客户管理把客户打电话来问事情或打电话给客户，都视为一件麻烦的事情。网店客户关系管理则视主动联络客服为积极的事情，在网店客户关系管理中，客户不联络、不响应，是疏离的表现，比抱怨更可怕。

3) 传统客户管理与行销是分开的，行销靠懂说服技巧的业务人员，客户服务则多依赖售后或者技术支持等其他人员。网店客户关系管理则将行销与客户服务合为一体，将客户服务视为另一种行销渠道，无论是把新产品推销给老客户，还是依照老客户的需求创造新产品，都可以通过客服中心处理，因此也称为"后端行销"。

## 任务二　客户筛选与管理

#### 任务描述

通过一段时间的积累，小李工作的网店拥有了数量不少的新老客户。网店在运营中需要针对不同的客户策划不同的活动、采用不同的优惠政策等。进行客户回访的时候，也需要根据不同的客户情况，采用合适的沟通话术和沟通内容。而数量庞大的客户群体让小李分身乏术，工作效率低下。经过学习和思考，小李认为可以通过划分客户等级、设立VIP会员制度、提升客户忠诚度及回访老客户等方式来有效管理和筛选客户。这些措施有助于提升网店的客户管理效果，从而进一步提高网店的竞争力和盈利能力，同时也有利于提高自己的工作效率，优化工作流程。

#### 相关知识

### 一、划分客户等级

客户在网店内的消费情况、金额多少等，是可量化的客户价值；而客户是否会为网店进行宣传、传播，则属于不可量化的客户价值。客户价值可量化的部分，是划分客户等级的主要依据。本书介绍的客户等级划分主要根据可量化的客户价值来进行衡量，一般来说，网店对客户的等级划分如下。

1）沉睡客户：在网店至少有过一次的购买记录，但后续没有再次光顾网店的客户。

2）潜在客户：浏览过网店、收藏过商品，或者有过咨询客服行为，但没有产生购买行为的客户。

3）新客户：在网店第一次产生购买行为的客户。

4）老客户：在网店中有过反复购买记录的客户。

5）大客户：每次购买产品的数量或者金额都比较大的客户。

6）忠诚客户：关注网店动态、新品上新时间，与网店客服人员比较熟稔的客户。

因此，网店客服人员接下来的工作就是要对店铺的客户进行等级划分，针对不同等级的客户，采取不同的客户维护策略，从而提升客户维护工作的效率和质量。

## 二、设置客户等级

如前文所述，留住老客户、提高客户回头率是提升网店竞争力、降低网店推广成本的关键所在。对于网店经营者来说，有效地管理和维护客户关系、提高客户忠诚度是一项至关重要的任务，而设置会员等级是实现这一任务目标的有效方式。

网店在设置会员等级时应遵循以下原则。

### （一）设置会员等级时应遵循的原则

#### 1. 基于消费金额和频次

会员等级应基于客户在网店的消费金额和购买频次进行划分。消费金额和频次较高的客户可以享受更高级别的会员待遇，如更多的折扣、专属优惠和定制化服务。

#### 2. 考虑客户价值

会员等级应根据客户的综合价值进行划分，包括消费金额、购买历史、产品偏好等。通过综合评估客户的价值，网店可以更精准地确定会员等级，并为高价值客户提供更加个性化的服务和特权。

#### 3. 激励和奖励机制

会员等级设置应搭配相应的激励和奖励机制，以鼓励客户提升会员等级并继续在网店消费。例如，设立积分制度，让客户在消费过程中累积积分，随着积分的增加，客户可以逐步升级为更高级别的会员，并享受更多的福利和特权。

### （二）设置会员等级的方法

一些互联网电商平台为卖家提供了设置会员等级的功能。卖家可以根据客户的累计消费金额为其设置不同的会员等级。针对不同等级的会员，卖家可以提供不同的折扣或者其他的优惠福利。

以京东平台店铺为例，网店客服人员可以在后台客户管理界面设置不同的会员级别及其门槛，客户想要升级为更高级的会员，就要满足指定的消费门槛，如图6-1所示。

**等级设置**　等级设置30天可修改一次，请确保无误后提交。

| 级别 | 等级名称 | 等级达成条件 |
| --- | --- | --- |
| LV0 | LV0会员 | 关注店铺并同意成为LV0会员（该等级不会展示在正式会员页） |
| LV1 | 一星会员 | 开卡入会 |
| LV2 | 二星会员 | 在本店消费金额满 1 　或者 完成订单量满 1 |
| LV3 | 三星会员 | 在本店消费金额满 100 　或者 完成订单量满 2 |

图 6-1　会员等级设置

同时，网店客服人员可以在后台针对不同的会员等级设置不同的会员福利，比如针对不同级别的会员提供不同的折扣或者买赠政策、生日礼品等，如图 6-2、图 6-3 所示。

**促销优惠**

**会员专享**
支持商家按不同会员等级设置单品促销优惠，会在商详、店铺首页会员楼层、会员中心页露出。

**会员折扣**
支持商家按不同会员等级设置店铺级折扣优惠，会在商详、会员中心页露出。

**会员买赠**
支持商家为品牌会员设置专享赠品促销，会在黄金流程展示。

**会员总价促销**
支持针对会员人群设置专属总价促销，提升客单价

**会员冲刺计划**
设定用户消费目标值，引导用户下单冲刺，达到目标后发放大额优惠券，促成后续复购，提升活动期整体客单

**会员白条免息**
支持商家为店铺会员设置免息，免息促销在商详页、收银台展示，引导会员快速下单转化。

**会员膨胀金**
打通会员体系和膨胀金，支持店铺创建膨胀金活动，用户先充值后消费，提前锁定用户复购

图 6-2　会员促销优惠

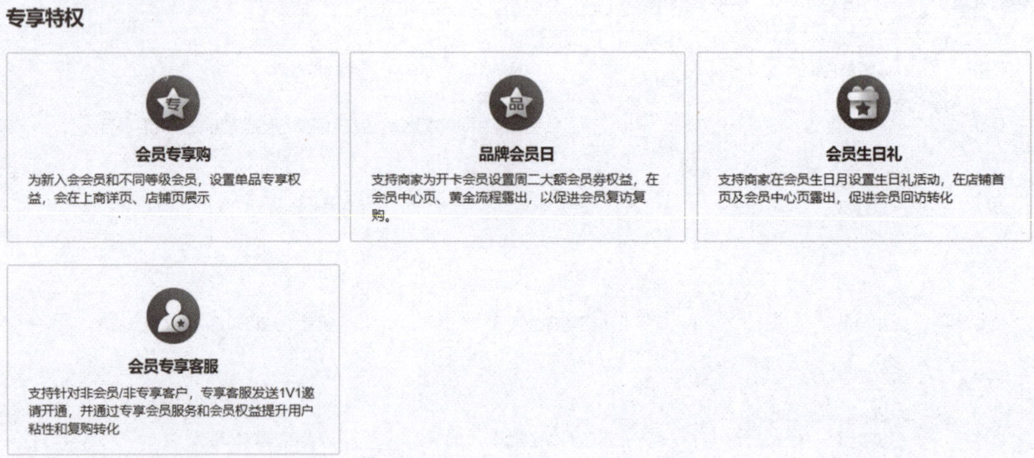

**专享特权**

| 会员专享购 | 品牌会员日 | 会员生日礼 |
|---|---|---|
| 为新入会会员和不同等级会员，设置单品专享权益，会在上商详页、店铺页展示 | 支持商家为开卡会员设置周二大额会员券权益，在会员中心页、黄金流程露出，以促进会员复访复购。 | 支持商家在会员生日月设置生日礼活动，在店铺首页及会员中心页露出，促进会员回访转化 |

**会员专享客服**

支持针对非会员/非专享客户，专享客服发送1V1邀请开通，并通过专享会员服务和会员权益提升用户粘性和复购转化

图 6-3　会员专享特权

### 三、提升网店客户忠诚度

忠诚的客户不仅会持续购买产品或服务，还会成为品牌的忠实倡导者。下面将介绍一些策略和方法，帮助网店提升客户忠诚度。

#### （一）提供优质的产品和服务

客户忠诚度的基础是提供优质产品和服务。确保网店所售卖的产品具有良好的质量和性能，并提供快速、准确的配送服务。同时，建立一个专业、友好的客户服务团队，及时回应客户的咨询和问题，为客户提供良好的购物体验。

#### （二）个性化的购物体验

通过数据分析和客户行为的跟踪，了解客户的偏好和需求，为客户提供个性化的购物体验。例如，根据客户的购买历史和浏览记录，推荐相关的产品或提供定制化的服务。个性化购物体验能够提升客户的满意度和忠诚度。

#### （三）建立会员制度

建立会员制度是提升客户忠诚度的有效方式。通过设置会员等级和相应的特权和福利，激励客户成为会员并保持长期购买。会员制度包括折扣优惠、专属促销活动、生日礼品等，让客户感受到特殊的关怀和待遇。

#### （四）建立顺畅的沟通渠道

与客户建立顺畅的沟通渠道是增强客户忠诚度的关键。通过电子邮件、短信、社交媒体等渠道与客户定期保持沟通，向他们提供有价值的信息和优惠活动。同时，积极倾听客户的反馈和建议，并及时回应和解决问题，增强客户对网店的信任度和满意度。

#### （五）举办活动和促销

定期举办各种活动和促销活动，吸引客户参与并增强他们的参与度和忠诚度。例如，举办限时折扣、满减优惠、赠品活动等，可以激发客户的购买欲望并提高他们的忠诚度。

（六）建立品牌形象

建立强大的品牌形象是吸引和保持客户忠诚度的重要因素。通过讲述品牌故事、建设品牌文化和承担社会责任等方式，让客户产生情感共鸣，认同和信任网店的品牌。

### 知识拓展

回访老客户对于网店来说是非常重要的，因为老客户是网店的忠实支持者和重要收入来源。下面是一些回访老客户的策略，帮助网店保持与他们的联系并促进再次购买。

一、发送个性化的电子邮件

利用网店的客户数据库，发送个性化的电子邮件给老客户。在邮件中，提到他们以前的购买历史，向他们推荐相关的产品或提供特别的优惠折扣。确保邮件内容简洁明了，并鼓励客户回复或提供反馈。

二、社交媒体互动

利用社交媒体平台与老客户进行互动。关注他们的社交媒体账号，并在他们的帖子下留言或点赞。通过社交媒体平台分享有趣的内容、产品更新或促销活动，吸引老客户的注意力并鼓励他们与网店互动。

三、提供独家优惠

为老客户提供独家的优惠和折扣，以激励他们再次购买。这可以是特定产品的折扣、免费送货或积分奖励计划等。确保在优惠中强调他们的忠诚度，并让他们感受到特别的待遇。

四、定期更新

定期向老客户发送电子邮件或简讯，告知他们关于新产品、促销活动和行业动态的最新消息。确保内容有价值、有趣，并与客户的兴趣相关。

五、个性化的礼品或感谢卡

在特殊节日或客户生日时，发送个性化的礼品或感谢卡，以表达对他们的感激之情。这种个性化的关怀会让老客户感到特别，并增强他们对网店的忠诚度。

六、询问反馈

定期向老客户发送调查表或反馈表，询问他们对网店的体验和意见。通过客户的反馈，网店可以了解他们的需求和关注点，并及时进行改进。

七、提供卓越的客户服务

确保网店的客户服务团队对老客户提供卓越的服务。回应客户的问题和投诉，并尽力解决出现的问题。良好的客户服务将给老客户留下深刻的印象，并增加他们再次购买的可能性。

回访老客户是一个持续的过程，需要持之以恒。通过个性化的沟通、独特的优惠和关怀，网店可以建立稳固的客户关系，并促进老客户的忠诚度和再次购买。记住，老客户的满意度和忠诚度对于网店的长期发展至关重要。

# 任务三　客户互动平台搭建

## 任务描述

自从小李对网店的新老客户划分了不同的等级，在进行客户回访或者其他工作的时候，效率提高了不少。在与客户进行沟通的过程中，小李除了使用电话，也会用到一些其他的互动平台。有了这些互动平台，小李不仅可以与客户进行文字交流，还可以发语音、图片和视频等。这些互动平台的存在，为小李和客户之间的交流沟通创造了便利的条件。比如，小李常用的就是京东的咚咚平台，那么网店客服如何使用咚咚平台与客户展开交流呢？除了咚咚平台之外，还有哪些互动平台可以作为网店客服与客户交流沟通的工具呢？

## 相关知识

### 一、创建咚咚群聊

如何维护老客户？如何有效管理店铺会员？在公域流量已经趋于稳定饱和的情况下，如何借力平台去主动运营私域流量，挖掘更多的价值客户呢？

我们可以通过咚咚群聊实现。咚咚群聊有以下优势：可圈定优质客户，达到集中触达的效果；群内玩法较多，如红包雨、限时抢购、秒杀、裂变优惠券等，保持会员活跃度；咚咚群聊营销帮助商家筛选有价值的客户进行私域的精细化运营，创作客户和商家新的连接渠道。

咚咚群聊创建路径：主账号登录客服管家（http://kf.jd.com/）→咚咚群管理→群组管理→创建群聊。创建群聊如图6-4所示，发起群聊如图6-5所示。

图6-4　创建群聊　　　　　　　　图6-5　发起群聊

#### （一）创建群聊

1）头像建议使用品牌Logo，增加辨识度。
2）利用群名称和介绍突出群利益点，如每日整点群红包、爆品限时抢。

3）建议设置一定的群门槛，避免广告客户进入。

### （二）子群管理

1）创建 1 个群聊后，系统会自动创建 10 个子群，每个子群默认 1 000 人，故每个大群 1 万人，可单独设置每个子群管理员。

2）群聊最多创建 10 个群，即 100 个子群，最多有 10 万名群成员。

3）商家可通过建立不同门槛的群，对群成员进行分类，以便对不同的群采用不同的运营方式。系统会自动识别客户类型，仅展示对应的群聊中等级最高的群聊入口。

### （三）推广群

咚咚群创建成功之后，为了提高群人气，便于后面使用咚咚群进行活动的发布、新品通知等，网店客服接下来需要向客户分享和推广群，并邀请他们加入群。

## 二、建立老客户微信群

微信是现在主流的社交媒体工具，越来越多的企业和商家倾向于选择微信作为沟通的工具。一些商家甚至建立微信群，将客户集中到微信群里，随时进行沟通、产品分享、产品咨询等。网店客服人员如果能使用好微信，通过微信平台对客户实现客户关系管理及维护，能够起到事半功倍的效果。下面以 PC 端为例介绍创建微信群的方法，具体操作步骤如下。

1）登录 PC 端微信，单击左上方"发起群聊"按钮，如图 6-6 所示。

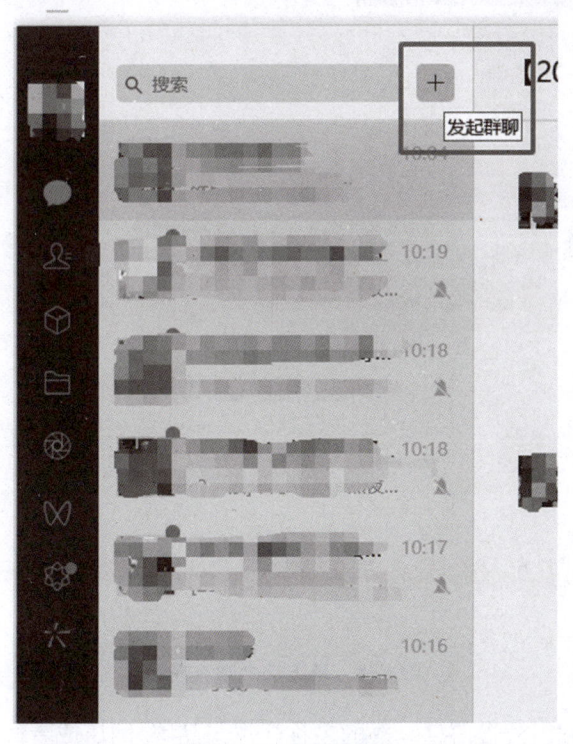

图 6-6　发起群聊

2）在打开的对话框中勾选需要加入群聊的联系人，单击"完成"按钮，如图 6-7 所示。

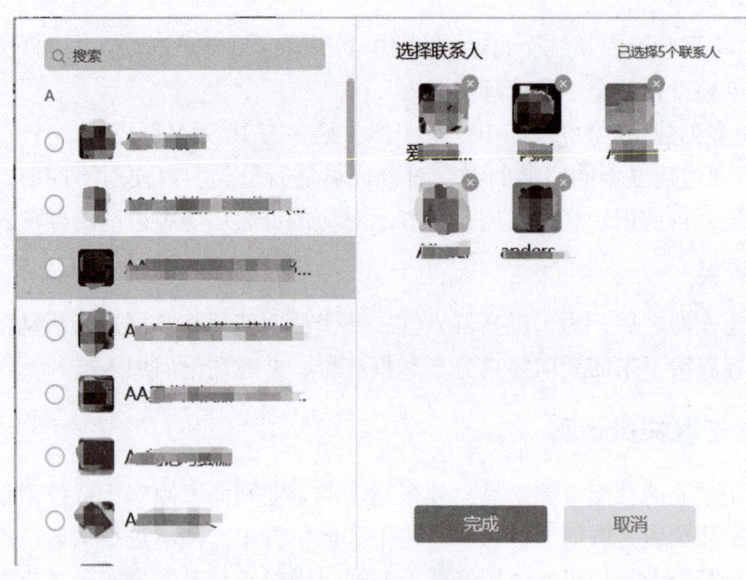

图 6-7　选择联系人

3）单击群聊天界面右上角的三个圆点按钮，如图 6-8 所示。

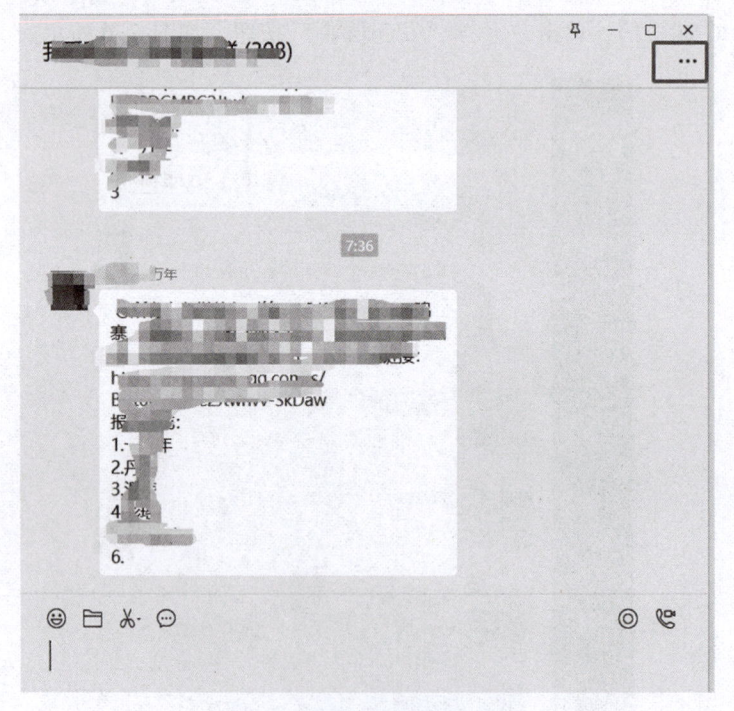

图 6-8　单击三个圆点按钮

4）设置群聊名称、公告信息。群的名称建议与品牌/网店或者产品名称保持一致，便于客户记忆。公告部分可以用来发布重要的通知，比如群规、群介绍、新品发布、优惠折扣信息等。群公告的信息会通知到群里的所有成员，因此网店客服人员可以利用群公告有效管理微信群，确保微信群的健康发展。设置群信息如图6-9所示。

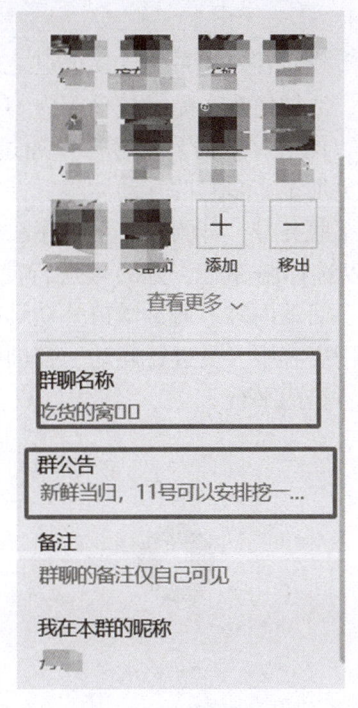

图 6-9　设置群信息

5）单击群信息界面的"添加"按钮，可以邀请更多联系人加入微信群，如图6-10所示。

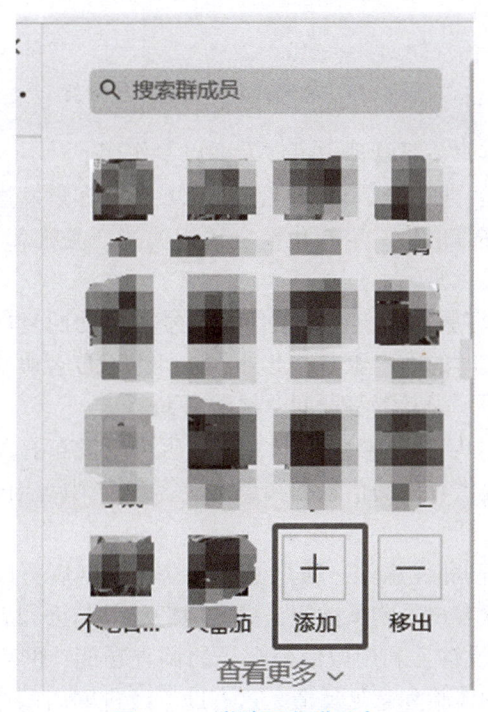

图 6-10　邀请更多联系人

### 三、微信公众号

微信公众号是企业在微信上建立客户关系的主要渠道之一。通过微信公众号，企业可以向客户推送最新的产品信息、活动信息、品牌故事等内容，与客户进行互动交流，建立起良好的品牌形象和客户关系。同时，微信公众号可以通过菜单、图文消息、语音消息、视频等多种形式，为客户提供更加丰富多彩的互动体验。

目前，微信公众平台提供了服务号、订阅号、小程序、企业微信共四种不同的账号类型，如图 6-11 所示。网店可以选择服务号、订阅号进行使用，注册好对应的账号之后，网店客服人员可以将商品图片、活动内容等通过微信公众号群发的形式推送给公众号的粉丝。粉丝也可以通过公众号与网店客服人员进行互动、咨询。因此微信公众号是网店客服人员用来维系客户关系的一个不错的平台。

图 6-11 微信公众平台的账号分类

微信公众号在网店客户关系管理中可以发挥以下作用。

1）提供个性化服务：通过微信公众号，网店可以向客户发送个性化的推文。根据客户的购买历史、兴趣爱好等信息，定制化地发送相关的产品推荐、促销活动或专属优惠，增加客户的参与度和购买意愿。

2）设置自动回复和客服功能：利用微信公众号的自动回复功能，网店可以设置常见问题的自动回复，提供实时的客户服务。此外，还可以通过客服功能，让网店的客服人员随时与客户进行在线沟通，为其解答疑问，提供帮助。

3）发布有价值的内容：通过微信公众号，网店可以发布有关产品、行业动态、购物指南等有价值的内容，提供有用的信息和知识，让客户感到网店的专业性和价值，增强客户对网店品牌的认知和信任。

4）定期发送营销活动和优惠券：通过微信公众号，网店可以定期发送营销活动和优惠券给客户。这可以激发客户的购买欲望，提升他们的参与度和忠诚度。

5）定期调查和收集反馈：利用微信公众号的调查功能，网店可以定期向客户发送调查问卷，了解他们的购物体验和意见反馈。这有助于改进网店的产品和服务，并让客户感到被重视和关心。

6）组织线上活动和互动：通过微信公众号，网店可以组织线上活动，如抽奖、投票、线上讲座等，提升客户的参与度和互动性。这不仅可以提升客户的忠诚度，还可以吸引新客户的关注。

7）精细化数据分析：微信公众号提供了丰富的数据分析工具，网店可以通过分析关注人数、留存率、互动情况等数据，了解客户的行为和兴趣，从而更好地管理客户关系和制定营销策略。

### 知识拓展

一、服务号

服务号为企业和组织提供更强大的业务服务与客户管理能力，主要偏向服务类交互（功能类似12315、114等，提供绑定信息，服务交互）。

适用人群：媒体、企业、政府或其他组织。

群发次数：服务号1个月（按自然月）内可发送4条群发消息。

二、订阅号

订阅号为媒体和个人提供一种新的信息传播方式，主要功能是给客户传达资讯（功能类似报纸、杂志，提供新闻信息或娱乐趣事）。

适用人群：个人、媒体、企业、政府或其他组织。

群发次数：订阅号（认证客户、非认证客户）1天内可群发1次消息。

三、温馨提示

如果想用微信公众平台简单发发消息，做宣传推广，建议选择订阅号。

如果想用微信公众平台进行商品销售，建议选择服务号，后续再申请微信支付商户。

## 任务四　客户关怀

### 任务描述

小李收到了一份特殊的客户清单，其中有一位忠实客户张先生，张先生曾多次在网店购物，但最近几次订单中出现了一些小问题。小李知道，及时而妥善地处理这些问题，不仅可以解决客户的困扰，还能够展现出网店对客户的真诚关怀。

小李迅速进入系统，查找了张先生的订单历史和沟通记录。他发现张先生曾经在购物时提到他对某个商品系列非常喜欢，并希望了解更多相关信息。这让小李意识到，通过个性化关怀，很有可能帮张先生解决购物中遇到的问题，同时为网店挽回一位老客户。

小李决定采取一种温暖而专业的方式与张先生联系。他亲切地感谢张先生一直以来对本店的支持，同时表达了对于之前订单出现问题的歉意。小李通过简洁而热情的语言，向张先生介绍了新到货的商品，并提供了一份专属的折扣券，作为对他一直以来支持网店的回馈。

在这个过程中，小李让张先生感受到了网店的真诚，这不仅解决了订单问题，更为网店在客户心中树立了牢固的形象，为未来的合作打下了坚实的基础。

## 相关知识

### 一、客户关怀的定义

客户关怀就是通过对客户行为的深入了解，主动把握客户需求，通过持续的、差异化的服务手段，为客户提供合适的产品或服务，最终提高客户满意度与忠诚度。

为了提高客户的满意度和忠诚度，网店客服人员必须充分地掌握客户的信息，针对客户需求提供良好的客户服务，提升客户的购物体验。在这个过程中，良好的客户服务与持续的客户关怀尤为重要。

客户关怀应有针对性、展现体贴性、体现精细化，做好这三点，是对网店客服人员工作能力的考核关键。客户关怀主要表现在以下几个方面。

#### 1. 观察客户行为，研究客户需求

客户需求不是简简单单通过询问就可以获知的，这需要网店客服人员在日常工作中观察客户的行为，主动挖掘客户的真实需求。

#### 2. 客户关怀是一项长期工作

客户关怀是一项长期、持久的工作，而非短期行为。

#### 3. 客户关怀不能等同于营销行为

网店客服人员进行客户关怀的目的是提高客户的满意度和忠诚度，让客户成为网店的忠实粉丝，而非促使客户购买一件产品或者服务。

### 二、客户关怀的意义

#### （一）提升客户忠诚度

客户关怀能够优化和提升客户的购物体验，从而提高客户对网店的忠诚度。首先，持续的客户关怀有助于客户满意度的提升，继而促使客户更忠于网店；其次，客户也会尝试网店其他的产品，购买价值更高的产品；再次，客户会主动为网店及产品进行代言，形成口碑传播；最后，忠诚度高的客户因为熟悉店铺，会降低服务成本。

#### （二）延长客户生命周期

客户生命周期是客户对网店而言，有类似于从诞生到衰老的过程。这个过程从形成期、稳定期到衰退期，贯穿消费者在店铺消费的整个经历。而稳定期是客户消费的黄金时期，客户关怀的意义在于可以延长客户在店铺的消费生命周期，提高总盈利。

#### （三）提升产品质量，形成口碑传播

忠实客户会向卖家提出对产品的使用反馈、改进建议。客户关怀的存在，为网店建立了客户反馈渠道，通过收集客户的反馈和改进信息，网店能够对产品进行迭代改良，设计出更符合市场需求、更有竞争力的产品。此外，持续的客户关怀能带给客户更好的消费体验，超出客户期望的体验，这些超预期的体验能促使客户向身边的朋友进行分享，为网店带来口碑传播。

### 三、客户关怀的内容

客户关怀贯穿了互联网营销的所有环节，主要体现在售前、售中、售后的整个客户体

验过程中。

### （一）售前关怀

网店客服人员在售前实施客户关怀有助于明确客户的需求，加快网店与客户之间关系的建立，能够鼓励和促进客户购买网店的产品。在这个过程中，网店客服人员还能向客户提供产品的信息和服务建议等。购买前的客户关怀主要体现在网店的产品展示、商品描述、主题海报等方面，让客户通过图片、视频、文字等信息了解和体验产品。

### （二）售中关怀

售中关怀与网店提供的产品、服务紧密联系在一起。客服人员提供的咨询服务、订单的处理等细节，将影响客户购物体验，进而提高客户的满意度。客服人员提供专业的售中服务，能给客户留下店铺良好的印象，促成客户的购买行为。

### （三）售后关怀

售后关怀主要体现在产品的使用注意事项、产品使用说明、物流时效、签收提醒、退换货的处理上，考验网店客服人员在售后环节中，有没有及时给予关心、提醒，以及合理的响应措施。良好的售后服务能给客户整体的购物体验画上一个圆满的句号，为后续的复购打下基础。

## 四、客户关怀的方法

客户关怀真正体现了"以客户为中心"的现代经营理念，网店客服人员想要提升客户的满意度、忠诚度，离不开对客户关怀技巧的运用实施。这也是网店客服人员必备的职业技能之一。网店客服人员在进行客户关怀时可以采取多种方法。

1）及时回复：保持快速响应，及时回复客户咨询的问题，提供高效的解决方案。

2）个性化沟通：根据客户的需求和购买历史，提供个性化的建议和推荐，让客户感受到被重视和关注。

3）问候和祝福：在特殊节日或客户生日等时刻，发送表示问候和祝福的邮件或短信，增进与客户的情感联系。

4）售后跟进：对购买后的客户进行售后跟进，了解产品使用情况，提供技术支持和帮助解决问题。

5）提供专业建议：针对客户的需求，提供专业的购买建议和产品介绍，帮助客户进行购买决策。

6）提供增值服务：为客户提供增值服务，如免费包装、延长质保期、赠送小礼品等，提升客户对品牌的好感度。

7）定期沟通：定期向客户发送产品资讯、促销活动等信息，保持与客户的沟通和互动。

8）处理投诉和问题：认真对待客户的投诉和问题，提供有效的解决方案，赢得客户的信任和尊重。

9）参与社交媒体：通过社交媒体平台积极参与和回应客户的留言和评论，增进与客户的互动。

10）定制化服务：针对重要客户，提供定制化的服务和专属福利，增强客户的归属感和忠诚度。

通过以上方法，网店客服人员可以积极地进行客户关怀，建立良好的客户关系，提升客户满意度，从而为店铺带来更多的回购订单。

### 知识拓展

**从客户关怀角度做店铺的新客培养**

电商平台在各种大促活动期间店铺流量暴涨，趁这个时候提高客户忠诚度非常重要。制订合理有效的店铺新客培养计划，提高店铺的留存率，提升客户忠诚度。

在做客户关怀之前，网店要先对客户进行精细化管理，要了解自己的客户群体。例如，针对大促活动招募的新客以及老客，了解他们的购买行为、年龄、性别等属性。然后将客户归类分群、分层，建立标签体系，如图6-12所示，再针对不同标签的客户提供差异化的服务。

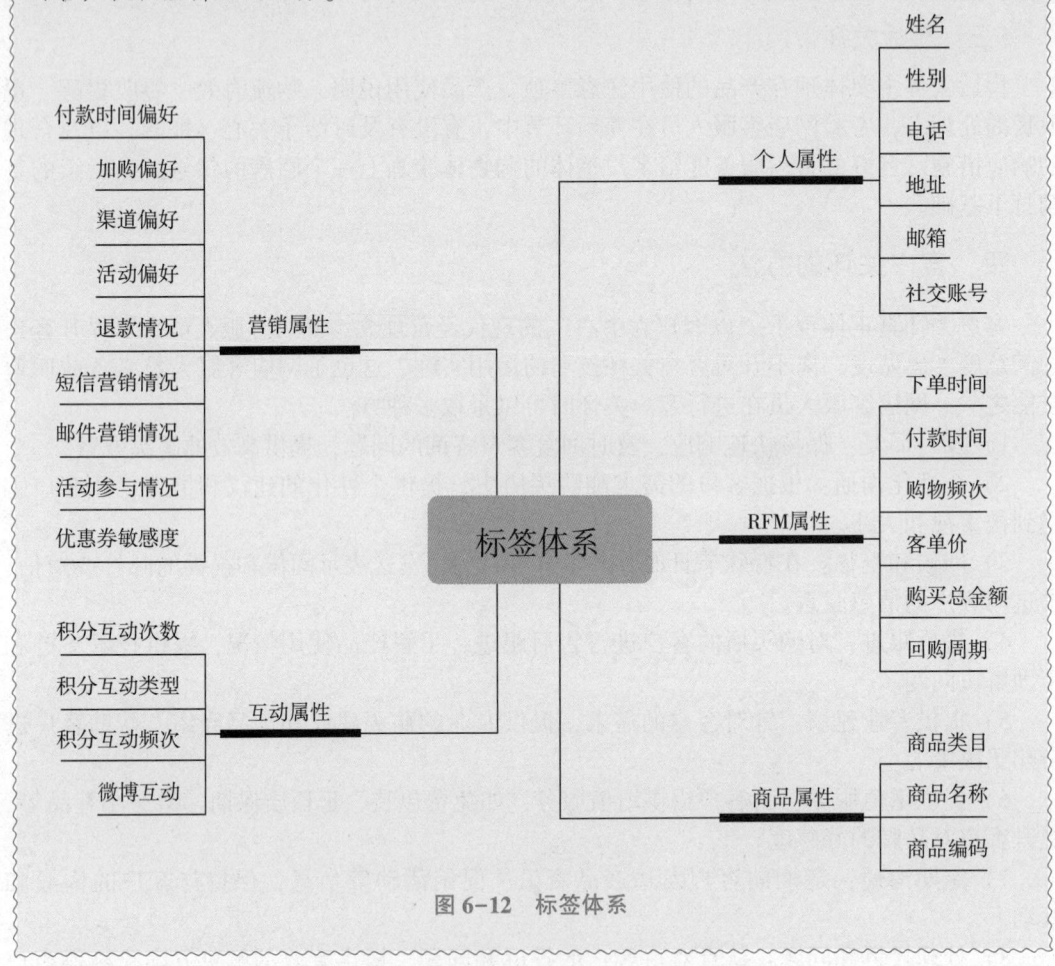

标签体系结构如下：

- **营销属性**
  - 付款时间偏好
  - 加购偏好
  - 渠道偏好
  - 活动偏好
  - 退款情况
  - 短信营销情况
  - 邮件营销情况
  - 活动参与情况
  - 优惠券敏感度

- **个人属性**
  - 姓名
  - 性别
  - 电话
  - 地址
  - 邮箱
  - 社交账号

- **RFM属性**
  - 下单时间
  - 付款时间
  - 购物频次
  - 客单价
  - 购买总金额
  - 回购周期

- **互动属性**
  - 积分互动次数
  - 积分互动类型
  - 积分互动频次
  - 微博互动

- **商品属性**
  - 商品类目
  - 商品名称
  - 商品编码

图6-12 标签体系

常见分群原则包括产品类别、RFM[①]或等级定位、使用周期和客单购买力等。做好分群可以帮助店铺实现精细化运营，越窄的标签越精准。

RFM模型是网店衡量当前客户价值和客户潜在价值的重要工具和手段。它被广泛应用于划分不同的人群。一般来说，网店会综合考虑最近一次购买的时间、购买频率及消费

---

[①] RFM 是 Recency（最近一次消费）、Frequency（消费频率）、Monetary（消费金额）三个指标首字母的组合。

金额来确定最终的营销人群。举个例子,如果网店想要针对购买频率高、消费能力强的客户展开营销活动,那么应该选择那些 $R+F+M$ 总分大于或等于 8 分的客户,如图 6-13 所示。

| R值分段 | 得分 | F值分段 | 得分 | M值分段 | 得分 |
|---|---|---|---|---|---|
| $R \leq 40$ | 5 | $F=1$ | 1 | 80元以下 | 1 |
| $40 < R \leq 90$ | 4 | $F=2$ | 2 | 80~160元 | 2 |
| $90 < R \leq 180$ | 3 | $F=3$ | 3 | 160~340元 | 3 |
| $180 < R \leq 360$ | 2 | $F=4$ | 4 | 340~700元 | 4 |
| $360 < R \leq 720$ | 1 | $F=5+$ | 5 | 700元以上 | 5 |

图 6-13　RFM 属性

经过店铺精细化管理后,网店可以通过客户关怀活动来建立与客户之间的感情纽带,拉近与客户之间的距离,让客户感到温暖,从而建立长期的联系和忠诚度。以下是几种大促后的客户关怀方式。

### (一) 物流环节

在大促活动期间,由于订单量激增,物流往往容易失控。因此,在关键的配送阶段需要给予客户更多的物流关怀,提前告知他们配送情况。比如,在客户下单、商品发货以及商品签收等环节,可以通过各种方式如咚咚、短信等与客户取得联系,如果出现发货延迟等问题,需要及时通知客户。

### (二) 签收环节

商品抵达目的地后,要提醒买家及时取件和签收,避免因包裹被投递到收费寄存点、派件延时等问题而导致退货率提高。尤其是生鲜水果等产品,更要注意这一点。同时商家可以趁签收的环节,在包裹内放置一些精心印制的卡片,透露会员权益、店铺微信号等,引导客户成为店铺会员,更好地为其提供服务。

### (三) 确认收货环节

一般来说,如果商家不进行引导,大部分客户在确认收货这个环节采取的是默认收货及默认评价。如果产品有不顺心、不如意的地方,客户甚至会给出中评或差评。因此,在这一步要引导客户完成好评晒图,筛选优秀买家秀至店铺首页。

### (四) 节假日

大促活动期间,如果正逢节假日,商家可通过短信或者包裹中放置贺卡等方式,送上祝福,从而增加客户对店铺的好感度,带来口碑传播和二次"种草"。

### (五) 特殊事件

特殊事件触发关怀问候或者特殊服务,可以传递品牌的人文精神,使客户对品牌的好感度更上一层楼。例如,在特殊期间,商家在发货的时候将紧缺的小物品作为礼品赠送给客户,以表关心和慰问,从而给客户带来好感。

### (六) 生日/纪念日

在生日/纪念日送上问候祝福,能给客户带来较大的心理触动,再通过折扣权益、满赠服务、积分兑换礼等虚拟礼品,促使客户产生购买的冲动。

## 项目实训

### 对老客户展开客户关怀活动

**[实训背景]**

小颖是某护肤品品牌网店的客服人员,临近元旦节,为了维护与老客户之间的关系,网店经理让她统计和整理在网店下单过的老客户信息,并使用公司企业微信将对方加为微信好友,创建老客户会员群,并邀请老客户进群,同时利用微信群进行产品上新的通知、老客户的关怀,以及产品专业知识分享等。

**[实训要求]**

5人为一组进行角色扮演,分别扮演小颖和客户。首先在电商平台的后台导出客户信息,然后通过电话向老客户表明身份和来意,添加老客户为微信好友,再创建微信群并将老客户邀请进群。最后在群里展开老客户关怀,可以是节假日的关怀,也可以是特殊事件的关怀等,同时发布新款护肤品的上新信息。

**[实训目标]**

(1) 掌握社群运营的方法。

(2) 掌握老客户回访的相关方法。

(3) 掌握老客户关怀的相关知识。

**[实训步骤]**

(1) 查看客户信息。以京麦后台为例,登录后,查看订单管理,然后在订单管理界面查看客户的电话信息。

(2) 给客户致电。在电话中向客户表明身份和来意,邀请对方添加自己为微信好友。打电话的时间建议选择下午四五点或者晚上八九点,不宜太早或太晚。如果客户不愿意添加微信好友,要向其说明添加微信好友的好处,比如不定时红包、无门槛优惠券、老客户专享活动等。

(3) 创建微信群,并邀请老客户进群。

(4) 发送节日祝福。在微信群聊天界面的输入框中编辑节日祝福信息,并发送。

(5) 发布产品上新信息。

## 效果评价

**1. 选择题**

(1) [多选] 提升网店客户忠诚度的方法有(    )。

A. 提供优质的产品和服务　　　　B. 个性化的购物体验

C. 建立会员制度　　　　　　　　D. 建立顺畅的沟通渠道

(2) [多选] 网店设置会员等级的时候应遵循的原则包括(    )。

A. 基于消费金额和频次　　　　　B. 考虑客户价值

C. 激励和奖励机制　　　　　　　D. 考虑消费积分

(3) [多选] 以下选项中,属于微信公众号账号类型的有(    )。

A. 服务号　　　　　　　　　　　B. 订阅号
C. 小程序　　　　　　　　　　　D. 微信号

**2. 填空题**

(1) 客户关怀的内容主要体现在_____、_____、_____的整个客户体验过程中。

(2) 网店的客户等级可以分为_____、_____、_____、_____、_____、_____。

**3. 判断题**

(1) 老客户已经是店铺的忠诚客户了，不需要特别刻意地去维护。（　　）

(2) 维护一个老客户的成本远远低于开发一个新客户的成本。（　　）

(3) 留住老客户、提高客户回头率是提升网店竞争力、降低网店推广成本的关键所在。网店要想拥有较高的回头率，客服必须做到商品好、服务好、回访好。（　　）

**4. 简答题**

(1) 客户关怀的方法有哪些？

(2) 客户关怀的意义有哪些？

# 项目七 智能客服

## 学习目标

**【知识目标】**
➢了解智能客服的定义和作用，熟悉智能客服系统。
➢了解京小智的基本功能。
➢能够根据网店实际情况配置京小智。

**【技能目标】**
➢合理运用创新型客服工具，提高工作效率。
➢培养创新、开放的理念，积极关注当代科技发展。

**【素质目标】**
➢通过智能客服的使用和学习，深入了解用户需求，提供精准服务，培养客服人员以用户为中心的服务意识。
➢通过学习智能客服系统，进行创新服务流程设计，增强客服人员的创新意识。

## 项目导入

京东商家小李在备战年终促销活动时，为了提升客服效率和满足用户需求，决定引入京小智智能客服系统。在年终促销期间，小李的店铺迎来了大量用户咨询，而通过京小智的智能辅助，小李取得了令人惊喜的成果。首先，京小智在售前环节通过智能回复迅速解答了用户的常见问题，包括商品特性、优惠活动和库存信息等，使客户能够更快地做出购买决策。其次，京小智在购物流程中发挥了协同作用。当客户成功下单后，系统将问题转交给售中客服，确保了订单的顺利处理。这种流程的精准分工使客服团队能够有条不紊地应对高峰时段。京小智还在退款流程中展现了强大的引导能力，帮助客户完成退货退款操作，提高了售后服务的便捷性，同时减轻了人工客服的压力。通过京小智的全链跟单功能，小李成功解决了大量重复性工作，将关注点更多地放在与客户互动的关键环节上。这使小李的店铺在年终促销期间实现了高效运作,用户满意度也得到了显著提升。这个案例充分体现了京小智在提高客服效率、优化用户体验方面的卓越表现,为小李的店铺赢得了更多商机和用户好评。

# 任务一　智能客服基础知识

## 任务描述

小李刚刚加入一家电商公司,开始了他的网店客服工作。作为一名新入职的网店客服人员,经理发现小李对于智能客服的概念、作用,以及京小智这一智能电商客服系统的独特性了解不足。为了帮助小李更好地适应新角色,经理决定让他暂时放下手头的工作,专注学习网店客服应具备的基础知识。

本任务将引导小李深入了解智能客服的概念和在网店运营中的作用,以及京小智作为一款智能电商客服系统的功能及其价值。这不仅为小李个人的成长打下坚实的基础,也将助力公司提升客户服务水平,提升竞争力。

## 相关知识

### 一、智能客服的定义与作用

智能客服是一种利用自然语言处理、机器学习等人工智能技术,来提供客户服务和支持的方式。它能够通过自动化的方式回答常见问题、解决简单的问题,并在必要时将复杂的问题转交给人工客服处理。智能客服能够提高客户服务的效率,降低成本,并在任何时间提供即时的帮助。

相较于传统的人工客服,智能客服拥有多方面的突出优势。总体来说,智能客服的作用如下。

#### (一) 全天候可用

智能客服系统为用户提供了随时随地的服务,无论是在午夜还是清晨,都能够即时响应。这种全天候可用性不仅符合全球化市场的需求,也满足了用户在紧急情况下需要立即解决问题的期望。

#### (二) 即时响应

智能客服通过自动化流程,能够立即回应用户的问题,无须等待繁忙时段的人工客服处理。这不仅提高了用户的满意度,也确保了客户能够在最短时间内获得所需支持,从而提升整体服务效率。

#### (三) 成本效益

智能客服系统能够有效处理大量常见问题,将人工客服的注意力从重复性任务中解放出来,使其专注于更为复杂和具有挑战性的问题。这种分工协作不仅提高了客服团队的效率，也在降低企业运营成本方面发挥了积极作用。

### （四）大数据分析

智能客服通过收集、分析大量用户数据，为企业提供了深入了解客户需求和行为的机会。这样的数据驱动方法有助于企业更好地优化产品和服务，提高客户满意度，同时通过预测潜在问题提前采取措施，避免潜在的困扰。

### （五）多任务处理

智能客服系统天生具备处理多个用户请求的能力，而不会受到人力资源不足或疲劳的影响，在高峰时期仍能保持高效运转，满足用户对于快速解决问题的迫切需求。需要注意的是，智能客服在响应效率、服务质量等多方面具有突出优势，但其核心作用仍在于辅助，而非替代人工。

### （六）语言处理

利用先进的自然语言处理技术，智能客服系统能够理解用户提出的问题，使得用户交互更加自然和智能。用户无须担心使用特定的命令或关键词，系统能够更智能地应对各种表达方式，提升了用户使用的友好性和便捷性。

## 二、智能电商客服系统——京小智

电商智能客服是指在电子商务领域应用的智能客服系统。这种系统通过整合人工智能技术，为电商平台提供更高效、更个性化的客户服务和支持。电商智能客服的目标是提高用户满意度、加强用户体验，并在电商运营中发挥重要的作用。国内电商平台基本都配置了官方智能客服机器人，阿里店小蜜是阿里巴巴官方推出的智能客服机器人，而京小智是面向京内平台商家，集智能客服、智能营销、智能 RPA、智能质检、智能分析决策于一体的全链路智能服务与营销 SaaS 智能客服平台，可以分为多个不同的功能模块。图 7-1 为京小智智能客服系统的运行模块。

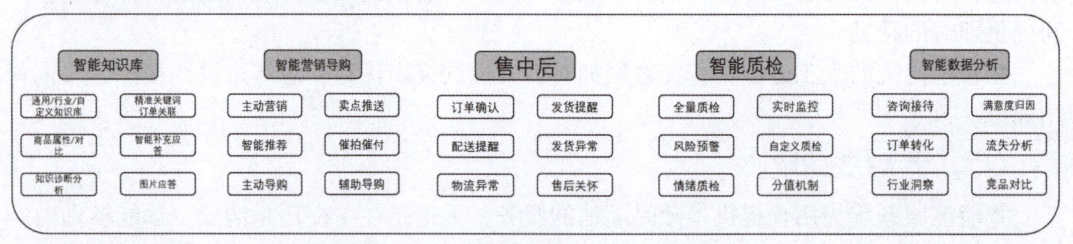

| 智能知识库 | 智能营销导购 | 售中后 | 智能质检 | 智能数据分析 |
|---|---|---|---|---|
| 通用/行业/自定义知识库 | 精准关键词订单关联 | 主动营销 | 卖点推送 | 订单确认 | 发货提醒 | 全量质检 | 实时监控 | 咨询接待 | 满意度归因 |
| 商品属性化/对比 | 智能补充应答 | 智能推荐 | 催拍催付 | 配送异常 | 发货异常 | 风险预警 | 自定义质检 | 订单转化 | 流失分析 |
| 知识诊断分析 | 图片应答 | 主动导购 | 辅助导购 | 物流异常 | 售后关怀 | 情绪质检 | 分值机制 | 行业洞察 | 竞品对比 |

图 7-1 京小智智能客服系统的运行模块

## 三、京小智的价值

京小智作为一款全链路智能服务与营销平台，以"智慧服务，高效创收"的使命为指引，为企业提供卓越的智能化解决方案，其核心价值主张不仅体现在降低运营成本、提高服务效率上，更贯穿于优化营销策略、增强客户满意度等多个关键方面。在电商行业中，京小智以其全面智能的服务体系，致力于推动整个电商生态的发展和创新。京小智在每一个环节都为企业创造了有力的价值，其价值主要体现在以下五个环节。

### （一）咨询应答环节

京小智通过智能机器人在咨询应答环节提供 7×24 小时的在线人机协作。这不仅降低了企业成本，还实现了高效的客户服务，促使降本增效的目标实现。

### （二）知识配置环节

在知识配置环节，京小智利用智能知识库实现全行业知识的覆盖，支持自助学习和调优。这有助于减轻配置成本，提高知识库的灵活性和适应性。

### （三）店铺营销环节

通过自主营销和辅助营销，京小智在店铺营销环节提供了全方位的服务，包括亲密的主动营销和对静默用户的关注。这有效地提升了店铺的转化率，实现了更高效的销售。

### （四）售中、售后服务环节

京小智在售中、售后服务环节通过智能 RPA 实现订单助手和售后关怀的全面检查。这使售中后服务能够进行实时自动化监控，提升了服务效率，加强了售后服务的全面性。

### （五）经营数据分析环节

通过智能质检和数据智能，京小智在经营数据分析环节进行全面检查和实时监控，提升了服务质量。同时，咨询分析和流失分析为商家提供了深刻的数据洞察，辅助经营决策。

> **知识拓展**
>
> 阿里店小蜜是阿里巴巴官方推出的智能客服机器人，专为网店提供全面的管理和服务支持。其卓越的接待能力表现在 7×24 小时不间断在线，拥有智能预测、智能催拍、主动营销等功能，可替代人工客服处理大量咨询问题。出色的响应时间是阿里店小蜜的一大特点，其平均响应时间仅为 1 秒，能够迅速应对客户咨询，降低响应时间约 40%，有效防止客户流失。阿里店小蜜带来的高转化率更是显著，每 10 个客户咨询后有约 6 个客户成功成交。此外，阿里店小蜜的工作表现稳定，不受情绪波动影响，能够可靠地回答通用性问题，如发货时间、快递选择、优惠信息等。对于无法解决的问题，阿里店小蜜会智能引导客户转接人工客服，确保全面而高效的服务覆盖。

## 任务二　智能客服基本功能

**任务描述**

小李在刚刚加入电商公司后，经过一段时间的学习，初步掌握了智能客服的概念和作用，以及京小智作为智能电商客服系统的基础知识。现在，为了进一步提高他的操作技能，公司经理决定让他专注于学习配置京小智和了解其基本功能。

本任务将引导小李深入研究如何在网店中配置京小智，学习如何在网店中成功开通京小智，了解京小智的基本功能，从而确保系统正常运行，满足网店的运营需求。

## 一、京小智店铺接入操作

京小智的运行和使用依托于京麦平台,将京小智接入店铺的具体操作步骤如下。

### (一)登录京小智官网 xiaozhi.jd.com 申请开通

登录京小智官网,单击"申请开通"按钮,如图 7-2 所示。

图 7-2 京小智官网首页

开通京小智有四个步骤,如图 7-3 所示。这 4 个步骤应依次完成。

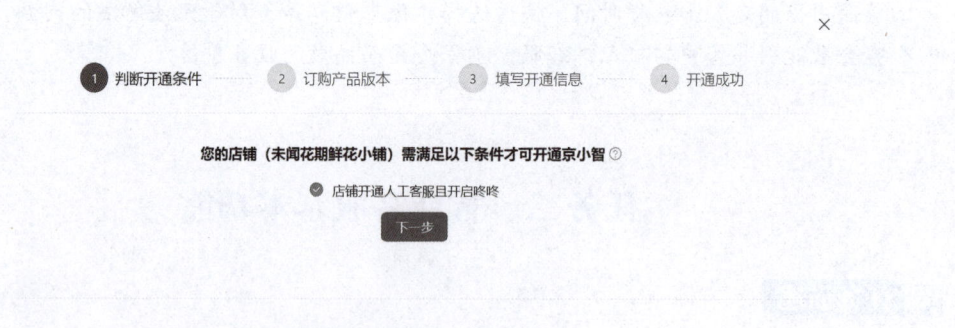

图 7-3 开通京小智步骤

**1. 步骤一:判断开通条件并提交开通申请**

店铺开通人工客服且开启咚咚,满足此条件后才可以进行下一步。未开通咚咚客服,可按以下步骤进行开通:主账号登录 kf.jd.com→服务商管理→咚咚服务开通。

自营店铺及 FCS 商家,主账号默认为店铺主账号(即 SHOP 主账号),供应商模式即为前期开通后使用的主账号,如用子账号登录,页面顶部括号内会展示主账号,使用系统提示的主账号登录申请即可,如图7-4所示。

图7-4 咚咚服务开通

1)确认协议。

打开"咚咚服务开通"页面,单击"确认协议"模块的"去确认"按钮,在"编号"栏输入合同编号,如图7-5所示。

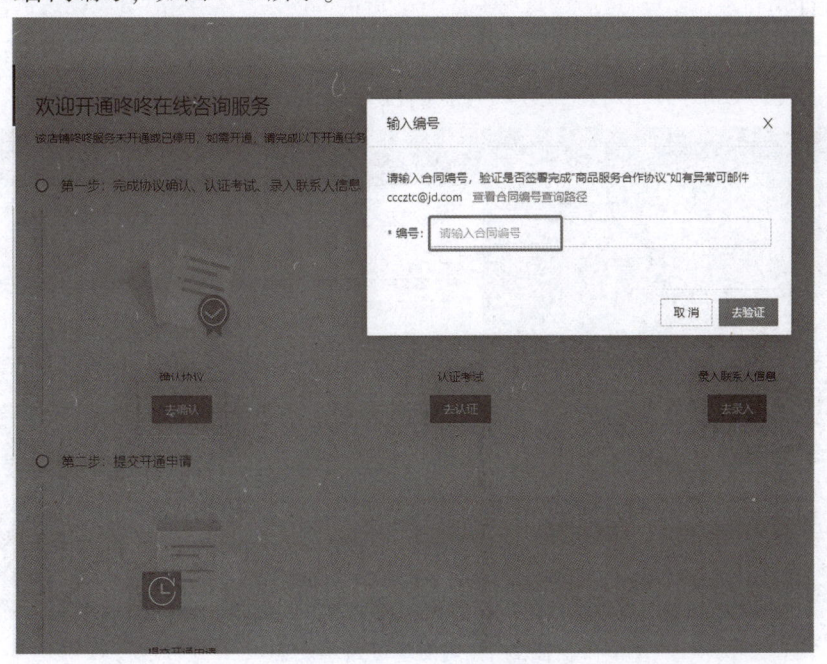

图7-5 输入合同编号

如不知晓合同编号,可单击"查看合同编号查询路径",如图7-6所示。

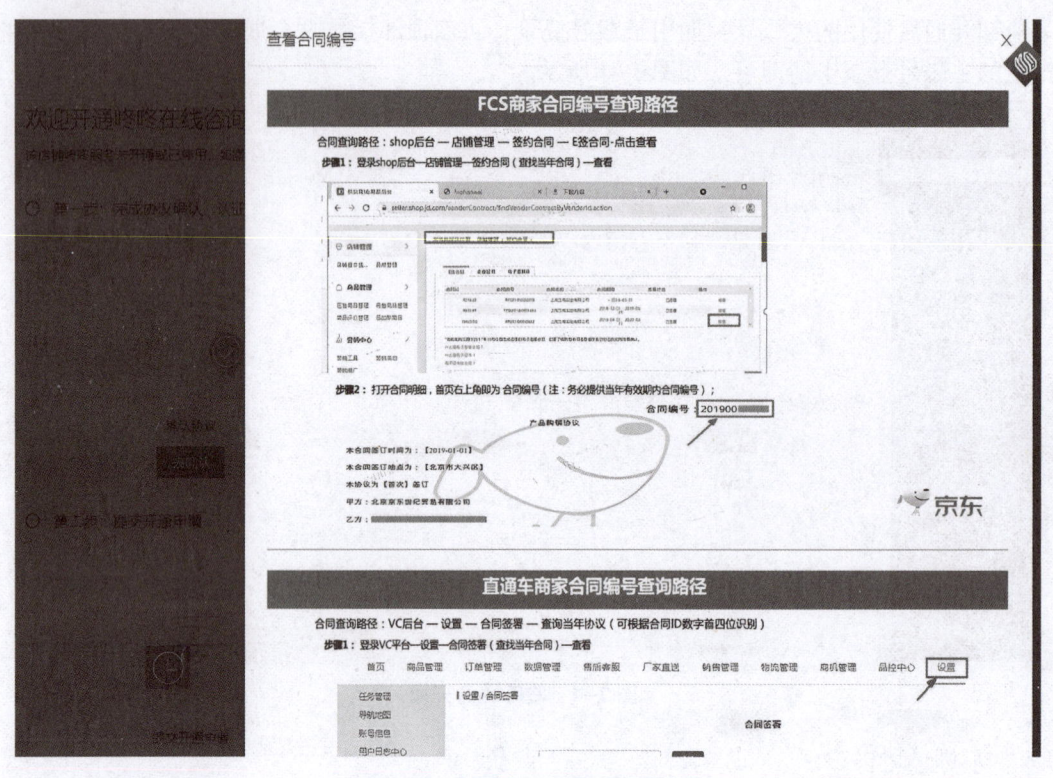

图 7-6　查看合同编号查询路径

2）认证考试。

打开"咚咚服务开通"页面，单击"认证考试"模块的"去认证"按钮，再单击"去考试"按钮，如图 7-7 所示，进入客服岗位人才认证页面完成认证。

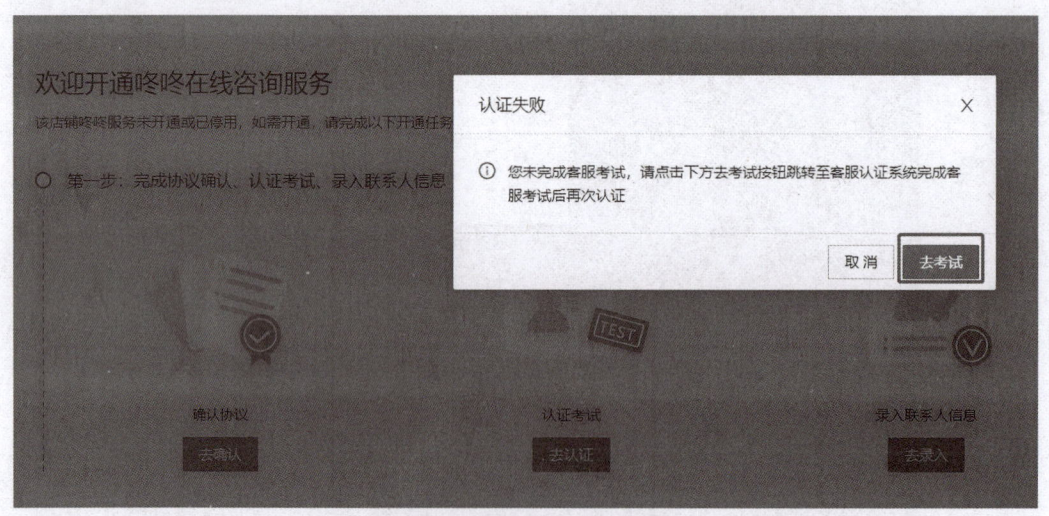

图 7-7　客服岗位人才认证

使用客服主账号在客服岗位人才认证页面，按图 7-8 指示步骤依次完成自营客服课程学习、考试、认证并领取证书。认证链接为 https://phat.jd.com/10-839.html。

图 7-8  客服岗位人才认证证书获取流程

3）录入商家联系人信息。

打开"咚咚服务开通"页面，单击"去录入"按钮，在打开的页面上依次填写商家客服对接人信息并保存，为确保后续客服相关事宜及时有效沟通，请务必保证所填写信息准确，如图 7-9 所示。

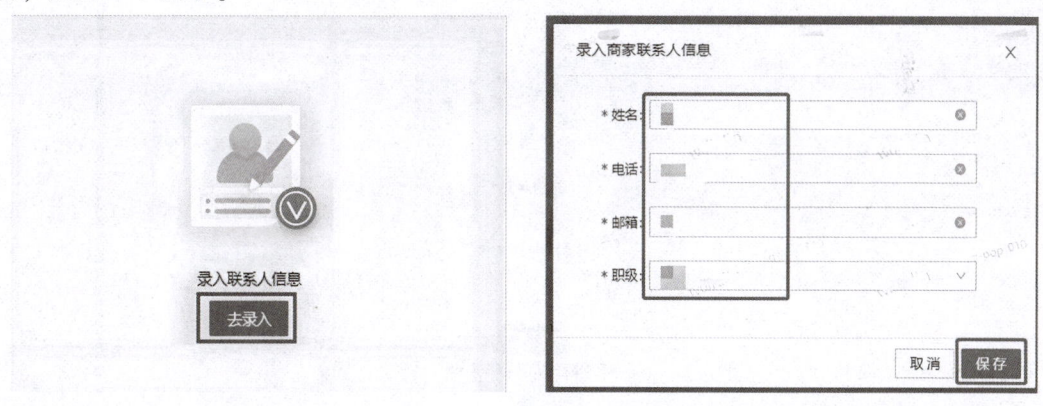

图 7-9  录入商家联系人信息

4）提交开通申请。

以上内容完成后，"提交申请"按钮将自动展示。单击"提交申请"后等待开通组一个工作日审批通过，后续商家自行使用主账号完成配置即可，如图 7-10 所示。

图 7-10　提交申请

#### 2. 步骤二：订购产品版本

京小智目前推出了"基础版""轻量版""专业版""全链路跟单包"等多个版本服务，默认免费开通京小智"基础版"，适合商家为"初次接触智能客服，希望体验接待效果"，如图 7-11 所示。单击"下一步"按钮，在打开的页面中填写开通信息。

图 7-11　订购产品版本

#### 3. 步骤三：填写开通信息

在该页面可选择商家类型等。务必确保当前登录的京东账号为需要开通的商家后台主账号，方便后期对子账号的管理。如图 7-12 所示，在"京小智后台账号设置"文本框中填写店铺账号。为了保证店铺信息的安全，首次开通京小智时，该处只能填写这家店铺对应的 SHOP 后台（shop.jd.com）的任意账号（主账号、子账号皆可），此账号会作为该店铺小智后台的主账号。请务必填写可正常登录使用的账号，输入手机号，获取验证码并填至"短信验证码"文本框后，单击"下一步"按钮。

图 7-12 填写开通信息

### 4. 步骤四：开通成功

开通成功，回到主账号进行授权，使用京小智。

### （二）接入子账号

登录京麦工作台进行授权：选择要授权的子账号，若无子账号，可直接登录主账号进行使用。

## 二、京小智的基本功能

京小智的基本功能包括机器优先模式、辅助人工模式和全链跟单功能。在机器优先模式下，京小智通过智能机器人自动回答用户的咨询，尽力解决问题，提高客户满意度；辅助人工模式是人机结合的接待模式，京小智提供智能辅助，帮助客服快速获取问题答案，提升服务效率；全链跟单功能涵盖售前、售中和售后三大场景，支持配置促单话术、时间等信息，提供全链跟单服务。此外，京小智还包括卖点推荐、智能尺码应答、催拍催付等功能，帮助商家提升运营效果和用户体验。

### 知识拓展

京小智线上开通需满足以下条件：①客服及咚咚同时开启；②近30天人工咨询满意度≥75%。

遇到京东自营供应商开通时，提示"店铺存在多个供应商无法线上开通"，具体操作步骤如下。

1）用客服主管的账号登录客服管家后台（kf.jd.com），在"服务商管理"→"客服总览"页面查看服务商 ID，然后根据服务商 ID 提供以下信息给京小智：若服务商ID是1000开头的，请提供服务商ID截图、服务商ID、SHOP后台任意账号、联系电话、联系邮箱；若服务商ID是429/18开头的，请提供服务商ID截图、供应商简码、VC后台任意账号、联系电话、联系邮箱。

  2）确认好商家信息后，提供店铺开通人工客服及咚咚的证明、近1个月满意度≥75%的截图证明。

  3）确认好1）、2）信息后，简单说明下无法线上开通的原因，将1）、2）和原因同时发送至邮箱 gfxiaozhi@jd.com，审批通过后即有专人支持线下开通。

## 任务三　智能客服配置

### ▶ 任务描述

  小李将京小智开通了，准备开始进行京小智的基本功能配置，如机器优先模式和辅助人工模式，但是在配置这两个功能之前要完善京小智的智能知识库，里面涉及一些问答管理的具体内容和相关设置。通过本任务的学习，小李将初步学会使用京小智，为提升客户服务质量和效率奠定基础。

### 相关知识

#### 一、问答管理

##### （一）应答组成模块

  当我们把京小智拟人化时，知识库相当于它的大脑。当用户的问题触发知识库中的知识点时，京小智进行应答。所以知识库的配置是京小智要回答哪些问题、怎么回答及能不能答好的关键。

  在了解问答管理功能之前，我们应了解京小智应答组成模块。京小智应答由意图节点、答案节点和特色场景组成。意图节点是指命中客户意图的节点，包含关键词、自定义知识库、商品属性管理、行业知识库、通用知识库、智能补充应答。在命中客户意图后，可能该意图有多种答案，在此情况下还存在答案优先级。答案节点包括商家在知识库中配置的条件答案，如子意图关键词（原答案关键词）、订单状态、指定商品、指定店铺分类、指定官方分类、指定时效、插入参数、兜底答案。特色场景答案包括尺码应答、商品对比、活动咨询、物流咨询。

  下面来了解意图节点优先级、答案节点优先级以及特色场景答案优先级之间的关系。

  1）意图节点优先级：关键词>自定义知识库>商品属性管理>行业知识库>通用知识库>智能补充应答。

2）答案节点优先级：子意图关键词>订单状态>指定商品>指定店铺分类>指定官方分类>指定时效>插入参数>兜底答案。

3）特色场景答案优先级如下。

服务单咨询：问题命中"服务单申请流程""服务单进度查询""服务单审核不通过"。

活动咨询：问题命中"有什么活动/优惠"，知识库对应知识点本身配置答案非知识条件答案，且咨询商品或店铺有活动。

尺码应答：网店为服装＆鞋靴＆母婴＆运动瑜伽行业知识库商家，且问题命中"商品尺码咨询"智能尺码应答有符合条件的答案。

商品比较：问题命中"商品区别""颜色区别""价格区别"，且根据咨询商品组能在商品对比中找到符合条件的答案。

物流咨询：问题命中"什么时间出库""催促发货""已发货催促派送""物流揽件""查询物流""物流单号查询""物流无更新""无物流记录""要求延迟发货"，且知识库对应知识点配置答案非知识条件答案并满足发送条件。

价保申请：问题命中"价保申请流程"且有订单，或者命中"价格变动"。

发票咨询（自营可用）：问题命中"是否提供发票""增票相关""修改发票""重开发票"。

商品排障：问题命中"收到的商品有质量问题"和命中商品排障子意图且已经完成答案配置，此外，咨询SKU属于官方已开放的10个品类。

修改订单咨询：意图命中"修改订单"知识点。

### （二）问答管理组成模块

问答管理主要由问答知识管理、关键词管理、商品属性管理、答案时效管理、智能问答预测、多店知识库同步六大板块构成，如图7-13所示。接下来对六大板块进行演示。

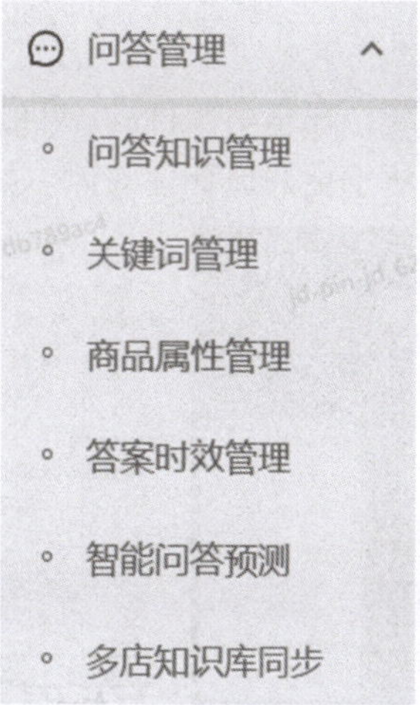

图7-13　问答管理六大板块

#### 1. 问答知识管理

问答知识管理包括通用知识库、行业知识库、自定义知识库。通用知识库涵盖大部分商家的咨询场景中会遇到的知识，由京小智官方定义知识点应答范围和问法，商家只需编辑答案即可；行业知识库包括根据行业划分的每个行业的通用高频知识，由京小智官方定义知识点应答范围和问法，商家只需要编辑答案即可；自定义知识库则包括行业知识库和通用知识库未覆盖、无法命中或识别错误的知识，需要由商家定义每个知识点的应答范围、问法及答案。

1）问答知识管理一级页面布局。

在京小智首页，单击"问答管理"模块，单击"筛选"，在筛选处可支持按照时效、订单状态答案状态、所属行业、适用模式或关键词搜索答案或知识，如图7-14所示。

图 7-14　一级页面布局

在京小智首页，单击"问答管理"模块，导航栏处从上到下依次是一、二级分组，以便于更好地管理知识，如图 7-15 所示。

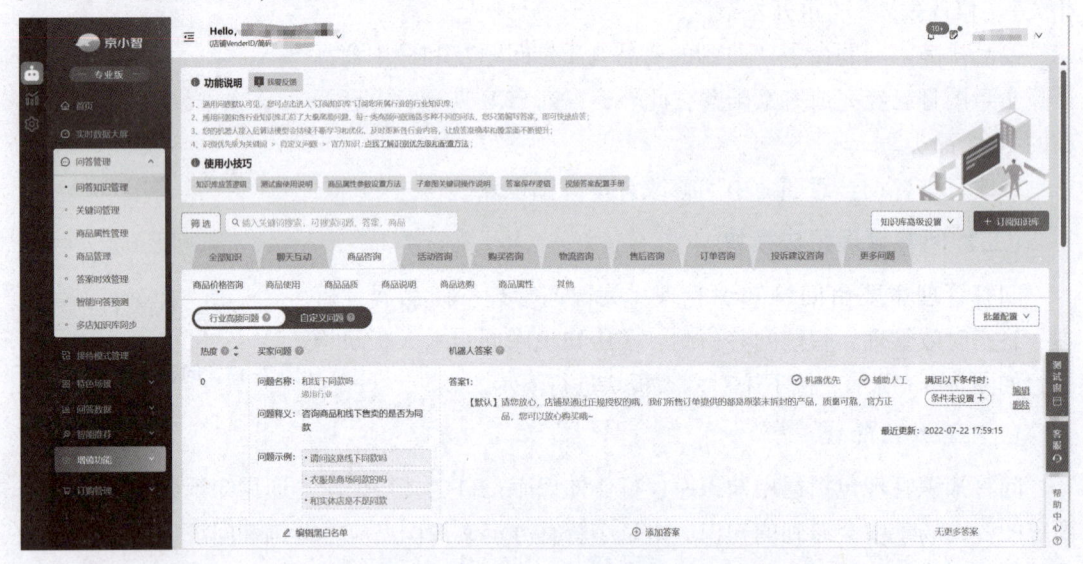

图 7-15　一、二级分组页面布局

在京小智首页，单击"问答管理"模块，在一级分组中找到更多问题，可选择对自定义知识库答案进行批量导入/导出或单个添加自定义问题。可以在这里编辑问法或删除自定义问题通用或行业知识点，可以在这里编辑黑白名单问法，并且单击"添加答案"新增答案，若答案超过 3 个，可单击"更多答案"查看更多答案，如图 7-16 所示。

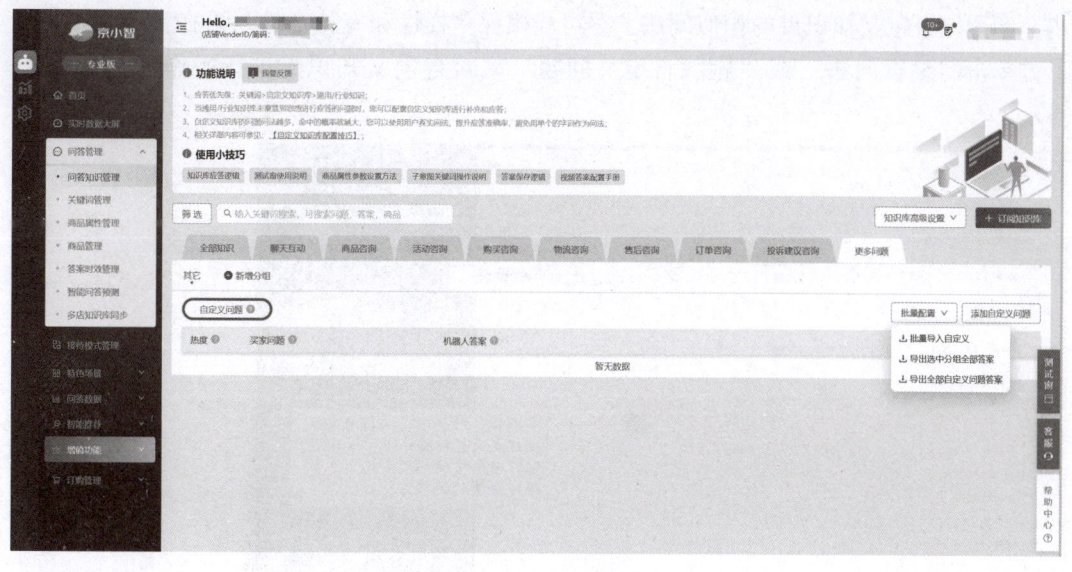

图 7-16 "问答管理"

2）订阅知识库。

在京小智首页，单击"问答管理"模块，再单击"订阅知识库"，可根据店铺经营商品的三级品类与行业知识库关联三级品类来订阅行业知识库，如图 7-17 所示。

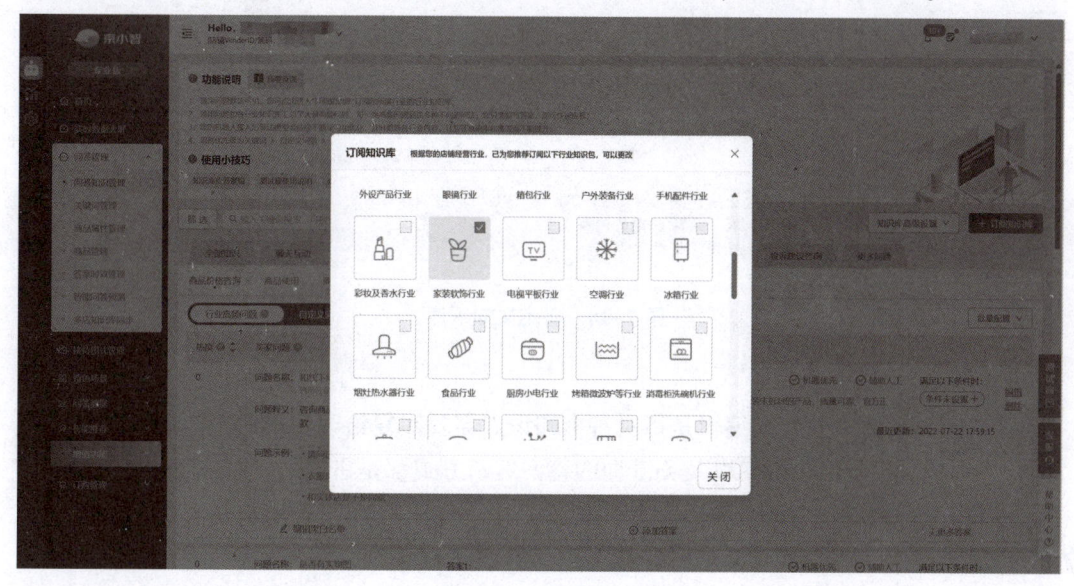

图 7-17 订阅知识库

3）自定义知识库。

在京小智首页，单击"问答管理"模块，在一级分组更多问题页面右上角单击"添加自定义问题"，按照页面操作即可添加自定义知识点。第一步，单击"添加自定义问题"；第二步，为自定义知识点命名和分组，便于后期管理；第三步，可选项，为该自定义知识点设置关联知识，设置后，客户若命中此问题且回答，则触发配置的关联知识；第四步，配置该自定义知识点的相似问法，尽可能确保多样性和有特征性。可在自定义知识点下方单击"编辑问法"或"删除自定义问题"来对自定义知识点进行操作，如图 7-18 所示。

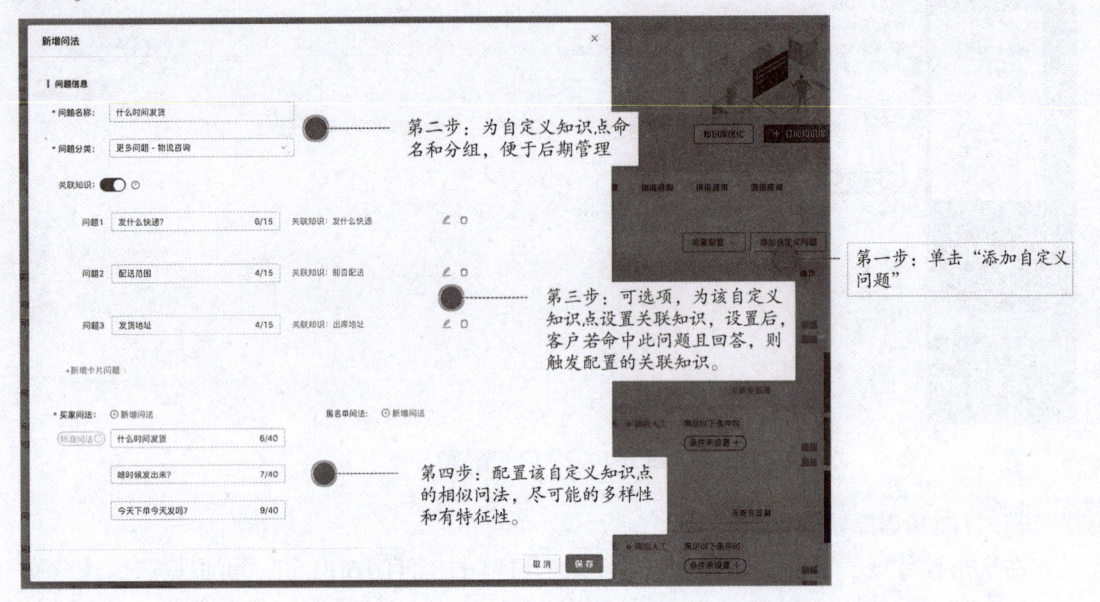

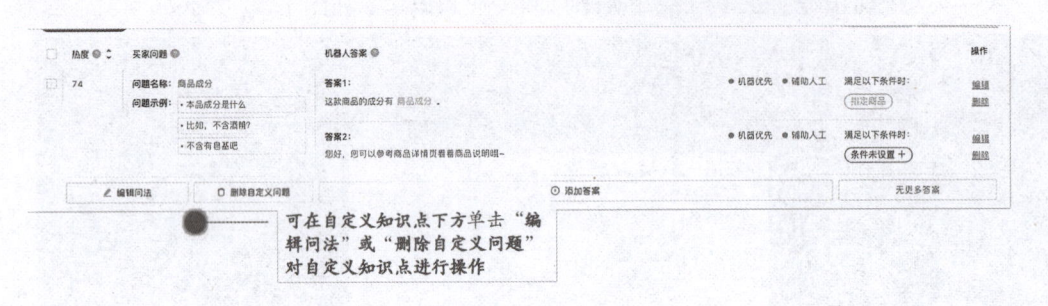

图 7-18 自定义知识库

4）答案编辑。

在自定义问题中，答案编辑是指对每个知识点需要回复给客户的答案进行编辑；自定义知识库、行业/通用知识库以及关键词的答案编辑方式都是雷同的。如图 7-19 所示，单击"编辑"或"添加答案"将会弹出答案编辑框，页面从左往右依次是答案列表、回复内容、满足条件，在此页面可编辑答案名称、答案适用模式、答案内容、答案的条件等，单击"添加答案"按钮即可对当前选中知识点添加新的答案，如果当前知识点答案超过 3 个，页面会自动收起展示，可单击知识点右下角"更多答案"按钮进行所有答案查看和编辑。

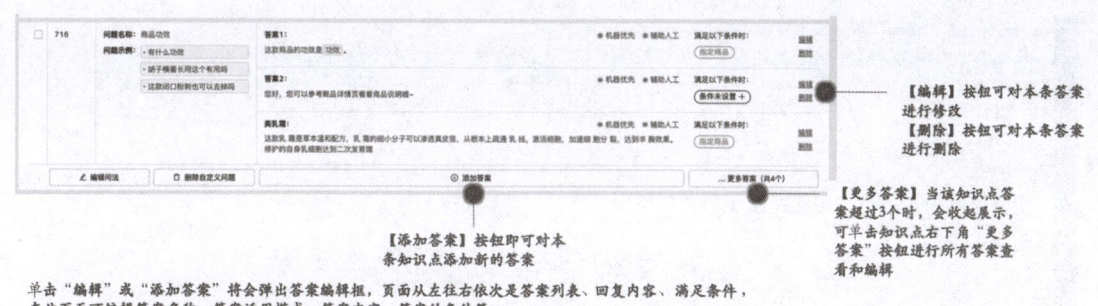

图7-19 答案编辑

一个知识点下可以设置多条（最多不超过500条）答案。注意：同一知识点下不支持存在多个相同条件的答案；答案可以修改、删除（答案增加、修改、删除后一般会有不超过10分钟的缓存）；为了方便管理，可以支持自定义答案名称。

①答案类型。答案可支持纯文本答案、图文答案、折叠答案、视频答案。"纯文本/图文答案"可支持字体加色、加粗、超链接、表情等富文本答案的设置；"图文答案"单击添加图片即可对本条答案进行图片添加（最多可上传5张图片，建议格式为 jpg、png、jpeg、gif，小于2 MB）；"视频答案"通过配置视频链接（非上传视频），仅支持京东视频地址，时长不设限（视频答案还需上传视频封面）。

②子意图关键词。子意图关键词在配置后，当买家问法已匹配到当前的知识点后，通过匹配买家问法的关键词能让意图定位得更清晰，让答案回复得更精准。商家在配置子意图关键词时，支持1个字的配置，不区分大小写，支持"且"逻辑表达，支持根据关键词搜索子意图关键词的答案。如图7-20所示，在更多答案里筛选，可支持按子意图关键词筛选。

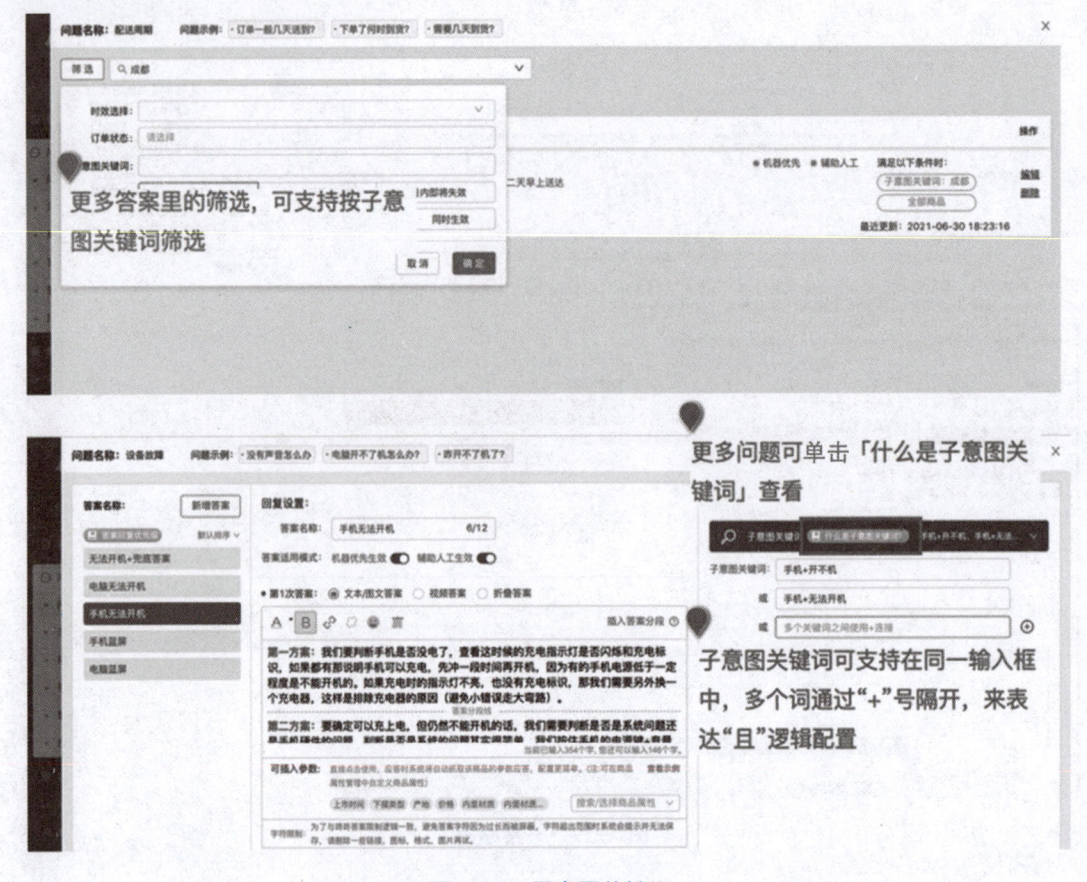

图 7-20　子意图关键词

③答案适用模式。答案适用模式可以在机器优先模式和辅助人工两种模式下实现相同问题不同回答的效果；一条答案可以两种模式都勾选，即代表机器优先模式和辅助人工模式答案使用同一个答案。一条答案只勾选一种接待模式，即代表机器优先模式和辅助人工模式回复不同答案，需分开添加（注：辅助模式答案不支持折叠答案）。大家可在"答案名称"文本框、"答案适用模式"单选按钮根据自己的的需求进行选择，如图 7-21 所示。

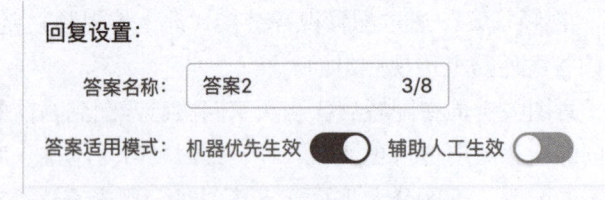

图 7-21　答案适用模式

④多轮回复。在机器优先模式或辅助人工模式下，客户同一通会话，命中同一知识点的同一答案时，每次的回复内容不同，以达到拟人效果；在答案配置时支持第一次、第二次、第三次（最多三次）回复内容，如图 7-22 所示。

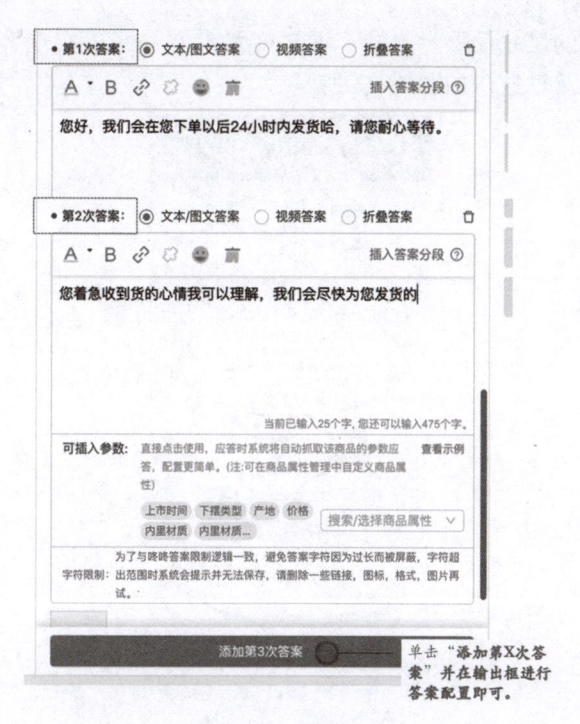

图 7-22　多轮回复

⑤变量参数答案。变量参数答案指通过配置变量参数实现根据客户咨询的商品不同，回答不同的变量，主要运用在商品属性类问题较多的情况下。配置方式：在答案配置时，可在答案编辑框下方选择参数插入答案中。如图 7-23 所示，第一步，先编辑好固定话术；第二步，选择要插入的参数插入固定话术后的位置。

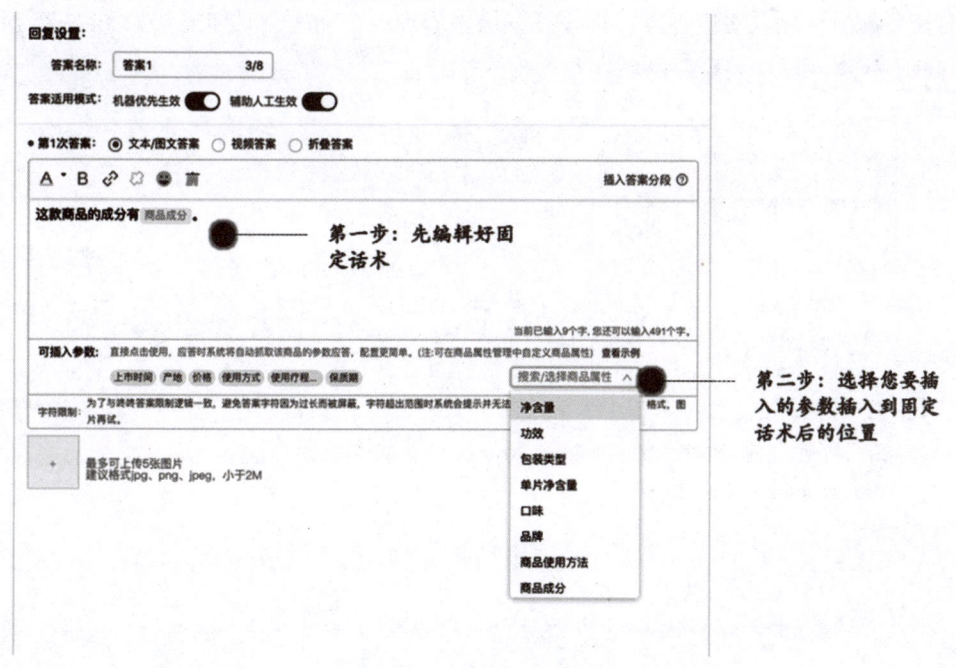

图 7-23　变量参数答案设置

例如，每款手机的尺寸及重量不同，通过变量参数答案可实现客户咨询不同的商品，回答对应手机的尺寸及重量，如图7-24所示。

图7-24 变量参数举例

⑥折叠答案。折叠答案主要应对客户问题涉及多个场景的情形，如发货时间、涉及商品发货时间、赠品发货时间、换货商品发货时间等。折叠答案支持字体加色、加粗、超链接等富文本格式的设置；在图7-2中区域长按即可拖动。辅助模式下折叠答案不生效，在配置时需要配置问题及对应答案。折叠答案最多添加5个问题，具体操作如图7-25所示。

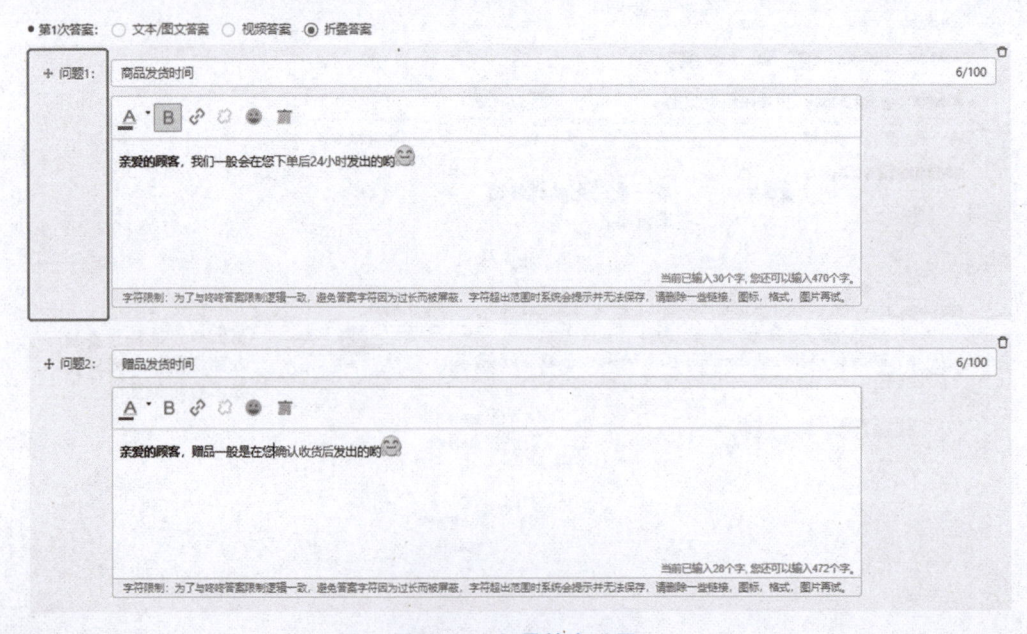

图7-25 折叠答案设置

折叠答案用户端效果如图7-26所示。

图7-26 折叠答案用户端效果

⑦指定时效答案。指定时效答案主要应对答案话术有时效限制的场景，可以通过时效实现精细化应答，往往通过答案指定时效达到特定的时间触发该答案（指定时效的答案优先级>没有指定时效的答案），如图7-27所示。

图7-27 指定时效答案

5）关键词管理。

在京小智首页，单击"关键词管理"模块，添加关键词进行使用，就会出答案。关键词即用户问法中含配置的关键词。建议谨慎配置（适用于紧急情况且用户问法中有代表性关键词的情况）。最多可配置20组关键词，每组最多可配置12个关键词，每个关键词不可超过4个。答案可支持文本、图文、折叠等类型，可支持订单状态、指定商品、指定时效，与店铺知识库配置一致。

2. 答案时效管理

答案时效管理即对答案能用的时效进行管理。现实中，可以增加多个时效，并且可以按状态、时效名称进行筛选。时效名称可以自定义，时效可以修改或删除，增加时效后可以在答案配置时进行选择。循环时效支持在每天或在指定日期内某天的某一个时段循环，若答案指定了该时效，则只有用户咨询时间在指定时段范围内才会触发答案。答案时效管理如图 7-28 所示。

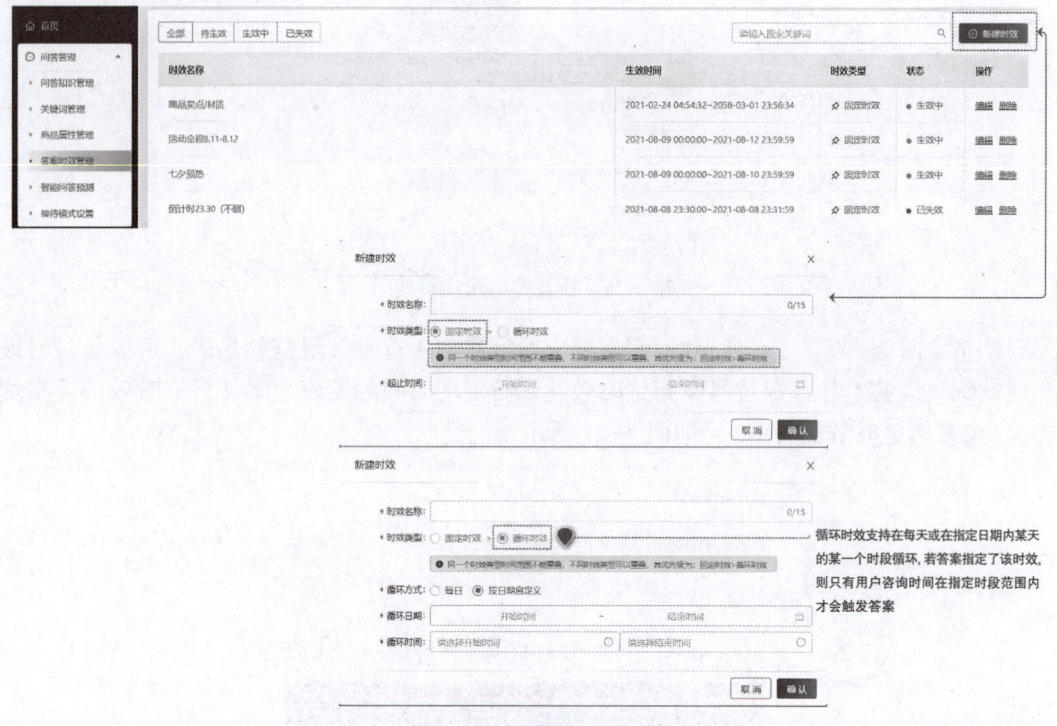

图 7-28 答案时效管理

### 3. 商品属性管理

商品属性管理主要适用于每个商品答案不同、想要每个商品回复不同答案的情况。系统会去商品详情页进行属性挖掘，未挖掘到的属性值可以自行编辑。每个品类的属性名称是系统事先设定好的，若未覆盖可以通过导入自行添加。在京小智首页，单击"商品属性管理"模块，开启"属性应答开关"，每个商品都会有对应的属性值，可修改或对空白属性进行添加，如图 7-29 所示。

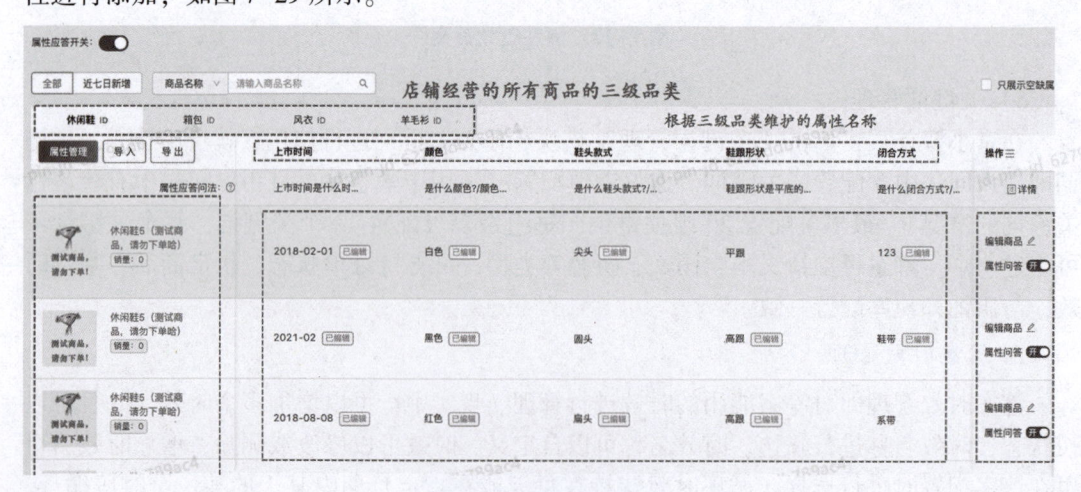

图 7-29 属性应答设置

属性应答使用效果如图 7-30 所示。

图 7-30　属性应答使用效果

4. 智能问答预测

在京小智首页，单击"智能问答预测"模块，进行猜你还想问和猜你想问设置。

1) 猜你还想问。在机器优先模式下，用户咨询、机器人进行相应问题的回复后，如果 15 秒内用户没有再发送咨询消息，则触发猜你还想问。一轮对话中，最多触发一次猜你还想问。可在"问答知识管理"→"编辑黑白名单"中设置关联问题，关联问题将以"猜你还想问"方式触发，发送给用户。根据用户提出的最后一个问题来触发猜你还想问。如果商家已配置关联问题、对应知识点，则展示商家配置好的问题。配置方法：第一步，在"智能问答预测"页面打开"猜你还想问"的开关；第二步，在"问答知识管理"→"编辑黑白名单"页面，打开关联知识开关，可自定义"猜你还想问"，添加关联知识即可。猜你还想问效果如图 7-31 所示。

2) 猜你想问。打开猜你想问开关

图 7-31　猜你还想问效果

后，在机器优先模式下，如果咨询问题难以识别，智能客服通过猜测用户想问的问题进行意图澄清，给出明确意图对应的答案。配置方法：第一步，在"智能问答预测"页面打开"猜你想问"的开关；第二步，在"问答知识管理"→"自定义问题"→"编辑问法"→"买家问法"位置，设置"猜你想问"的标准问法，每个知识点第一条问法默认为标准问法。猜你想问效果如图7-32所示。

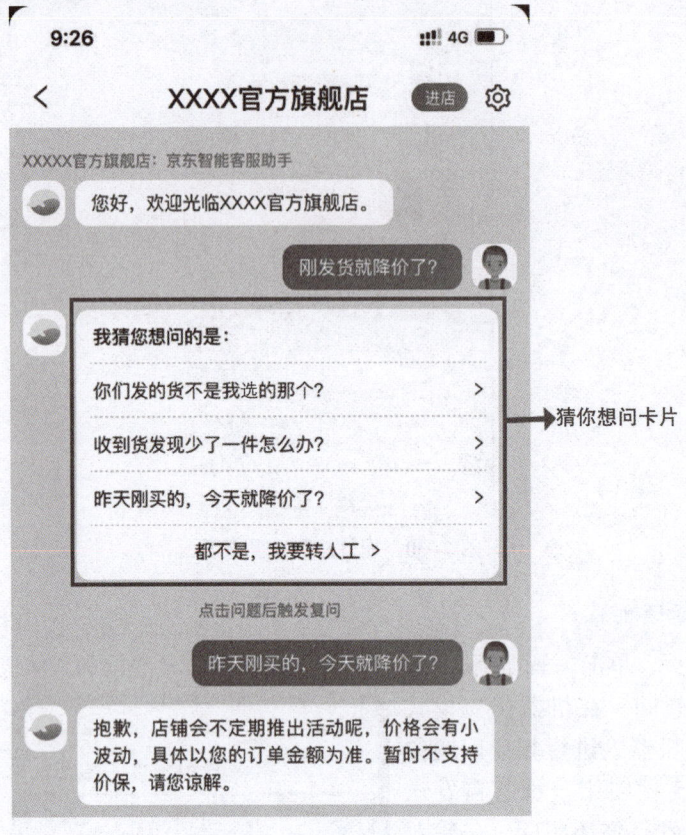

图7-32 猜你想问效果

### 二、设置智能客服接待模式

目前，京小智主要有机器优先和辅助人工两种服务模式。机器优先模式可以理解成一个虚拟的客服账号可以不限量且以毫秒级的响应速度去接待客户，如果解决不了客户问题（用户意图未命中知识点）再转接给人工客服/留言。其优势是可以解决店铺接待压力过大、客服人员不足、客服成本较高或夜间无人等问题。辅助人工模式能辅助客服接线，客户在跟客服对话的过程中，客户发的问题机器人去抢答。其优势是辅助回复的消息会计算到客服的响应时间中，辅助回复得多则可以提升客服的服务质量和效率。在辅助人工模式下，京小智将辅助网店客服人员接待客户，提高响应速度和接待效率。接待模式切换方式如图7-33所示。

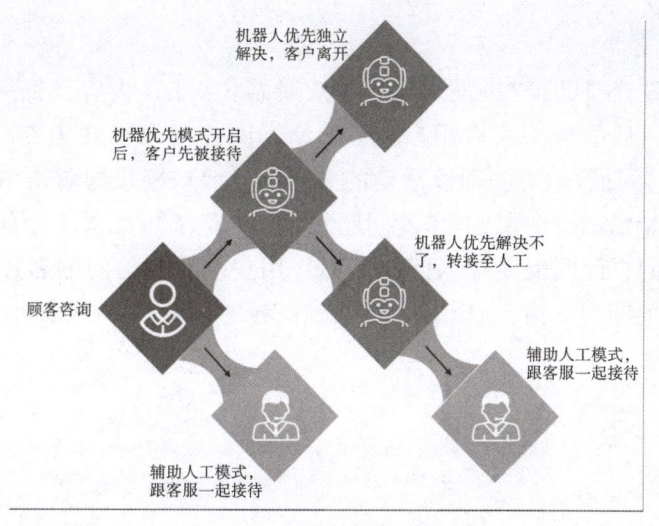

图 7-33　接待模式切换方式

下面对两种智能客服接待模式的设置进行介绍。

(一) 机器优先模式

机器优先模式指开启后由机器人先直接为客户提供服务,当机器人无法解决时再转接到人工客服。为了保障用户体验,机器优先模式开启的前提条件是知识库配置率至少为60%(这里的配置率=已配置答案的行业高频/已订阅的行业高频问题)。

1. 接待时段与流量设置

在京小智首页,单击"接待模式"管理,设置机器人优先模式。机器人优先模式开关与时段:此开关关闭后,机器人优先模式下不再提供任何服务,用户咨询将直接进到人工。服务时段即机器人优先模式的开启时段,开启时段内用户咨询都会先由机器人接待。系统有默认时段(无法删除),也可以根据需求自定义时段。配置接待时间与流量,即该时段的接待时间范围及机器人优先模式的分流比例。配置接待时间与流量如图 7-34 所示。

图 7-34　配置接待时间与流量

## 2. 入场卡片设置

欢迎语卡片设置即机器人优先模式下的欢迎语以及卡片内容设置。欢迎语可支持插入用户昵称，插入后可自动获取用户昵称。活动图片建议尺寸为 660px×180px，采用 jpg 或 png 格式；活动有效时间即该活动的有效期；活动链接即单击图片跳转的链接地址，分 PC 端和移动端链接配置；卡片问题配置中，最多可配置 5 个问题，用户可直接单击问题快捷提问，此时需要输入问题名称（用户端看到的问题名称）及关联的知识点（单击后回复的知识点内容）（建议配店铺高频的问题）。欢迎语卡片设置如图 7-35 所示。

图 7-35 欢迎语卡片设置

欢迎语卡片使用效果如图 7-36 所示。

转人工设置即机器人优先模式下的转人工方式、话术等转人工场景的设置，可支持自动转人工和手动转人工两种方式。

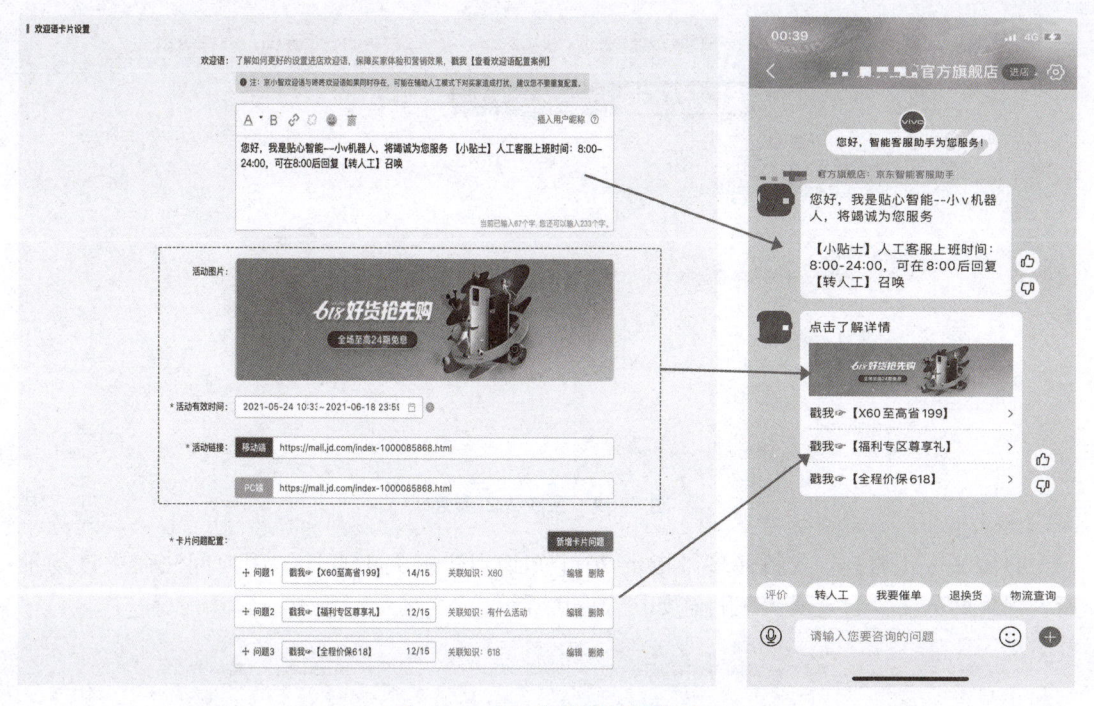

图 7-36 欢迎语卡片使用效果

自动转人工用户端效果：直接进入人工客服（注：出现"您好，在线客服很高兴为您服务！"就说明已经成功转接人工），如图 7-37 所示。

手动转人工用户端效果：需要用户单击"联系人工客服"按钮才会转接人工，如图 7-38 所示。

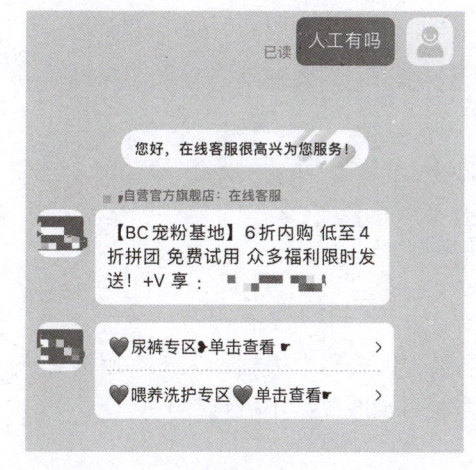

图 7-37 自动转人工用户端效果

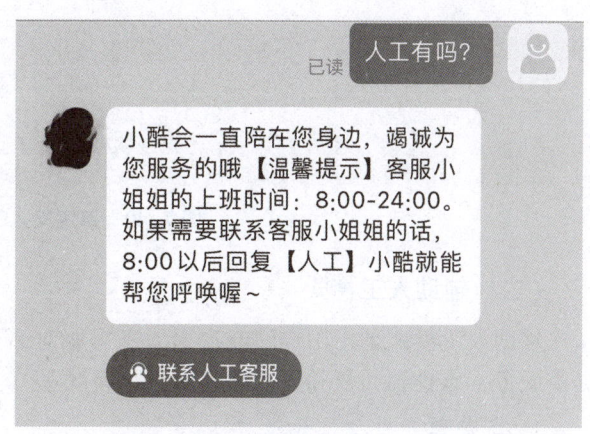

图 7-38 手动转人工用户端效果

转人工场景：可通过勾选或添加人工直连进行设置，用户触发了勾选的场景时不应答，直接触发转人工（转人工方式以上面配置为准）。

系统人工直连：系统定义的场景，商家只需要勾选即可在客户咨询到这些场景的时候直接转人工，如图 7-39 所示。

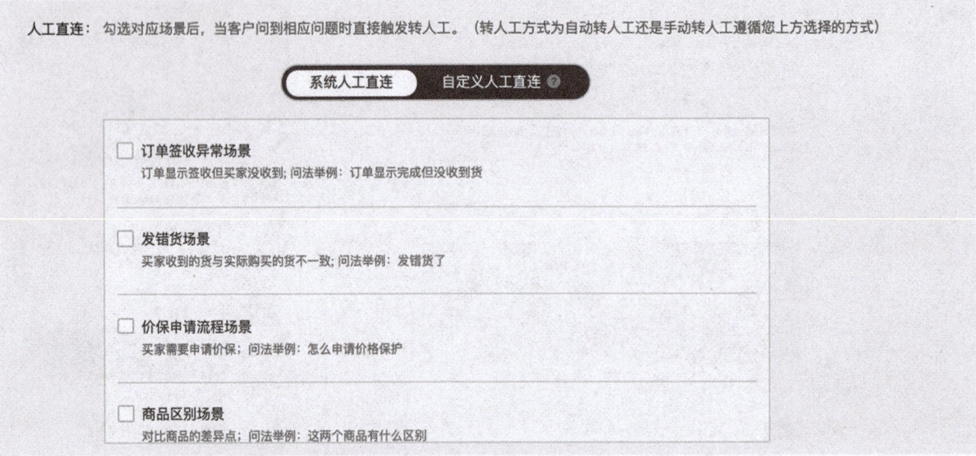

图 7-39　系统人工直连

自定义人工直连：支持最多可指定 20 个知识点进行人工直连。用户问法命中该场景后，触发转人工。自定义人工直连如图 7-40 所示。

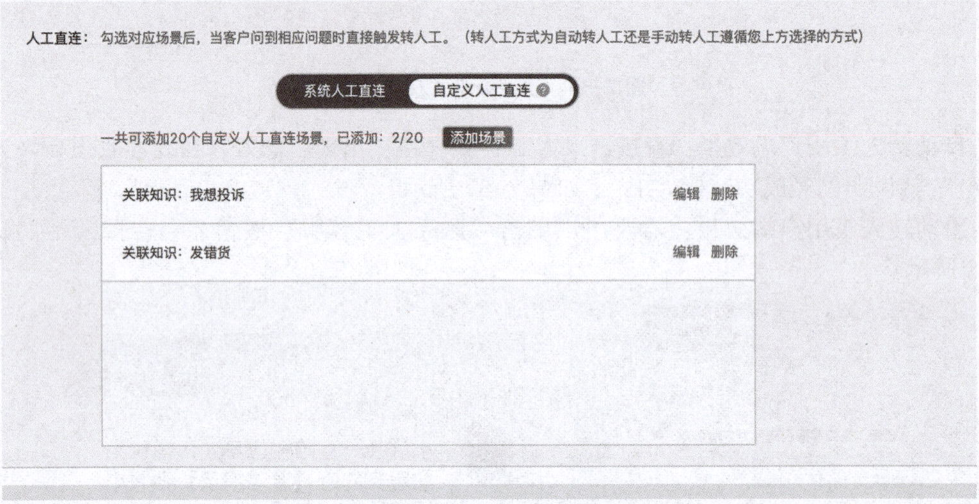

图 7-40　自定义人工直连

## （二）辅助人工模式

辅助人工模式是指用户已经进入人工客服对话场景，由机器人去辅助人工客服为客户提供服务，有推荐回复和自动回复两种回复类型（系统自动匹配，不可选择）。

### 1. 商家端开启与授权设置

功能说明：辅助模式下，商家可选择"按需抢占"或"长期占用"授权客服，授权成功后机器人即可辅助客服接待用户咨询。"长期占用"适合于座席充足、座席数大于等于实际接待的客服数；限量座席商家在授权座席时推荐"按需抢占"。部分商家在授权座席时，由于实际客服人数多于购买座席数，或客服交接时需手动切换授权，配置烦琐。为减少商家客服授权的配置成本，京小智支持辅助座席按需抢占，灵活进行客服授权。辅助模式配置如图 7-41 所示。

图 7-41 辅助模式配置

## 2. 客服工作台开启与使用

关于咚咚工作台版本要求：独立版 8.2.0.0 及以上版本支持，京麦 7.9.3 及以上版本支持；系统会自动根据客户问题与知识库问题的匹配度进行自动回复或推荐回复，并在工作台显示回复标识。

自动回复：当客户问题与知识库问题匹配度很高时，系统自动将答案发送给客户。

推荐回复：当客户问题与知识库问题匹配度一般时，系统将答案推荐给客服，由客服决定是否发送给客户（关于快捷键：支持 F1~F10，需要自行去设置）。

答案来源标识：已认证即为知识库配置的答案；推荐即为智能补充应答或属性管理挖掘的答案（若答案不准确，可单击"答案不适用"反馈给官方）。客服工作台开启与使用如图 7-42 所示。

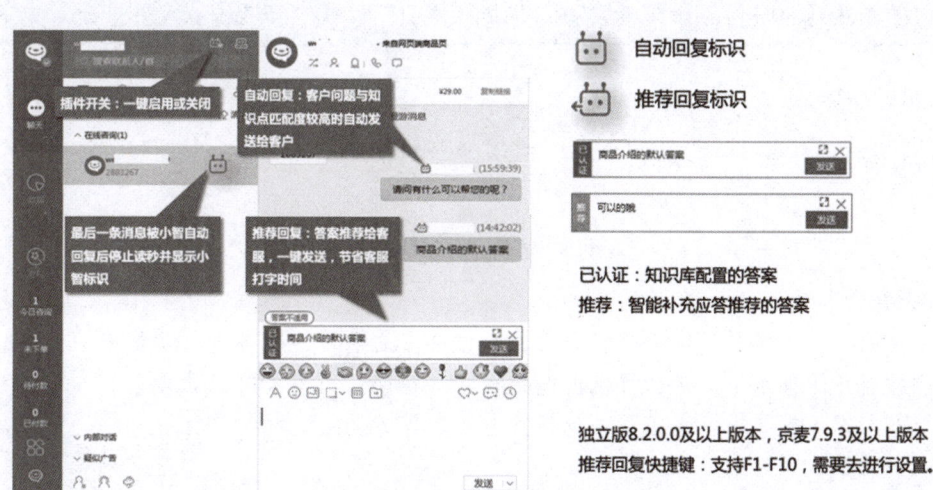

图 7-42 客服工作台开启与使用

### 3. 智能摘要

该功能支持商家在小智后台控制智能摘要是否展示在咚咚客服工作台。智能摘要会在买家转接的第一时间（纯机转商家客服或商家客服转商家客服），将其咨询意图、商品以卡片的形式在咚咚工作台聊天窗口展示给客服，帮助客服迅速了解前通会话客户咨询的内容。如图7-43所示。

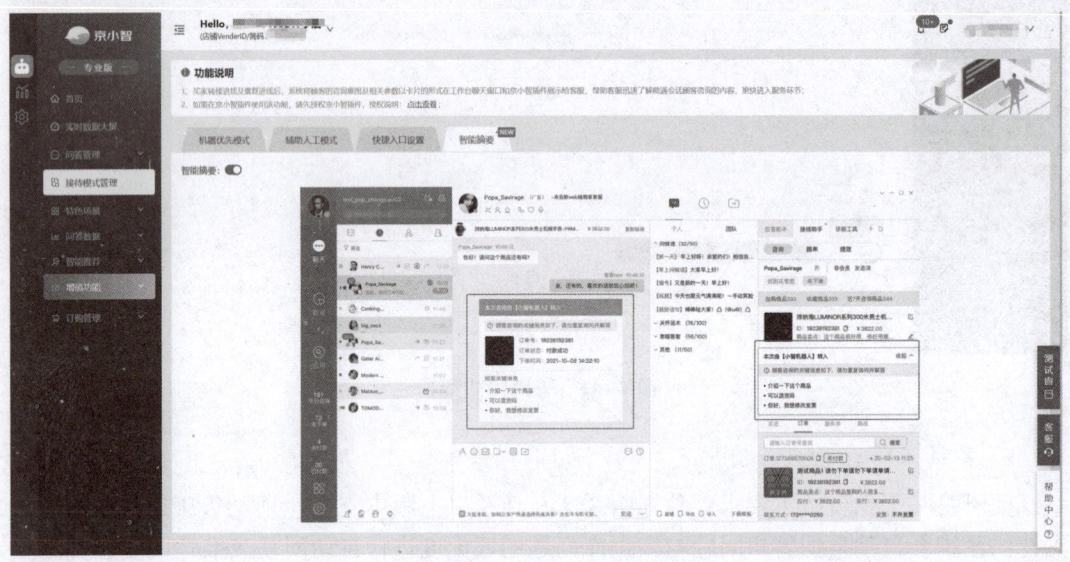

图7-43 智能摘要

## 知识拓展

**接待模式选择建议**

使用初期，建议先开启辅助人工模式，通过客服反馈不断对京小智知识库进行优化，在知识库搭建比较完善且应答效果比较好的情况下再开启机器优先模式（建议：辅助回复率达到30%时再尝试开启机器优先模式）。

## 项目实训

**制定智能营销策略**

[实训背景]

小李在做了网店客服工作一段时间后，经过初步的学习，准备进一步配置京小智，以提高网店的客户服务水平。在进行机器优先模式和辅助人工模式的配置之前，小李发现京小智的智能知识库需要进一步完善，包括问答管理等方面。

[实训要求]

登录京小智管理后台，了解京小智的基本配置界面；在配置界面中，按照指引完成京小智的基本配置，包括机器优先模式和辅助人工模式的设置；进入京小智的智能知识库管理模块，学习如何添加、编辑和删除问答对。

[实训目标]

（1）掌握京小智的基本配置流程。

（2）了解机器优先模式和辅助人工模式的功能和适用场景。

（3）学会在智能知识库中添加、编辑和删除问答对。

[实训步骤]

（1）登录京小智管理后台，进入基本配置界面，按照指引完成机器优先模式和辅助人工模式的设置。

（2）在智能知识库管理模块中，学习如何添加新的问答、编辑已有问答，了解删除的操作流程。

（3）阅读相关文档，了解京小智智能知识库的最佳实践，例如，问答的分类、标签等管理方式。

（4）在完成配置和知识库管理后，测试京小智的问答准确性，确保它能够有效解答客户的常见问题。

## 效果评价

**1. 选择题**

（1）[单选] 商京小智的机器优先模式的转人工率用于衡量（　　）。

A. 机器的响应速度　　　　　　B. 机器的解决能力

C. 用户的购买意愿　　　　　　D. 机器的学习效果

（2）[单选] 京小智的知识库中，商家可以通过（　　）方式配置答案。

A. 店铺知识库　　　　　　　　B. 智能补充应答

C. 商品比较　　　　　　　　　D. 所有选项皆是

（3）[多选] 京小智的智能知识库管理功能包括（　　）。

A. 问答对的添加　　　　　　　B. 问答对的编辑

C. 问答对的删除　　　　　　　D. 机器学习模式的配置

**2. 填空题**

（1）京小智的全链跟单模块主要包括_____、_____和_____三大场景。

（2）京小智的机器优先模式中，机器参与转化率统计的是机器优先模式接待过并转到人工的客户的转化率，而纯机接待转化率是指机器优先模式接待过但没有转到人工的_____。

（3）在京小智的辅助人工模式下，客服响应速度和应答率的提升需要注意辅助回复的占比，一般回复率达到____%左右才有明显的效果。

**3. 判断题**

（1）京小智的机器优先模式转人工的时候，如果提示"非常抱歉，该入口目前没有人工客服"，说明转人工失败。（　　）

（2）辅助人工模式中，客服使用状态显示"未开启"是因为没有在后台授权机制下打开京小智插件。（　　）

（3）京小智的全链跟单功能包含售前、售中和售后三大场景。　　　　　（　　）

**4. 简答题**

（1）请简要说明京小智的两种接待模式，以及分别是如何工作的。

（2）机器优先模式和辅助人工模式有何区别？它们在提高客户服务效率方面有什么作用？

（3）什么是全链跟单功能？它是如何帮助网店提高运作效率的？

**5. 实践题**

（1）假设你是一名刚入职的网店客服人员，模拟一次客户咨询流程，使用京小智辅助人工模式。客户咨询的内容为：你好，我最近购买了一件衣服，但尺码不合适，我想要退换货，该怎么操作？具体要求如下。

①京小智的回应和提供的解决方案。

②若京小智无法解决，转接人工的流程。

（2）作为一名客服管理员，你发现部分客户在咨询过程中得到的回复效果较差。假设一个客户小明下了一份重要的礼物订单，想要确保它在他朋友的生日前送达。他询问："我的订单何时能够送达？"此时，京小智回答："您的订单会在合理的时间内送达，请您耐心等待。"但小明仍感到担忧，因为这并没有提供他所需要的具体信息。请分享一下你对于优化京小智知识库的建议。

①答案节点的合理设置。

②如何让京小智更好地回应常见问题？

③在特定行业或场景下的优化策略。

# 项目八 网店客服数据

## 学习目标

**【知识目标】**
➢ 明确目标：掌握客服数据分析方法，优化客户服务。
➢ 熟悉监控客服数据的各种渠道，提升客服管理效率。

**【技能目标】**
➢ 掌握客服数据分析技巧，包括数据清洗、可视化和趋势分析。
➢ 具备数据驱动的决策能力，优化客户服务流程。
➢ 具备团队协作和沟通能力，与其他部门合作，提升客户满意度。
➢ 具备学习和改进意识，保持更新的知识和技能。

**【素质目标】**
➢ 通过深入分析网店客服数据并进行全面对比，促使客服人员不断提升服务质量与效率，培养客服人员的竞争意识。
➢ 让客服了解客服数据监控的目的和方法，培养客服的数据安全意识。

## 项目导入

"美妆之王"是一家在线售卖美妆产品的电商平台，一直以来，平台的销售业绩都非常出色。然而平台负责人小李发现，最近的销售额出现了下滑趋势。4—8月本应是销售旺季，小李对比了今年和去年同期的销售数据，意识到整个平台的销售量明显下降。为了找出导致销售下滑的具体原因，小李找来了客服经理小张，并要求小张提供最近三个月每位客服人员的工作统计表。通过分析，小李发现平台销售下滑与客户服务直接相关。小李发现，客服人员的响应速度比较慢是导致客户流失的主要原因之一。此外，客服人员的订单转化率低于平台设定的最低标准，个别人员的退款率偏高，这也是销售下滑的原因之一。为了摆脱销售危机、提高商品销售量，小李根据这些数据对客服人员的工作提出了新的要求。

客服数据是衡量客服工作表现的重要依据。作为一名客服人员，若想提升服务水平、发现问题，就需要学会分析数据，并进行明智决策。

# 任务一　客服数据分析

## 任务描述

作为"美妆之王"网店的新任客服数据分析师，小陈面临一个重要的任务：通过对客服数据的采集、清洗和分析，提升客户服务的质量和效率。小陈需要应用数据分析方法，理解和解读客户数据，为改进客户服务流程和制定决策提供支持。具体而言，小陈需要从"美妆之王"的客服数据中提取有价值的信息，通过数据分析工具和方法进行分析，并为改进客户服务流程提出具体建议。这将成为提升"美妆之王"客户体验的关键，小陈的工作将直接影响到店铺的运营与业绩。

## 相关知识

### 一、客服数据分析的作用

客服数据分析是一种通过采集、清洗和分析客服数据，以洞察现状和获取见解，帮助改进客户服务流程和提升客户满意度的方法。它涉及数据收集、清洗、统计分析和数据挖掘技术，以识别客户需求、问题和行业发展趋势，并提供数据支持和解决方案。通过数据可视化报告，客服数据分析帮助决策者理解和利用数据，为改进客户服务的决策提供实质性的依据。此外，客服数据分析还需要与团队成员和相关部门进行合作和沟通，以实现持续的改进和创新。学习客服数据分析需要掌握数据采集和清洗技术、统计分析方法、数据挖掘和机器学习概念、趋势分析和预测技能，以及良好的团队合作和沟通能力。

### 二、客服数据分析的方法

分析接待人数、销售量、客单价和询单转化率等常见的客服数据，可以帮助网店客服人员发现问题并提升服务水平和质量，从而提高工作效率。通过分析接待人数，网店客服人员可以了解客流量的高低，判断是否需要增加人手或进行客服调度，以保证及时有效地满足客户的需求、回答客户的问题；分析销售量可以帮助客服团队了解产品受欢迎程度，从而优化推荐和销售策略，增加交易量和营收；通过分析客单价，网店客服人员可以了解消费者的购物习惯和消费行为，为个性化推荐和促销提供依据，进一步提高客户满意度和忠诚度；分析询单转化率有助于发现潜在的销售瓶颈和售后服务问题，及时采取措施，从而提高转化率，提升整体销售业绩。数据分析还可以通过可视化和报告的方式，将分析结果传达给管理层和团队成员，共同制定改进和优化的策略。通过这些客服数据的分析，网店客服人员可以更好地了解市场需求，提供更优质的服务，满足客户的需求，进而使网店实现持续增长和发展。

#### （一）网店客服接待数据分析

网店客服接待数据分析主要涉及咨询人数、接待人数和询单人数三个方面的数据。表

8-1 展示了某美妆店的客服人员接待数据。

表 8-1　某美妆店的客服人员接待数据

| 客服昵称 | 咨询人数 | 接待人数 | 询单人数 |
|---|---|---|---|
| 小马 | 0 | 0 | 0 |
| 小陈 | 52 | 50 | 37 |
| 凌凌 | 0 | 0 | 0 |
| 沛沛 | 66 | 65 | 51 |
| 滢滢 | 0 | 0 | 0 |
| 小熊 | 19 | 18 | 9 |
| 涛涛 | 28 | 22 | 14 |
| 慧慧 | 0 | 0 | 0 |
| 强强 | 0 | 0 | 0 |
| 汇总 | 165 | 155 | 111 |
| 均值 | 18.33 | 17.22 | 12.33 |

1）咨询人数：指在选定的时间段内，咨询网店客服的客户总数。咨询人数＝接待人数+接待过滤人数。

2）接待人数：指在选定的时间段内，网店客服实际接待的客户数量（不包括接待过滤的客户）。

3）询单人数：指在选定的时间段内，网店客服接待的询单客户数量。询单客户是指在下单之前向客服咨询的客户（此数据应该在统计时延迟一天）。

从上述统计数据中可以看出，该网店的客服人员每天的接待人数、询单人数较少，有可能是因为网店缺少流量，关注网店的人太少，并且网店内部客服的两极分化较为严重，有可能存在新入职员工，应加强入职培训工作。

### （二）网店客服人员销售数据分析

对于网店客服人员的销售数据分析，可以从销售指标、网店客服人员销售量占比以及网店客服人员之间的销售量的对比三个方面入手。

#### 1. 销售指标

销售指标包括销售额、销售量、销售人数、订单数和个人销售额占比等。下面是各指标的具体含义。

销售额：指在选定的时间段内通过网店客服人员服务所成交的客户的付款金额。图 8-1 展示了某美妆店的客服销售额。

销售量：指在选定的时间段内通过网店客服人员服务所成交的客户的商品件数。

销售人数：指在选定的时间段内通过网店客服人员服务所成交的客户的付款人数。

订单数：指在选定的时间段内通过网店客服人员服务所成交的付款订单数量。

个人销售额占比：指每位网店客服人员的个人销售额与整个网店客服团队销售额的比例。

图 8-1 某美妆店的客服销售额

销售量是最直接体现网店销售情况的指标之一，它反映了网店客服人员的销售能力。为了更全面地了解网店客服人员的销售情况，除了单独统计个人销售量外，还需比较不同客服人员之间的销售量。

## 2. 网店客服人员销售量占比

网店总销售量包括静默销售量和网店客服人员销售量。静默销售量是指在一定时期内通过客户自助选购方式销售的商品数量，而网店客服人员销售量是通过向客服人员咨询或客服人员推荐等方式销售的商品数量。

一般情况下，网店客服人员销售量占网店总销售量的比例应接近60%。对于中型网店而言，如果该比例与60%差距较大，说明网店客服人员的工作效率还有提升空间。

图 8-2 展示了某美妆店的月销售量情况。其中，网店客服人员销售量为 1 803 件，而网店总销售量为 2 861 件。网店客服人员销售量占网店总销售量的比例=网店客服人员销售量/网店总销售量，通过计算该网店的客服人员销售量与总销售量的比例约为 63%。这个比例相对较高，说明该网店的客服人员能有效地促使客户购买商品。

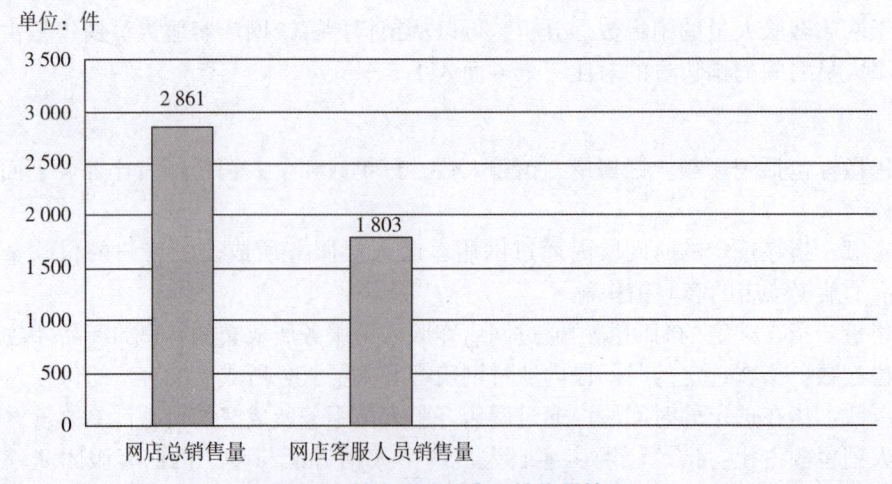

图 8-2 某大型美妆店月销售量情况

网店客服人员销售量占比是衡量网店客服人员工作的重要考核指标。它主要用于评估网店客服人员的销售能力，包括对商品的熟悉程度、服务态度、沟通技巧及销售技巧等，也是反映网店客服人员综合能力的指标之一。

### 3. 网店客服人员之间销售量的对比

通过对比网店客服人员之间的销售量，我们可以更准确地评估他们的工作效率。此外，通过比较网店客服人员的销售量，我们还可以检查网店的客户分流体系是否科学和完善，以及网店客服人员的工作是否到位。图 8-3 显示了某网店的五位客服人员的月销售量统计，每位客服人员的销售量清晰可见。

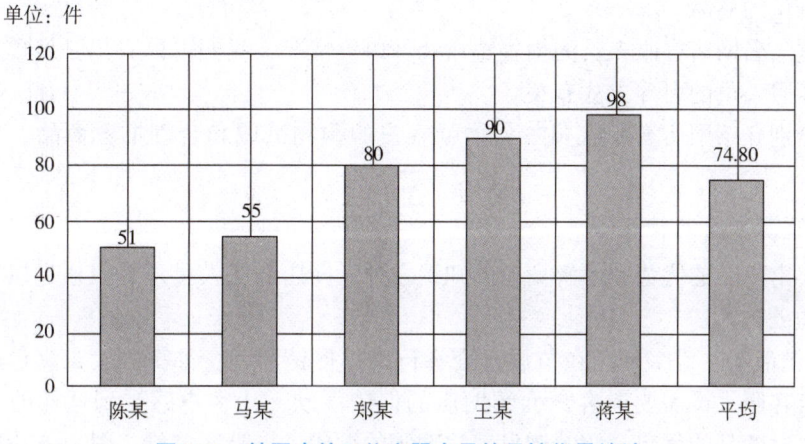

单位：件

[柱状图：陈某 51，马某 55，郑某 80，王某 90，蒋某 98，平均 74.80]

图 8-3　某网店的五位客服人员的月销售量统计

通过图 8-4，我们可以注意到每位客服人员的销售量有所不同。某些客服人员可能有更高的销售量，而其他人则销售量较低。这种对比可以帮助网店管理层识别出表现出色的员工并学习他们的销售策略，同时可以帮助辨认出表现不佳的员工，从而提供培训或支持以提升其销售能力。

通过对比销售量，网店可以进一步分析销售量较低的客服人员的工作情况。这可能包括评估他们的沟通技巧、解决问题的能力以及对产品知识的掌握程度。通过这样的分析，网店可以提供有针对性的培训和支持，帮助客服人员提高销售能力，进而提升整体销售业绩。

### （三）客单价分析

客单价（Average Order Value）是指客户在网店中的平均消费金额。客单价的计算公式为：客单价=网店成交金额÷成交客户数。客单价反映了客户购买的平均水平，对网店客服人员的工作进行考核时，客单价是一个重要的数据指标。

表 8-2 展示了某美妆店的三名客服人员一周的成交量。通过表 8-2 的数据我们发现，同一个网店客服人员的客单价仍然存在差别。

表 8-2　某美妆店的三名客服人员一周的成交量

| 客服名称 | 接待人数 | 成交件数 | 成交客户数 | 成交金额/元 | 客单价/元 |
| --- | --- | --- | --- | --- | --- |
| 小马 | 650 | 460 | 420 | 34 734 | 82.70 |
| 小陈 | 810 | 640 | 536 | 39 412.8 | 73.53 |
| 凌凌 | 576 | 400 | 370 | 34 000 | 91.89 |

通过以上数据，我们可以分析出关于这三名网店客服人员的销售特点。

网店客服小马：成交客户数较多，但每笔订单的商品件数较少。这表明小马在商品关联销售能力方面还有待提高。如果能够促使客户购买更多的商品件数，客单价还有提升的空间。

网店客服小陈：成交客户数最多，且每笔订单的商品件数也最多。这说明小陈在销售能力方面很强，能够在较短的时间内说服客户购买更多的商品。然而，小陈的客单价是最低的，这可能是因为他主要向客户推荐低价位的商品。

网店客服凌凌：成交件数最少，但客单价最高。这说明凌凌在向客户推荐商品时倾向于推荐高价位的商品。

结合这三名网店客服人员的销售特点和客单价情况，我们可以看出，客单价的高低可能与网店客服人员的引导方法有关。

下面分别介绍网店客服人员如何增强客户的购物欲望和合理推荐商品，从而提高客单价。

**1. 增强客户的购物欲望**

除了突出商品的优势和了解商品的知识之外，网店客服人员还可以通过以下方式增强客户的购物欲望。

1）促销活动：许多网店在节假日会举行商品促销活动，如折扣、买满包邮、买一送一等。网店客服人员需要向客户介绍网店的促销活动，让客户感受到这样的活动是难得的。再加上对商品的优势介绍，激发客户购买的欲望，提高客单价。图8-4为某促销活动的展示页面。

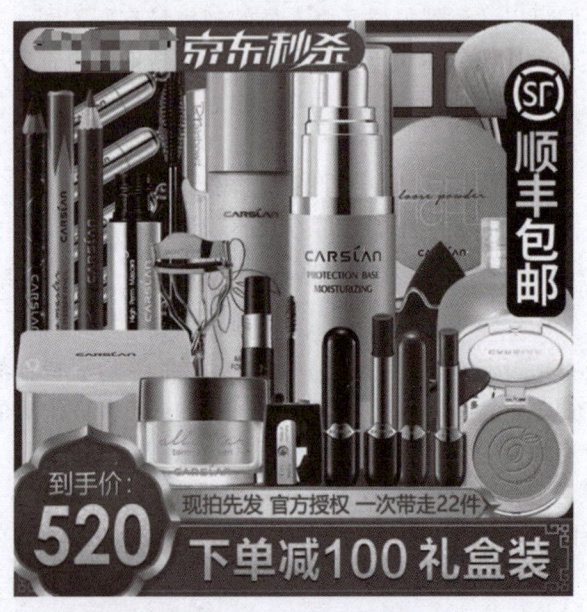

图8-4 某促销活动的展示页面

2）专业认证：客户更愿意购买经过专业认证的商品。网店客服人员在销售商品时，可以提供一些专业机构出具的商品检测报告，以增加客户对商品的信任。图8-5展示了某商品的检测报告。需要注意的是，这些检测报告必须真实有效。网店客服人员不得以虚假的专业认证来欺骗客户。

图 8-5 某商品的检测报告

#### 2. 合理推荐商品

网店客服人员在合理推荐商品时，商品的价格也是影响客单价的关键因素。如果网店客服人员总是推荐特价、低价商品，那么客单价就无法提高。以下是网店客服人员如何通过与客户沟通来合理推荐商品，从而提高客单价的方法。

1）分析消费群体：网店客服人员在推荐商品时需要针对不同客户进行个性化推荐，合理分析客户的价格需求和购买力。当客户表达以下类似观点时，网店客服人员可以为其推荐一些高价位的优质商品：

"我不喜欢价格太便宜的，质量没保证。"

"只要商品质量好，价格高低都无所谓。"

"我买东西看重的是放心和质量保证。"

网店客服人员可以根据客户的提问挖掘客户在购买商品时关注的因素，当得知价格不是客户最关注的因素时，可以向客户推荐一些价格略高但质量优良的商品。

2）合理引导：在向客户推荐商品时，网店客服人员也需要应用一些引导技巧。

3）使用时间：价格高的商品通常在质量和售后服务方面有一定的保障，也具有更强的耐用性。网店客服人员可以此为推销点，说服客户购买。

4）品牌魅力：品牌对客户有吸引力，网店客服人员可以通过品牌的知名度、社会评价等方面展示品牌的独特魅力，以吸引客户购买。

5）预期价值：客户有时会因为要送礼而购买商品。在这种情况下，网店客服人员可以推销商品的高档次性，例如：

"您好，这个价格的礼物非常划算，而且我们准备的礼盒也非常精美，送给亲朋好友会非常得体，非常上档次哦。"

### （四）询单转化率分析

询单转化率是指客户在咨询网店客服人员后最终完成商品交易的比例，其计算公式为：

询单转化率＝咨询后付款客户数÷总咨询客户数

表8-3展示了某美妆店不同客服人员的当日询单转化率和最终询单转化率。通过统计数据可以看出，该网店客服人员的当日询单转化率和最终询单转化率都不达标。这可能是因为网店客服人员缺乏主动性、对商品了解不足或在催付话术和催付时间点上把握不当等。因此，网店需要加强对客服人员的服务意识培养，并提供催付话术和注意事项的培训。

表8-3 某美妆店不同客服人员的当日询单转化率和最终询单转化率

| 客服昵称 | 当日询单转化率 | 最终询单转化率 |
| --- | --- | --- |
| 小马 | 37.50% | 39.10% |
| 小陈 | 41.20% | 43.21% |
| 凌凌 | 41.12% | 46.15% |
| 沛沛 | 28.31% | 30.14% |
| 滢滢 | 39.14% | 41.25% |
| 小熊 | 0 | 0 |
| 涛涛 | 33.40% | 35.14% |
| 慧慧 | 37.61% | 40.15% |
| 强强 | 48.94% | 51.54% |

下面将介绍如何从坚定客户的购买意愿和紧跟客户完成付款两个方面提高询单转化率。

#### 1. 坚定客户的购买意愿

影响询单转化率的因素很多，网店客服人员可以通过坚定客户的购买意愿来提高自己的询单转化率。坚定客户的购买意愿意味着尽可能消除客户购买的顾虑，不让客户产生放弃购买的想法。当客户主动向网店客服人员咨询时，表明客户已经有购买意愿，网店客服人员只需正确引导，成交的概率将大大提高。

一般来说，客户拒绝购买的理由常常是价格过高、想进行比较购物、对商品有疑虑等。网店客服人员可以从以下三个方面坚定客户的购买意愿。

1）价格过高。价格是客户常用来拒绝购买的理由。对此，网店客服人员需要仔细权衡。有些客户可能会有讲价的习惯，他们可能购买意愿很强，但是故意说"太贵了，我不买了"，目的是让网店主动降价。当然，也有一些客户确实觉得商品价格过高，如果能给予一些折扣或降价，他们可能会购买。

网店客服人员很难准确判断客户谈价时的心理。面对这种以价格为拒绝理由的客户，首先要了解与价格相关的一些问题：①网店的商品价格在同类商品中处于什么水平？②网店竞争对手的定价范围是多少？③商品的最低价格是多少？④商品的利润空间有多大？⑤商品对客户来说是必需品吗？

弄清上述问题的答案后，网店客服人员面对因价格因素拒绝购买的客户时，可以利用商品的定价规则、商品定价在市场竞争中的优势及商品面向的消费人群等知识来说服客户。

2) 想进行比较购物。电子商务平台上存在大量的商品种类，同款商品数量也很多。客户可以比较同款商品的价格、质量等，在这方面，网店客服人员面临巨大挑战。图 8-6 展示了在京东搜索"××美妆"后显示的结果，可以看到，销售同一商品的网店非常多。

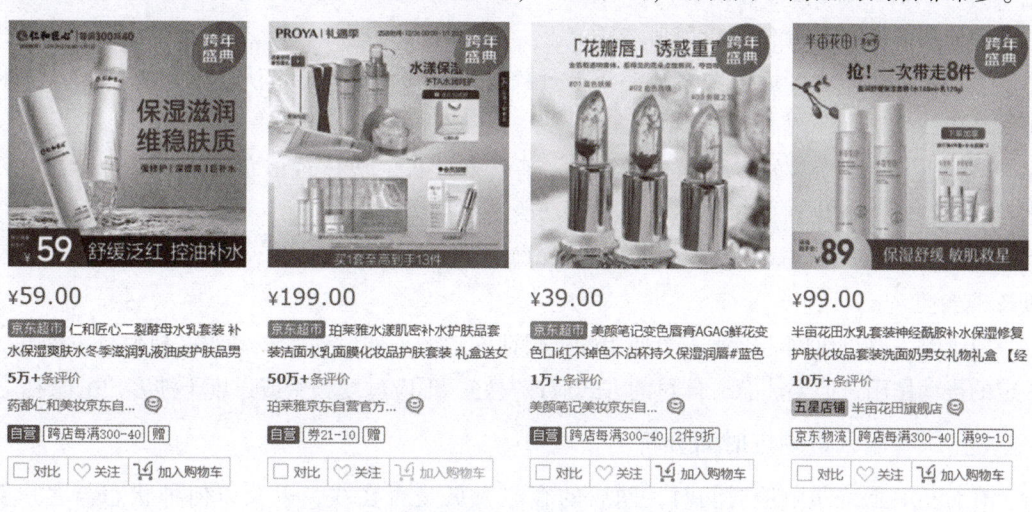

图 8-6　在京东搜索"××美妆"后显示的结果

网购给客户带来更多选择的同时，也方便了客户通过"我想看看其他网店的商品"来拒绝购买。这对网店客服人员来说无疑是一个巨大的挑战，但网店客服人员需要记住，比较同款商品是客户的权力，不能强迫客户购买。但是，网店客服人员也不能眼睁睁地看着客户丢失，应该保持热情、主动和耐心的服务态度，展示商品的优势，努力挽留有需求的客户。

在考虑商品的独特优势时，网店客服人员可以从以下几个方面着手：①网店商品的卖点是什么，对客户来说有什么好处？②网店商品与其他网店的商品有什么不同或在客户服务方面有什么不同？③有什么证据证明商品值得购买？

3) 对商品有疑虑。客户拒绝购买的另一个原因是对商品抱有疑虑。客户的疑虑通常集中在对商品质量的担心、对网购的不信任以及无法亲自检验商品等方面。网店客服人员在面对客户的疑虑时，首先要了解客户为什么不愿购买，找到根源后针对性解决，消除客户的疑虑。

2. 紧跟客户完成付款

前面主要介绍了如何鼓励客户下单，但最终是否付款才是订单能否成交的关键。因此，网店客服人员需要在客户下单后紧跟客户并争取让他们完成付款。许多客户在下单后不会立即付款，要么时间一长就忘了付款，要么购买欲望减弱了，这是令网店客服人员非常头疼的问题。此时，催付是必不可少的。

以下是网店客服人员可以采用的催付话术示例：

"您好，在15:00之前完成付款，我们可以安排今天发货。最近仓库发货很繁忙，先付款的订单先发货哦！"

"您好！我是××店的客服小李，您在我们店中拍下的商品还没有付款。这款商品正在热销中，很容易断货，不知道什么原因导致您还没付款，请问有什么需要我帮助的吗？"

"您好，我们店的周年庆活动即将结束！今天是活动的最后一天，抓紧时间付款哦！"

"亲爱的，我们这款商品正在促销中，拍下后请尽快付款，以便我们尽快发货。如果对我们的商品有任何疑问，请随时咨询我。"

"您好，您在××店拍下的××商品还未付款。作为我们店的老客户，我跟店长申请了特别优惠价，比您拍下时低了很多哦！"

"您好，我是××店的客服人员。您的订单还未付款，请核对信息无误后及时付款，以免影响发货时间。谢谢您的光临，祝您购物愉快！"

"喜欢的商品就尽快付款带走吧。如果您过了很长时间再购买，不一定能找到您需要的尺码哦！"

以上是一些可供网店客服人员使用的催付话术示例，催付话术在紧跟客户付款方面起到一定的推动作用。但要注意，催付的方式应该友好，不应过度频繁或过度干涉客户的隐私。

### （五）客服人员响应时间分析

在分析客服人员响应时间时，网店的客服人员是否在线，以及以何种状态与客户互动，都是判断其响应时间长短的重要依据。一般来说，客服人员的响应时间可以分为首次响应时间和平均响应时间。首次响应时间是指客户咨询后到客服人员回复的时间差，平均响应时间则是客服人员回复客户所用时间的平均值。

根据图8-7中某网店客服人员响应时间绩效明细数据，有几个客服人员的响应时间较长。这可能是因为他们缺乏有效的回复技巧，不熟悉快捷回复设置，打字速度较慢，或对商品了解不深等。

| 日期 | 开始时间 | 结束时间 | 买家旺旺 | 客服旺旺 | 聊天明细 |
|---|---|---|---|---|---|
| 2023-12-25 | 2023-12-25 11:00:56 | 2023-12-25 11:35:16 | binbin19860328 | 亨达利生鲜旗舰店:卷卷 | 聊天明细 |
| 2023-12-25 | 2023-12-25 08:00:27 | 2023-12-25 15:07:51 | 跳跳爱吃白菜 | 亨达利生鲜旗舰店:卷卷 | 聊天明细 |
| 2023-12-25 | 2023-12-25 13:12:59 | 2023-12-25 14:09:45 | tbao_sj | 亨达利生鲜旗舰店:卷卷 | 聊天明细 |
| 2023-12-25 | 2023-12-25 08:47:00 | 2023-12-25 11:21:21 | wp_7509 | 亨达利生鲜旗舰店:卷卷 | 聊天明细 |
| 2023-12-24 | 2023-12-24 11:07:32 | 2023-12-24 13:15:07 | 跳跃爆米花 | 亨达利生鲜旗舰店:小玉 | 聊天明细 |
| 2023-12-24 | 2023-12-24 12:23:08 | 2023-12-24 17:52:38 | 林YYlcy | 亨达利生鲜旗舰店:粥粥 | 聊天明细 |
| 2023-12-24 | 2023-12-24 14:41:54 | 2023-12-24 16:35:20 | tb439648435 | 亨达利生鲜旗舰店:粥粥 | 聊天明细 |
| 2023-12-23 | 2023-12-23 14:42:06 | 2023-12-23 15:26:42 | tb013872269 | 亨达利生鲜旗舰店:小玉 | 聊天明细 |
| 2023-12-22 | 2023-12-22 13:11:36 | 2023-12-22 14:20:16 | tb140195490 | 亨达利生鲜旗舰店:小玉 | 聊天明细 |
| 2023-12-22 | 2023-12-22 21:09:41 | 2023-12-22 21:29:38 | tb013872269 | 亨达利生鲜旗舰店:粥粥 | 聊天明细 |

图8-7 某网店客服人员响应时间绩效明细数据

一般而言，客服人员响应时间越短，留住客户的机会就越大。根据图8-8所示的某网店人工响应时长数据，可以看出，该网店的客服人员响应速度还有待提升。他们需要进一步掌握回复技巧，提高打字速度，并熟练运用快捷回复功能等。

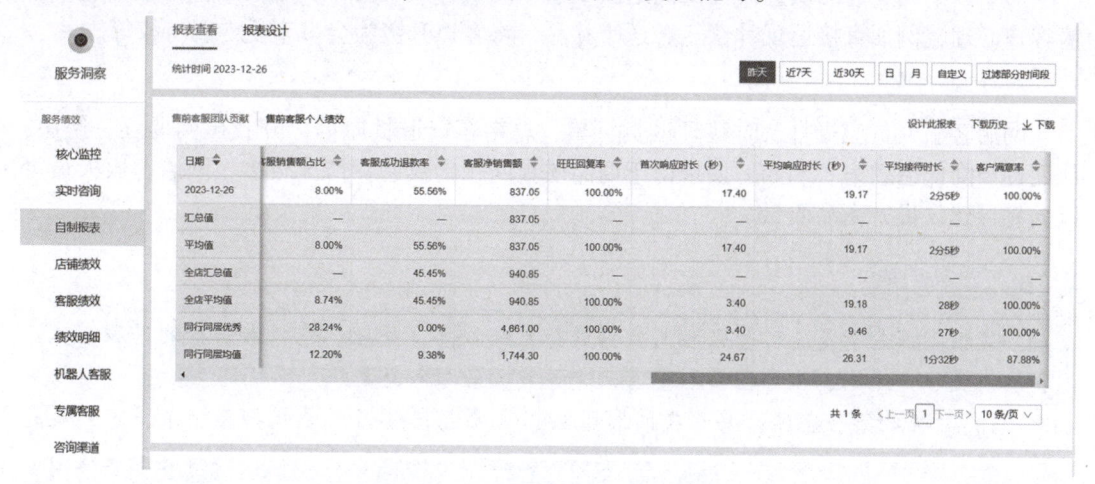

图8-8　某网店人工响应时长数据

### （六）退款率分析

退款率是网店近30天成功退款笔数占近30天支付交易笔数的比例，计算公式为：

$$退款率 = 近30天成功退款笔数 \div 近30天支付交易笔数 \times 100\%$$

网店客服人员的退款率是经由他们服务的退款订单数与总成交订单数的比例，图8-9为某网店的退款率概况。

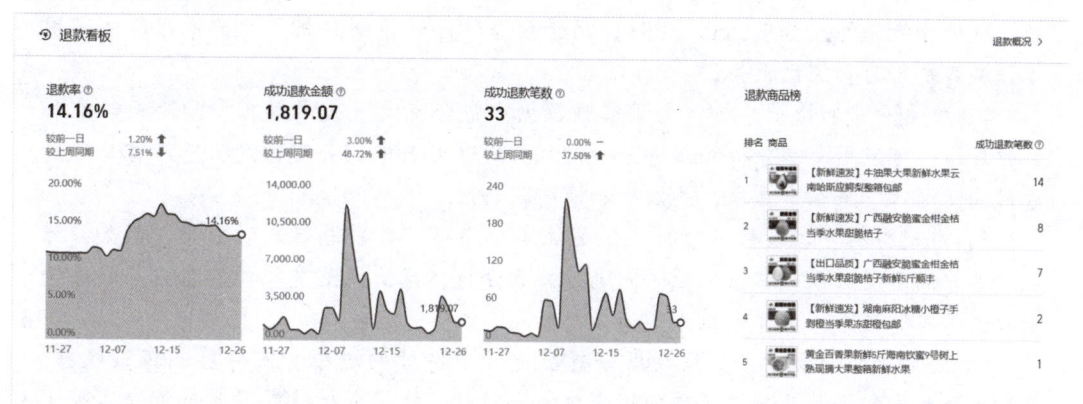

图8-9　某网店的退款率概况

从图8-9可知，该网店的退款率高于同行业平均水平，因此该网店的客服人员需要提高沟通的积极性，以降低退款率。在客户提出退款要求时，网店客服人员可以采取以下措施。

#### 1. 询问原因

网店客服人员应主动且耐心地询问客户退款的原因，分析并确认问题的解决程度，避免立即答应退款要求。可以使用一些询问话术，例如，"您好，方便告诉我您想要退款的原因吗？""我们没能为您带来完美的购物体验，真的非常抱歉，您可以告诉我们您不满意的原因吗?""您好,非常抱歉,我们的商品或服务让您感到失望吗?"。

### 2. 尽量弥补

对于因不满意商品质量而提出的退款要求,网店客服人员可以采取一些补偿措施来平衡客户心理,例如直接返现补偿、赠送小礼品、将客户升级为会员享受专属特权等。

### 3. 总结经验

网店客服人员应每月及时整理退货订单、总结客户退货原因,并找出问题逐一解决,从而逐渐降低退款率。例如,如果由于商品质量问题导致退货情况较多,网店客服人员可以向领导建议提升商品质量。

## 知识拓展

客服数据分析是指对客服相关数据进行系统收集、整理、分析和解释的过程,以获取有关客户需求、服务质量和运营效率等方面的深入见解。

1) 数据收集与整理:要收集的客服数据主要包括电话记录、聊天记录、客户反馈、客诉数据等。在收集过程中,需要确保数据的准确性和完整性,并将其整理成易于分析的形式。可以利用数据仓库或专门的客户关系管理(CRM)系统进行数据整理和管理。

2) 关键绩效指标(KPI):关键绩效指标是客服数据分析中的重要指标,用于评估客服绩效和运营效率。例如,客服响应时间、问题解决速度、客户满意度、客户流失率等指标可作为关键绩效指标,帮助评估和优化客服运营。

3) 数据分析工具:在客服数据分析中,可采用各种数据分析工具和技术。数据可视化工具,如Tableau、Power BI等,可帮助将数据转化为易于理解的图表和仪表板。统计分析软件(如Excel、SPSS)用于数据统计和推断分析。机器学习算法可用于预测客户行为和优化服务。

4) 文本分析和情感分析:由于客服数据中常含有大量文本数据,如聊天记录和客户反馈,可应用文本分析和情感分析技术,提取文本中的关键信息,感知客户的情感倾向,深入了解客户需求、关注点和情绪状态。

5) 联动分析:客服数据分析不仅关注单个指标,还需进行联动分析。例如,可以将客户满意度数据与客服响应时间进行关联分析,找出满意度较低的客户与服务响应较慢的关联关系,以提出改进建议。

6) 实时监控与反馈:客服数据分析应是一个持续的过程。实时监测客服数据,有助于及时发现问题并采取必要的纠正措施。同时,能将分析结果及时反馈给客服团队,帮助他们了解现状并改进服务水平。

客服数据分析可以为企业提供重要的决策支持,优化客户体验和提升客户忠诚度。通过深入了解客户需求、识别问题和找出改进机会,企业可以建立更好的客户关系,获得竞争优势。

## 任务二　客服数据监控

### 任务描述

在"美妆之王"网店，小马作为客服管理负责人，面临一个重要任务：设计并实施数据监控方案，以提升客服团队的表现和服务质量。小马需要从以下几个方面进行数据监控。

1）响应时间：制定监控客服人员的首次响应时间和平均响应时间的方案，以评估客服人员的效率和速度。

2）服务质量：设计客服人员的服务质量指标的监控方案，包括客户满意度、服务评价得分等，并将客户评价反馈和客服对话记录中的满意度评价纳入评估范围。

3）解决问题能力：建立监控客服人员解决问题能力的方案，关注解决问题的准确度、速度和效果，通过查看客服人员的聊天记录及客户的反馈来评估。

4）产品知识：制定评估客服人员对网店产品的了解程度和知识水平的方案，通过查看客服人员对产品的描述和答疑的准确性进行评判。

同时，小马需要选择并实施适当的绩效软件或类似工具，以便查看客服人员的绩效数据和指标。此外，小马还需通过查看客服人员的聊天记录和网店的数据报表等方法，深入监控客服人员的表现。

小马的任务是确保客服团队的表现达到最佳水平，提升"美妆之王"网店的客户服务质量，从而实现更出色的业绩。

### 相关知识

#### 一、绩效软件监控

安装并配置"赤兔名品"绩效软件，要按照以下步骤进行操作。

1）在淘宝的千牛工作台中，找到左侧列表中的"服务"按钮，将鼠标指针移至上面，在弹出的列表中单击"服务市场"按钮，如图8-10所示。

图8-10　服务市场入口

2）打开"服务市场"界面，在顶部的搜索框中输入"赤兔名品"，然后单击"搜索"按钮。

3）在搜索结果中选择"赤兔名品客服绩效"，然后根据界面提示选择服务版本和使用周期，进行支付，如图8-11所示。

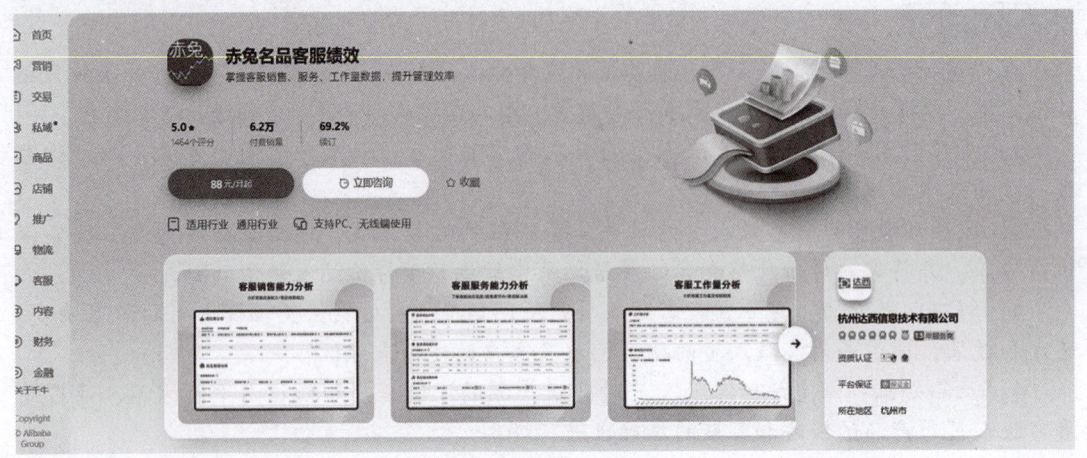

图8-11　赤兔名品客服绩效监控

4）安装完成后，打开"赤兔名品"软件的主界面，其中包括店铺绩效、客服绩效、绩效明细、考核等多个功能模块。你可以按需查看各个功能模块的详细信息。

5）单击软件界面上方的"管理"选项卡，并进入"旺旺管理"选项卡。

6）在"添加客服"对话框中选择要添加的客服名称，并单击"确认"按钮，完成客服的添加。

7）在软件的主界面中选择"客服绩效"选项卡，然后按需设置查询时间和客服旺旺名称。通过左侧列表中的选项，查看网店客服人员的询单、下单、付款、客单价、成功率、工作量等数据。

## 二、聊天记录监控

在千牛工作台中使用子账号功能查看并监控聊天记录，具体操作步骤如下。

1）进入千牛工作台的主界面，在左侧的列表中选择"店铺"选项。在打开的列表中，选择"店铺管理"栏下的"子账号管理"选项。

2）打开"子账号管理"界面后，单击"聊天"选项卡。

3）在"聊天记录查询"界面中，可以看到员工账号的文本框。在该文本框中输入要监控的员工账号，然后在右侧的日期列表中选择要查询的日期。

4）单击"查询"按钮，在查询结果中显示该网店客服人员的聊天记录。

通过查看该网店客服人员的聊天记录，客服主管或店长可以了解该客服人员工作中的不足之处，并有针对性地提供帮助和改进建议。

## 三、网店数据报表监控

对于监控客服数据，生意参谋的自制报表功能是一个很方便的工具。以下是使用生意参谋中的自制报表功能来监控客服数据的具体操作步骤。

1）进入"生意参谋"的主界面。

2）单击界面上方的"服务"选项卡。

3）在打开的界面的左侧列表中，选择"自制报表"选项。

4）进入"自制报表"界面后，单击"报表设计"选项卡。

5）在报表设计界面，单击"立即新建"超链接，打开"新建报表"对话框。

6）在"新建报表"对话框中，设置报表名称及报表说明，并单击"确认"按钮。

7）进入"报表设计"界面后，默认会提供一些商品字段供参考。你可以单击左侧的报表名称，选择对应的指标集合，然后勾选右侧的复选框，选择需要的指标。

8）报表设计完成后，你可以进入"报表查看"界面，查看数据报表产出的详情。

自制报表功能允许你根据自己的需求选择所需的指标和字段，从而监控客服数据，了解网店的运营情况和客户的反馈等信息，如图 8-12 所示。

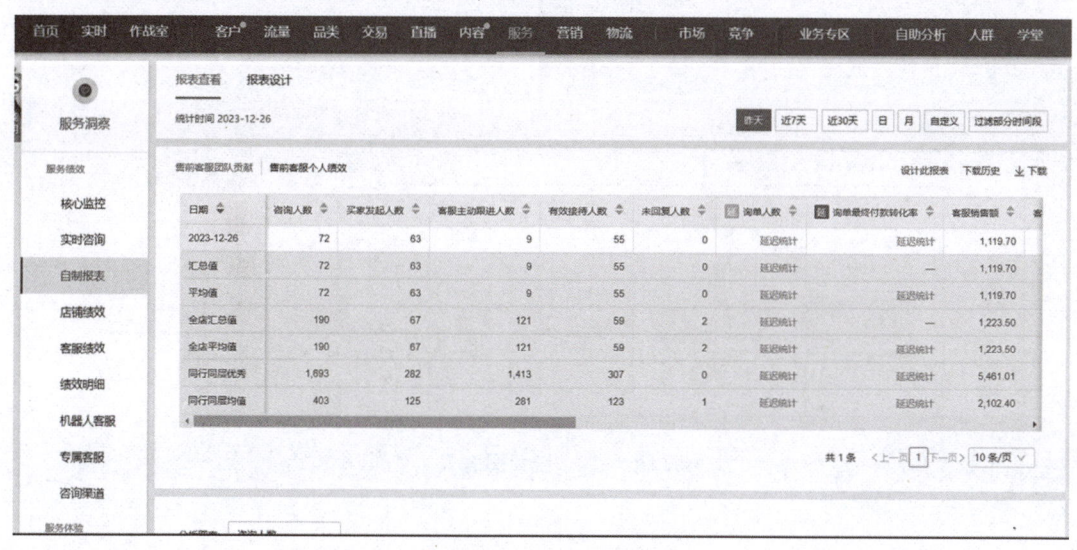

图 8-12　自制报表

## 知识拓展

在选择完一组指标后，你可以添加其他指标集合中的指标。选定的指标将显示在"已选指标"栏中。如果你不需要某个指标，可以直接在"已选指标"栏中单击相应按钮删除它。完成设置后，单击右上角保存按钮。

"生意参谋"中的"自制报表"板块提供了两种报表查看方式：列表式和统计图表式。列表式如图 8-13 所示，右侧是操作控制板块，可以根据实际需求选择昨日、近 7 天、近 30 天或自定义数据周期等维度来查看数据；统计图表式如图 8-14 所示，这种方式可以显示部分指标的同行同层对比数据，方便进行比较，可以通过图中正方形标识的字段来选择相应的指标字段。

| 日期 | 咨询人数 | 买家发起人数 | 客服主动跟进人数 | 有效接待人数 | 未回复人数 | 询单人数 | 询单最终付款转化率 | 客服销售额 | 客服销售人数 | 客服销售量 |
|---|---|---|---|---|---|---|---|---|---|---|
| 2023-12-26 | 72 | 63 | 9 | 55 | 0 | 延迟统计 | 延迟统计 | 1,119.70 | 7 | 9 |
| 2023-12-25 | 78 | 60 | 18 | 49 | 0 | 22 | 延迟统计 | 2,259.40 | 13 | 18 |
| 2023-12-24 | 106 | 83 | 23 | 50 | 0 | 24 | 50.00% | 1,026.10 | 14 | 15 |
| 2023-12-23 | 703 | 89 | 614 | 97 | 0 | 41 | 48.78% | 2,427.40 | 30 | 36 |
| 2023-12-22 | 88 | 68 | 20 | 70 | 0 | 22 | 36.36% | 991.80 | 7 | 10 |
| 2023-12-21 | 90 | 75 | 15 | 79 | 0 | 16 | 50.00% | 1,349.70 | 11 | 13 |
| 2023-12-20 | 1,050 | 69 | 981 | 92 | 0 | 21 | 57.14% | 1,205.50 | 12 | 12 |
| 汇总值 | 2,187 | 507 | 1,680 | 492 | 0 | 延迟统计 | — | 10,379.60 | 94 | 113 |
| 平均值 | 312 | 72 | 240 | 70 | 0 | 延迟统计 | 延迟统计 | 1,482.80 | 13 | 16 |
| 全店汇总值 | 4,627 | 526 | 4,087 | 523 | 14 | 延迟统计 | — | 11,308.30 | 107 | 128 |
| 全店平均值 | 661 | 75 | 583 | 74 | 2 | 延迟统计 | 延迟统计 | 1,615.47 | 15 | 18 |
| 同行同层优秀 | 1,944 | 284 | 1,514 | 290 | 0 | 延迟统计 | 延迟统计 | 5,574.52 | 69 | — |
| 同行同层均值 | 461 | 121 | 357 | 121 | 1 | 延迟统计 | 延迟统计 | 2,550.43 | 31 | — |

图8-13 列表式

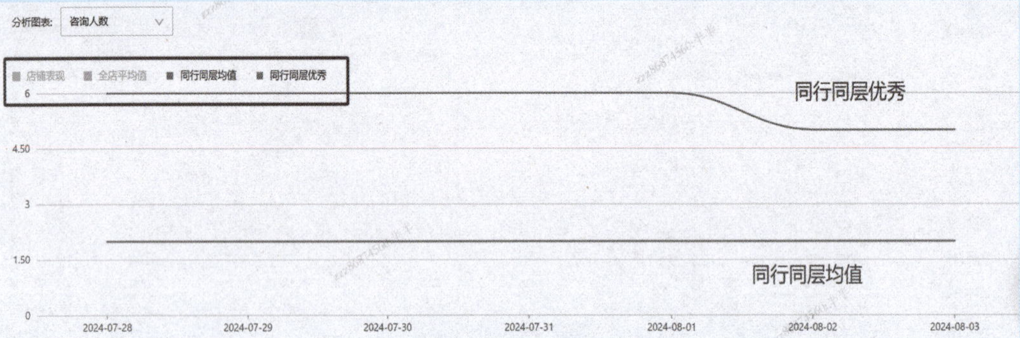

图8-14 统计图表式

## 项目实训

**[实训背景]**

最近，某淘宝服装网店的员工离职率较高，并且客户对网店客服人员的评分有所下降。因此，店主决定查看并分析相关客服数据，以便针对问题采取措施，提高客户服务质量。图8-15展示了该网店的诊断数据，图8-16则展示了销售量较高和较低的客服人员与客户的聊天记录。

项目八　网店客服数据

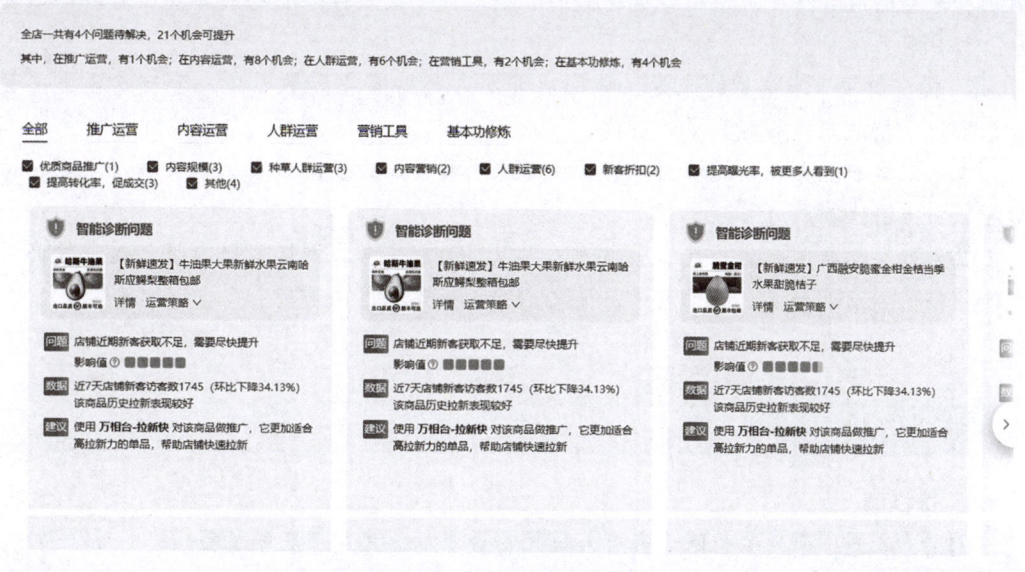

图 8-15　某网店诊断数据

图 8-16　销售量较高和较低的客服人员与客户的聊天记录

[实训要求]

1. 查看网店的相关数据，分析客服人员存在的问题，并提出解决方案。
2. 监控网店客服人员与客户的聊天记录，以了解客户服务情况。

[实训步骤]

1. 分析客服问题：从图 8-15 中可以看出几个问题：首先，该网店的客服人员回复率低于同行业平均水平，需要提高；其次，客服人员的响应时间较长，未能及时回应客户；最后，该网店客服人员的服务评分也低于同行业平均水平，有待提高。从图 8-16 中我们

185

可以看出，销售量较高的客服人员不仅做到了及时响应客户，还一直保持着主动、热情、耐心和专业的服务态度；而销售量较低的客服人员不仅服务态度冷淡，甚至有时不回复客户，客户服务质量较差。

2. 提出解决方案：总的来说，该网店客服人员的服务质量不高。店长或客服主管可以采取以下措施来提高客户服务质量。

①组织客户服务相关的培训：店长或客服主管可以组织网店客服人员参与培训，待通过考核后方可上岗。

②采取奖惩措施：店长或客服主管可以以月为单位考核网店客服人员，对业绩高且服务质量高的网店客服人员给予奖励，反之则给予一定程度的惩罚。

## 效果评价

**1. 选择题**

（1）[单选] 下列关于网店客服人员接待数据的公式中，正确的是（　　）。

A. 咨询人数+接待人数+接待过滤人数　　B. 接待人数-咨询人数+接待过滤人数

C. 询单人数=接待人数+询单过滤人数　　D. 咨询人数-接待人数+询单人数

（2）[单选] 网店通过页面将商品展示给客户，客户阅读商品详情页中的信息后自行下单购买商品，这种以自助选购的方式销售出的商品数量称为（　　）。

A. 网店总销售量　　　　　　　　　　　B. 客服人员销售量

C. 静默销售量　　　　　　　　　　　　D. 网店月销售量

（3）[多选] 网店客服人员接待分析，主要是指对（　　）的分析。

A. 咨询人数　　　　　　　　　　　　　B. 接待人数

C. 下单人数　　　　　　　　　　　　　D. 询单过滤人数

（4）[多选] 要想监控客服数据，可以从（　　）等方面入手。

A. "赤兔名品"绩效软件　　　　　　　　B. 客户评分

C. 网店数据报表　　　　　　　　　　　D. 查看聊天记录

**2. 填空题**

（1）影响网店销售数据的因素有多种，其中_____是对网店销售情况最直接的反映。

（2）客单价是指客户在网店中的平均消费金额，计算公式为：_____。

（3）_____是指客户进入网店后，通过咨询网店客服人员完成商品交易的情况，即咨询网店客服人员后下单成交的客户数与进行咨询的总客户数的比例。

（4）退款率是指网店_____占近30天支付交易笔数的比例。

（5）生意参谋中"自制报表"板块中的报表分为_____和_____两种查看方式。

**3. 判断题**

（1）个人销售额占比（即个人销售额占团队销售额的百分比）=网店客服人员的个人销售额÷网店客服团队销售额。　　　　　　　　　　　　　　　　　　　　（　　）

(2) 一般来说，网店客服人员销售量占网店总销售量的 70% 是较正常的水平。
（    ）

(3) 网店客服人员的退款率就是经网店客服人员服务的退款订单数与总成交订单数的比例。
（    ）

(4) 一般来说，网店客服人员的响应时间越短，留住客户的机会越大。（    ）

### 4. 简答题

(1) 请解释客单价的概念，并提供几种提高网店客单价的方法。

(2) 请说明退款率的含义，并提供一些降低退款率的方法。

(3) 请简要介绍监控客服数据的方法。

### 5. 实践题

(1) 在千牛工作台中检索网店客服人员与特定客户的聊天记录，并分析客服人员可能存在的问题。

(2) 在千牛工作台中完成"赤兔名品"绩效软件的安装和配置。

(3) 某网店客服接待数据概览如图 8-17 所示，请根据图中数据，分析该网店客服人员可能存在的问题。

图 8-17　某网店客服接待数据概览

# 项目九　客服管理

## 学习目标

**【知识目标】**
➢ 了解网店客服人员的日常管理流程。
➢ 熟练运用科学的方法对网店客服人员进行培训和考核，以提高其工作效率。
➢ 熟练制定网店客服人员的激励机制，以激发其工作热情和积极性。

**【技能目标】**
➢ 培养科学的管理理念，强化团队意识，并提升客服团队的服务品质。
➢ 强化团队协作，提升团队精神。

**【素养目标】**
➢ 通过对团队管理原则的学习，培养客服人员团队协作意识。
➢ 通过对团队激励机制原理的了解，引导客服树立正确的竞争观念，培养客服追求卓越、积极进取的意识。

## 项目导入

在过去的几年中，"数码狂欢"作为一家专注于电子产品销售的网店，业绩一直稳步增长。然而，近期"数码狂欢"发现客服部门存在一些问题，如高离职率、客服人员的专业性和工作效率不高、团队管理混乱、激励与惩罚机制不健全、晋升与发展机制模糊、绩效考核不公等。

为了解决这些问题，公司决定对客服部门进行全面的优化和整合。首先，网店聘请了一位经验丰富的客服经理，负责重塑整个客服团队。这位新的客服经理制定了一系列制度和流程，包括规范化的客服工作流程、明确的工作目标设定、完善的绩效考核体系及更为高效的内部沟通机制。其次，网店对客服团队进行了全面的培训和技能提升。这包括提供产品知识培训、客户沟通技巧指导，从而提升问题解决能力。同时，为了给客服人员提供更多的发展机会，网店增设了晋升通道和专业培训课程。最后，对客服团队的激励与惩罚机制进行了优化。网店引入了更具竞争力的薪酬体系，并设立了奖励制度以激励员工提供更优质的客户服务。同时，对于表现不佳的员工，网店也采取了相应的纠正措施。

随着这些改革措施的逐步实施，客服部门的工作质量、工作效率和工作氛围得到了显著改善。离职率大幅下降，员工满意度明显提升。这些积极的变化也促进了整个网店的运营状况的改善，销售额逐渐增长，规模也在不断扩大。通过成功整合客服部门，"数码狂欢"成为一家更加专业、高效的网店。可见，一个出色的客服团队对网店的顺利发展起关键作用。科学管理网店客服人员不仅可以激发他们的工作热情，营造团结和谐的团队氛围，还能提高网店的业绩。

# 任务一　客服日常管理

## 任务描述

最近，网店客服部门接到了一位客户的投诉，称其在网店购买的产品存在质量问题。客服团队迅速反应，并协调处理该投诉。客服经理立即召集团队成员开会，讨论如何处理投诉，同时分析问题产生的原因，并制定改进措施。客服经理对涉及的客服人员进行个别指导，以确保他们能够妥善处理类似的投诉，并提高客户满意度。一般而言，网店客服人员日常管理的工作主要包括服务标准与原则和流程的执行、团队协作与沟通、激励与培训及成长跟踪。这些方面的有效管理可以帮助客服团队更好地处理投诉，提升服务质量，同时促进客服人员的个人成长和发展。

## 相关知识

### 一、客服团队日常管理的原则

若要提升网店客服人员的整体水平，网店客服的管理人员应首先遵循一些重要的管理原则。在通常情况下，这些日常管理原则主要包括工作任务的合理分配、科学的排班制度、严谨的数据监控，以及妥善处理客户投诉。

#### （一）网店客服工作任务合理分配

在网店客服工作中，合理分配工作任务至关重要。为了确保客服工作的高效进行，网店客服管理人员应遵循以下原则。

1）根据每位客服人员的专业知识和技能进行合理分工，确保他们能够发挥所长。例如，擅长解决技术问题的客服人员应专注于处理相关问题，而擅长处理退换货的客服人员则主要负责这类工作。

2）确保工作负荷均衡分布。通过合理的工作任务分配，避免部分人员负担过重，而部分人员负担过于轻松。这样可以确保团队整体的高效率。

3）鼓励客服人员培养多种技能，以应对各种情况。这不仅有助于应对突发问题，还能增强团队的应变能力。

4）加强团队协作是关键。通过定期的团队会议、知识共享和经验交流，团队成员能更好地相互支持与协助。

5）持续评估和改进分工方式。随着客户需求的变化，及时调整分工能更好地满足客户的需求。

遵循这些原则，网店客服管理人员能够确保工作的合理分工，进而提升团队的整体效率和服务水平。

### （二）网店客服工作科学排班

科学的排班对于网店客服工作至关重要，以下是一些需要遵循的原则。

1）考虑客户需求：根据网店客户的活跃时间和客服需求，合理安排客服人员的上班时间。例如，在销售高峰期需要安排更多的客服人员上班，以应对客户咨询和订单处理的高峰。

2）考虑员工需求：尊重员工的工作时间偏好和个人生活，合理安排轮班和休息时间，避免过度加班和疲劳。

3）考虑技能匹配：根据客服人员的专长和技能，合理安排不同类型问题的处理人员，确保在排班时能够技能匹配。

4）弹性排班：采用弹性排班制度，根据客户需求和员工个人情况，灵活地调整排班计划，以适应不同的工作情况和客户需求。

5）考虑团队协作：安排交叉培训和交接班时间，以确保不同班次之间的信息交接和团队协作，避免信息断档和服务不连贯。

遵循这些原则，网店客服管理人员可以科学地安排客服人员的排班，以提高工作效率，保障服务质量，同时满足员工的工作和生活需求。

### （三）网店客服数据监控

高效的数据监控对于网店客服工作至关重要，以下是一些需要遵循的原则。

1）设立明确的指标：确定关键的客服数据指标，如客户满意度、平均处理时间、问题解决率等，以便评价客服工作的表现。

2）实时监控：通过客服管理系统或其他工具，实时监控客服工作数据，及时发现问题并采取措施加以解决。

3）数据分析：对客服数据进行深入分析，了解客户需求和问题症结，为改进工作提供依据。

4）建立预警机制：建立预警机制，一旦发现客服数据出现异常，能够及时发出警报并采取相应措施。

5）周期性报告：定期生成客服数据报告，对工作表现进行总结和分析，为改进工作提供指导。

6）数据保密：对客户数据和敏感信息进行保密，确保不泄漏客户隐私。

遵循这些原则，网店客服管理人员可以高效监控客服工作数据，及时发现问题并采取措施，提高客服工作效率和服务质量。

### （四）网店客服客诉的妥善处理

网店客服客诉的妥善处理对于维护客户关系和提升品牌形象至关重要，以下是一些需要遵循的原则。

1）快速响应：对客户投诉要快速做出回应，表达关注并尽快处理问题，避免客户长时间得不到回复而产生更大的不满。

2）耐心倾听：客服人员要耐心倾听客户的投诉和不满，理解客户的诉求，并表达歉意。

3）真诚道歉：对客户的合理投诉，要真诚地向客户道歉，并承诺尽快解决问题。

4）解决问题：针对客户的投诉，要及时采取措施解决问题，给予客户满意的答复和补救方案。

5）合理补偿：对客户的合理投诉，要给予合理的补偿，以挽回客户的信任和满意度。

6）记录和反馈：对客户的投诉要进行记录，并及时反馈给相关部门，以便改进产品和服务质量。

7）持续改进：对客户投诉的问题进行分析总结，找出问题的根源并采取措施，持续改进产品和服务，避免类似问题再次发生。

遵循这些原则，网店客服可以妥善处理客户的投诉，维护客户关系，提升品牌形象，同时为企业提供改进产品和服务的机会。

## 二、网店客服人员的执行力

网店的销售目标和任务，离不开网店客服人员的精心执行与完成。网店的利润水平，在某种程度上，正是源于网店客服人员高效完成任务的能力。提升客服人员的执行力，其主要意义可以从以下五个方面体现。

### （一）提升团队效率

执行力出色的客服团队能够以更快的速度、更高的准确性处理各类客户问题，从而大大提升工作效率，减少客户等待时间，使服务更为迅速。

### （二）稳定服务质量

执行力强的客服人员能更好地坚守并执行公司的服务标准，确保服务质量，为客户提供始终如一的高品质服务体验。

### （三）提升客户满意度

客服人员的高执行力有助于更好地满足客户需求，提供更专业、更具针对性的服务，从而提高客户满意度，增强客户忠诚度。

### （四）加速问题解决

执行力强的客服人员能够更快、更有效地解决客户面临的问题，减少问题积压，提高问题解决率，优化客户体验。

### （五）优化运营效率

作为直接与客户接触的关键环节，提升客服人员的执行力有助于网店更高效地运营，全面提升整体运营效率。

因此，提升网店客服人员的执行力对于网店客服团队管理和网店运营来说至关重要，可带来更高的工作效率、更好的服务质量和更满意的客户体验，从而推动网店业务的长期发展。以下的科学管理办法可以用于高效管理客服人员，以提升其执行力。

### 1. OKR

OKR（Objectives and Key Results，目标与关键成果法）是一种卓越的目标与成果管理工具，它有助于企业设定清晰的目标，并确定关键成果来衡量目标的实现情况。以下是利用 OKR 对网店客服人员的执行力进行考察和管理的策略。

1）明确目标：首先，网店的管理层需要与客服团队共同设定明确、具有挑战性但可实现的目标。这些目标应该具有可衡量性，以便于追踪和评估。例如，目标可以是提高客户满意度、缩短客户等待时间等。

2）确定关键成果：为了评估目标是否实现，需要确定与目标相关的关键成果。这些关键成果应该是具体的、可衡量的，以便于评估目标是否达成。例如，关键成果可以是提高客户满意度调查得分、降低客户投诉率、提高问题解决效率等。

3）沟通与明确责任：在设定目标和关键成果后，网店的管理层必须与网店客服人员充分沟通，确保每个人都清楚了解自己的目标和关键成果，明确各自的责任和任务。

4）追踪与评估：在 OKR 周期内，必须定期追踪和评估网店客服人员的执行情况，检查是否达到了设定的关键成果。通过定期的会议、报告或数据分析来评估执行情况，确保目标与成果的一致性。

5）反馈与奖惩机制：根据评估结果，给予网店客服人员及时的反馈，对表现优秀的员工给予奖励和鼓励，同时对表现不佳的员工进行指导和培训。建立合理的奖惩机制，激励员工提高执行力，推动团队的整体绩效和业务发展。

通过采用 OKR 方法，网店可以明确客服团队的目标、衡量成果、追踪执行情况，并及时调整和反馈。这有助于提高网店客服人员的执行力，推动团队的整体绩效和业务发展。

### 2. 员工关怀办法

提升网店客服人员的执行力非常重要的，同时需要关心员工的身心健康和福利，以下是一些常见的方法。

1）培训和教育：为网店客服人员提供专业的培训和教育，包括产品知识、客户服务技巧、沟通技巧、问题解决能力等方面的培训，以提升他们的专业水平和执行能力。此外，可以提供员工职业发展规划和培训补贴，鼓励员工不断提升自我。

2）设定明确目标：为每位客服人员设定明确的目标和指标，让他们清楚自己的工作重点和责任，从而激发他们的执行力和责任感。同时，定期与员工进行目标达成情况的沟通，提供必要的支持和指导。

3）提供有效的工具和资源：为客服人员提供适当的工具和资源，包括客户信息管理系统、知识库、常见问题解决方案等，以提高他们的工作效率和执行力。此外，可以提供良好的工作环境和必要的办公设备，提升员工的工作舒适度和效率。

4）营造良好的团队氛围：营造积极向上的团队氛围，鼓励团队合作，分享经验和知识，相互学习，从而提升整个团队的执行力。同时，可以组织团队建设活动和员工康体活动，增进团队凝聚力和员工的身心健康。

5）激励和奖励机制：建立激励和奖励机制，对表现优秀的客服人员进行奖励和认可，激励他们提高执行力和工作积极性。此外，可以提供绩效奖金、员工福利和福利商店购物券等福利待遇，增加员工的工作满意度和忠诚度。

6）定期评估和反馈：定期对客服人员的工作进行评估，给予及时的反馈和指导，帮助他们改进工作表现，提高执行力。同时，可以开展员工满意度调查，听取员工意见和建议，及时解决员工关注的问题。

7）持续改进和学习：鼓励客服人员不断学习和改进自己的工作方法和技能，适应市场变化和客户需求的变化，提高执行力。同时，可以提供员工培训补贴、学习资料和学习交流平台，支持员工的学习和成长。

8）员工关怀和福利：除了以上提到的培训、奖励和团队活动外，还可以提供员工健康体检、员工生日礼物、员工节日福利、员工家属关爱等活动和福利，以关心员工的身心健康和家庭幸福，增强员工对企业的归属感和忠诚度。

以上方法可以有效提升网店客服人员的执行力，提高工作效率，提升客户满意度，同时关怀员工，提升员工满意度和忠诚度，为企业持续发展提供有力支持。

### 三、网店客服人员的成长与发展

对网店客服人员的成长与发展进行跟踪至关重要，因为这有助于提高员工的工作表现和满意度，增强团队的执行力和竞争力。

#### （一）绩效评估

每月进行一次绩效评估，以便及时发现问题和改进空间，并给予员工反馈和指导。

#### （二）目标达成情况

每周进行一次目标达成情况的检查，以确保员工能够按时完成工作任务。

#### （三）培训和发展

每季度进行一次综合评估，以确定培训和发展需求，并为员工提供必要的培训和发展机会。

#### （四）工作满意度

每月进行一次工作满意度调查，以及时解决员工关注的问题，提升员工的工作满意度和忠诚度。

#### （五）团队合作

每季度举办团队合作活动，并定期进行团队合作效果评估，以促进团队的合作，提升团队的执行力。

#### （六）个人成长

每半年或一年进行一次个人发展规划和评估，为员工提供个人成长和发展的支持和机会，增强员工的归属感和忠诚度。

通过细致的时间维度划分，网店的管理层可以更精准地了解员工的工作情况和成长需求，为员工提供必要的支持和指导，提升员工的工作表现和满意度，增强团队的执行力和竞争力。

## 知识拓展

培育卓越的网店客服文化，对于一家网店的发展与客户的满足感，具有不可估量的重要性。以下是对客服文化重要性的阐述。

1) 深化客户满足感：在良好的客服文化熏陶下，网店更加关注客户的个性化需求与体验。通过提供卓越的服务，网店能够赢得客户的信赖，并激发客户的忠诚度，进而提升客户的复购意愿和口碑传播效应。

2) 强化团队向心力：客服人员是网店的宝贵资产，而积极向上的客服文化能增强团队成员之间的凝聚力。在这样的文化氛围中，团队成员的工作热情与效率将得到显著提升。

3) 提升品牌影响力：卓越的客服团队是网店品牌形象的得力捍卫者。通过提供无可挑剔的服务，网店的品牌声誉得以提升，进而赢得客户的信赖与忠诚。

4) 精进服务流程：在客服文化的引领下，团队成员将不断优化服务流程，提升服务品质与效率，从而为客户带来更加愉悦的购物体验。

5) 降低人才流失：积极的客服文化不仅有助于吸引才华横溢的客服人才，还能确保他们的长期留任，为网店的持续发展奠定坚实的人才基础。

6) 促进创新突破：在客服文化的熏陶下，团队成员将充分发挥其创新能力，助力网店在市场竞争中独占鳌头，迈向新的辉煌。

由此可见，培养积极的客服文化对于网店的长期发展和客户满意度至关重要。因此，网店应该注重建立良好的客服文化，提供优质的客户服务，从而赢得客户的信任和忠诚度。

# 任务二　客服培训与考核

### 任务描述

网店客服团队一直以来都是"数码狂欢"这家网店形象的重要代表，然而近期客户投诉率有所上升，客户满意度下降。为了提升客户满意度，网店决定对客服进行培训与考核。培训与考核需要完成以下任务：①通过案例分析和角色扮演等形式，帮助客服人员树立正确的服务意识和掌握多种沟通技巧，强调团队合作的重要性，并培养诚信和责任感。②通过定期的考核评估，确保客服人员的职业素养和服务质量得到提升，从而提升客户满意度，提升店铺形象。

### 相关知识

#### 一、网店客服培训与考核的作用

网店客服人员的培训与考核的重要性不言而喻。作为与客户直接沟通的重要环节，客服人员的专业水平和服务能力直接影响客户的满意度和购物体验。因此网店客服人员的培训与考核是确保客户服务质量的关键环节。它不仅能够提高客服人员的专业水平和服务能力，还能够提升客户满意度和忠诚度，从而提升网店的竞争力和业绩。

## 二、网店客服培训与考核的内涵

通常，网店客服人员的培训与考核包括网店基本制度的培训与考核、新员工的培训与考核、网店客服人员技能的培训与考核、网店客服人员业务的培训与考核及网店客服人员职业价值观的培训与考核这五个方面。

### （一）网店基本制度的培训与考核

#### 1. 重要性

网店基本制度的培训与考核是网店客服人员培训的一部分，是保障网店服务质量和提高效率的重要环节。其重要性体现在以下方面。

1）保障服务质量和标准化：网店基本制度是网店客服人员工作的基础性规范，包括服务标准、服务流程、回复时间、语言、礼貌应对等多个方面。对于网店客服人员来说，掌握和遵守这些规范，能够保障服务质量、满足客户需求，让客户与网店之间更加稳定和信任。

2）加强工作效率和工作流程的透明性：标准化制度能够让工作流程更加透明，员工相互协作、流程更加顺畅，同时提供了快速响应的标准。这是快速应答的好方法，能够提高客户满意度。

3）强调整体服务体验：统一的网店基本制度指引了如何向客户提供优质和统一的服务，并充分满足其需求，也有助于提高客户满意度和忠诚度，从而提升网店的竞争力和业绩。

#### 2. 培训要点

网店基本制度的培训要点包括但不限于以下几个方面。

1）服务标准：明确网店对于客户服务的基本标准，让客服人员知道网店的期望，将会提高服务质量。

2）服务流程：针对客户要求的各种服务，网店应有系统的、标准的服务流程，包括客户信息收集、询问、解答、服务跟进并得到反馈等。

3）回复时间：明确客服人员需在多长时间内回复客户的问题和订单确认等，这有助于快速地回复客户并避免失去客户。

4）语言和礼貌应对：在网店客户端中，礼貌的用语和回答可以让客户感到受尊重和愉快。

5）报告的格式和内容：确定报告的格式和内容标准，让分析人员能够更有效地对数据进行整理和分析，并有助于网店优化整体服务流程，提升服务水平。

总之，网店基本制度的培训与考核对于网店客服人员提高服务水平、保证客户体验具有重要意义。同时，推进网店的规范化流程也能帮助员工达到更高的工作效率，提升网店服务。

### （二）新员工的培训与考核

网店客服新员工的培训与考核非常重要，因为他们直接面对客户，对于公司形象和客户满意度有直接的影响。

1. 重要性

1）提升服务质量：通过培训，新员工可以了解公司的服务标准和客户需求，提高服务质量，提升客户满意度。

2）塑造品牌形象：新员工的表现直接影响客户对公司品牌的印象，而培训可以帮助他们树立良好的品牌形象。

3）提高工作效率：培训可以让新员工快速熟悉工作流程和操作系统，提高工作效率，避免错误。

4）增强团队合作：培训可以让新员工更好地融入团队，增强团队合作意识，提高工作效率。

2. 主要内容

1）公司文化和价值观：让新员工了解公司的文化和价值观，明确公司的服务理念和目标。

2）产品知识：详细介绍公司的产品和服务，让新员工了解产品特点和优势，从而为客户提供专业的咨询和建议。

3）客户沟通技巧：就新员工如何与客户进行有效的沟通进行培训，包括语言表达、沟通技巧、情绪管理等方面的培训。

4）客户问题处理：就新员工如何处理客户的问题和投诉进行培训，包括解决方案的提供、问题跟踪和客户满意度调查等内容。

5）系统操作培训：让新员工熟悉公司的客服系统和工具，包括订单处理、客户信息管理、投诉记录等操作流程。

通过全面的培训和考核，网店可以帮助新员工快速适应工作，提升服务质量，为客户提供更好的购物体验，也能够提升公司的整体竞争力和品牌形象。

（三）网店客服人员技能的培训与考核

网店客服人员技能的培训与考核是非常重要的，以下是基本内容及流程。

1. 基本内容

1）客户沟通技巧：包括语言表达、倾听能力、情绪管理、积极回应客户需求等方面的培训。

2）产品知识：详细介绍公司的产品和服务，让客服人员了解产品特点和优势，能够为客户提供专业的咨询和建议。

3）技术操作培训：让客服人员熟悉公司的客服系统和工具，包括订单处理、客户信息管理、投诉记录等操作流程。

4）客户问题处理：就客服人员如何处理客户的问题和投诉进行培训，包括解决方案的提供、问题跟踪和客户满意度调查等内容。

5）团队合作：就客服人员如何与团队协作进行培训，从而共同解决问题，提高工作效率。

2. 基本流程

1）培训计划制订：根据客服人员的职责和工作内容，制订详细的培训计划，包括培训内容、时间安排、培训方式等。

2）培训实施：根据培训计划，进行客服人员的培训，可以采用课堂培训、案例分析、角色扮演等多种方式。

3）考核评估：培训结束后，进行客服人员的考核评估，包括笔试、面试、模拟客户沟通等方式，评估其在培训内容上的掌握程度和应用能力。

4）绩效考核：在客服人员正式上岗后，定期对其绩效进行考核，包括客户满意度、工作效率、问题处理能力等方面的评估。

以上流程可以让客服人员全面掌握必要的技能和知识，提高工作效率和服务质量，为客户提供更好的体验，也能够提升公司的整体竞争力和品牌形象。

### （四）网店客服人员业务的培训与考核

网店客服人员业务的培训与考核是关乎客户体验和公司形象的重要环节，以下是培训内容和流程。

#### 1. 网店客服人员业务的培训内容

网店客服人员业务的培训内容主要包括以下几个方面。

1）商品属性和热卖点：客服人员需要全面了解公司销售的产品，包括产品的属性、特点、使用方法等，以便为客户提供专业的咨询和建议。同时，客服人员也需要了解产品的热卖点，以便在与客户沟通时能够突出产品的优势，促进销售。

2）日常交接工作：客服人员需要了解日常工作的交接流程，包括如何处理订单、客户留言、投诉处理等，确保工作的连续性和高效性。

3）好评返现和赠送礼品：客服人员需要了解公司的好评返现政策和赠送礼品的规定，以便在与客户沟通时及时有效地进行好评引导和礼品赠送，提升客户满意度和忠诚度。

#### 2. 培训流程

培训流程包括以下几个步骤。

1）培训需求分析：根据客服人员的工作职责和业务需求，进行培训需求分析，确定培训的重点和内容。

2）培训计划制订：根据培训需求分析，制订详细的培训计划，包括培训内容、时间安排、培训方式等。

3）培训实施：根据培训计划，进行客服人员的培训，可以采用课堂培训、案例分析、角色扮演等多种方式。

4）考核评估：培训结束后，进行客服人员的考核评估，包括笔试、面试、模拟客户沟通等方式，评估其在培训内容上的掌握程度和应用能力。

5）绩效考核：在客服人员正式上岗后，定期对其绩效进行考核，包括客户满意度、工作效率、问题处理能力等方面的评估。

以上流程可以让客服人员全面掌握必要的技能和知识，提高工作效率和服务质量，为客户提供更好的体验，同时提升公司的整体竞争力和品牌形象。

### （五）网店客服人员职业价值观的培训与考核

对网店客服人员职业价值观的培训与考核非常重要，因为客服人员的职业价值观直接影响他们在工作中的态度、行为和服务质量，对客户满意度和公司形象有着至关重要的影响。

### 1. 重要性

网店客服人员职业价值观培训与考核的重要性主要体现在以下几个方面。

1）客户体验：客服人员的职业价值观直接关系到他们对待客户的态度和行为，良好的职业价值观可以促使客服人员更加关注客户需求，积极主动地解决问题，提供优质的服务，从而提升客户体验。

2）公司形象：客服人员作为公司形象的重要代表，其职业价值观直接影响客户对公司的整体印象。良好的职业价值观可以提升公司的形象和信誉，增强客户对公司的信任感。

3）团队合作：良好的职业价值观有助于促进团队合作，增强团队凝聚力和协作效率，提高工作效率和服务质量。

### 2. 主要内容

网店客服人员价值观培训与考核的主要内容如下。

1）服务意识：培训内容应包括培养客服人员的服务意识，让他们认识到服务是首要任务，要以客户为中心，尽力满足客户需求。

2）沟通技巧：培训应包括沟通技巧的培养，让客服人员学会倾听客户需求，善于表达和解释，提升处理客户投诉和问题的能力。

3）团队合作：培训应强调团队合作的重要性，让客服人员明白团队合作对于提升整体服务水平和客户满意度的重要性。

4）诚信和责任感：培训内容应包括诚信和责任感的培养，让客服人员明白诚信和责任感是职业价值观的重要组成部分。

5）热爱工作：对于网店客服人员来说，"干一行、爱一行"是至关重要的职业态度。他们需要对自己的工作充满热情和忠诚，这将成为他们不断进步的动力，也是他们努力工作的动力。

6）追求卓越：网店客服人员需要有追求卓越的职业价值观，这是他们不断进步的关键。网店客服管理人员应该科学、合理地为客服人员设定销售目标和战略，激发他们的进取心，让他们时刻保持进步的动力。

对客服人员职业价值观的培训与考核，可以帮助客服人员树立正确的职业态度和价值观，提高他们的服务质量和工作效率，从而提升客户满意度和公司整体形象。

## 任务三　客服激励机制制定

### 任务描述

"数码狂欢"客服团队经过培训与考核后，客服服务质量和效率明显提升，店长决定建立激励机制，以进一步激发客服人员的工作积极性和进取心。网店制订了绩效考核指标，包括客户满意度、问题解决率和销售业绩等，确保考核指标与网店目标一致。在激励政策设计上，网店设立了奖金制度、晋升机会和荣誉称号，并组织各类激励活动，如员工表彰大会和团队建设活动，以提升员工的归属感和自豪感。定期对激励机制的效果进行评估，根据评估结果调整和完善激励政策，确保激励机制的有效性。

## 相关知识

### 一、竞争机制

首先，竞争机制在网店客服中具有关键作用：通过引入竞争机制，网店客服人员将更积极地投入工作中，不断提升个人表现和服务品质。其次，竞争机制可以有效提高客服服务品质：这种机制有助于在团队中形成积极的竞争氛围，促使客服人员相互比拼，从而为客户提供更优质的服务，显著提高客户满意度。最后，竞争机制还可以挖掘客服个人潜能：竞争机制能激发客服人员的内在潜力，推动他们在竞争中挑战自我，进一步提升个人的能力和专业水平。

科学地利用具体数据帮助建立客服的竞争机制，可以实现对客服团队工作表现的客观评估，激励优秀表现，帮助改进不足，提升整体服务质量。建立客服的竞争机制包括以下步骤。

#### 1. 确定竞争指标

确定客服的竞争指标，这些指标应当能够客观地反映客服工作的表现和服务质量。常见的竞争指标包括客户满意度、问题解决率、服务时效、客户投诉率等。这些指标需要具备可量化和可衡量的特点，以便进行数据分析和评估。

#### 2. 数据收集与整理

客服工作中会产生大量的数据，包括客户反馈、服务记录、工作时长等数据。因此需要建立系统化的数据收集和整理机制，确保数据的准确性和完整性。网店可以利用客服管理系统或数据分析工具进行数据的收集和整理。

#### 3. 数据分析与评估

收集到的数据需要进行深入分析和评估。通过数据分析，网店可以了解客服团队和个人的工作表现，找出存在的问题和改进空间。例如，可以分析客服人员的平均解决问题时间、客户投诉类型分布、客户满意度评分等指标，以发现工作中的瓶颈和改进点。

#### 4. 制定激励措施

根据数据分析的结果，可以制定相应的激励措施。对于表现优秀的客服人员，可以给予奖金、晋升机会、荣誉称号等激励；对于表现不佳的客服人员，可以提供个性化的培训和指导，帮助其改进工作表现。

#### 5. 定期评估和调整

建立客服竞争机制后，需要定期对其效果进行评估和调整。通过数据分析，可以发现竞争机制的不足之处，及时进行调整和完善，确保其有效性和公平性。

### 二、晋升机制

晋升机制在网店客服管理中具有重要的意义，它可以激励客服人员不断提升自身的工作能力和服务水平，从而推动整个客服团队的发展。以下是晋升机制的实施方案。

### 1. 设定晋升标准

明确晋升的条件和标准，可以包括工作年限、业绩表现、专业能力等方面的要求。这些标准需要具体、明确，并且能够量化，以便客服人员清晰地了解晋升的路径和要求。

### 2. 提供培训和发展机会

为客服人员提供各种培训和发展机会，帮助他们提升工作能力和专业技能，以符合晋升的要求。这可以包括内部培训、外部培训、岗位轮岗等形式。

### 3. 定期评估和反馈

定期对客服人员的工作表现进行评估，发现表现优秀的员工，为其提供晋升的机会和空间。同时，对于表现不佳的员工，提供个性化的培训和指导，帮助其改进工作表现。

### 4. 公平公正

晋升机制需要公平公正，避免出现人情主义和内部交易。晋升决策应当建立在客观的数据和评估基础上，避免主观因素的干扰。

### 5. 激励措施

对于成功晋升的员工，网店可以提供相应的薪酬调整、职位晋升、福利待遇等激励措施，以激励其他员工争取晋升机会。

以上实施方案有助于建立科学合理的晋升机制，激励客服人员不断提升自身能力，提高服务质量，从而推动整个客服团队的发展。

## 三、奖惩机制

奖惩机制在网店客服管理中扮演着至关重要的角色，它不仅关乎员工的激励与成长，更直接影响到整体的服务质量和效率。以下是其核心意义和具体实施方案。

### （一）核心意义

#### 1. 员工激励

奖励能够正面强化员工的积极行为，使他们更有动力提供优质服务；而适当的惩罚能及时纠正不当行为，确保团队行为的规范性。

#### 2. 服务与效率提升

通过奖励，我们可以促进员工对最佳实践的追求，从而提高服务水平；同时，明确的惩罚制度能帮助减少工作失误，提升整体效率。

#### 3. 公平环境构建

一个公平的奖惩制度能帮助我们建立一个正面、健康的工作环境，使所有员工都明确地知道何种行为会得到认同或受到限制。

### （二）具体实施方案

#### 1. 奖励措施

1) 物质奖励：根据业绩和表现，提供奖金、提成或其他形式的物质奖励。
2) 精神激励：通过公开表彰、授予荣誉称号等方式，满足员工的精神需求。

3）职业发展机会：为优秀员工提供更多的培训和晋升机会。

### 2. 惩罚措施

1）口头警告和书面警告：针对轻微违规行为给予及时的口头或书面警告。
2）严重处罚：对于严重违规或多次违规的员工，考虑采取罚款、降职等措施。

### 3. 公平与透明

1）明确标准与流程：确保奖惩标准明确，流程公平，减少人为因素干扰。
2）及时反馈与记录：确保奖惩制度的实施是及时且透明的，并为员工提供一个可以查询的记录系统。

通过上述方案，网店不仅能有效激励员工，还能确保团队的服务质量和整体效率持续提升。同时，一个公平、透明的奖惩机制将为所有员工创造一个更加健康、积极的工作环境。

## 四、监督机制

在网店客服管理中，监督机制发挥着不可替代的作用。它不仅能帮助管理者及时识别和解决潜在问题，确保团队的高效运行，还能持续提升服务质量，增强客户满意度。以下是关于监督机制的核心意义和具体实施方案的详细描述。

### （一）核心意义

#### 1. 问题预防与纠正

通过有效的监督，管理者能够及时发现潜在问题或错误，迅速采取措施进行纠正，避免问题恶化。

#### 2. 服务水平提升

通过对客服人员的服务过程进行监督和评估，管理者可以发现服务中的不足之处，进而有针对性地进行改进，提高服务水平。

#### 3. 员工行为规范

通过监督，确保员工行为符合公司规章制度，维护团队的纪律和规范。

### （二）具体实施方案

#### 1. 工具与技术

1）录音与录像：利用技术手段对客服通话进行录音或在线客服进行视频录制，以便后续审查。
2）监控系统：建立一个功能强大的监控系统，实时跟踪、记录和分析客服的工作状态、效率和服务质量。

#### 2. 客户反馈机制

建立健全的客户反馈渠道，定期收集客户的意见和建议，作为改进服务的依据。

#### 3. 监督流程

1）定期评估：定期对客服团队的工作进行全面评估，分析存在的问题和不足。
2）周期性检查：制订周期性的检查计划，确保客服团队始终保持在最佳状态。

#### 4. 反馈与改进

1）问题反馈：对于发现的问题或不足，及时向相关员工反馈，并提供具体的改进建议。

2）正面激励：对于表现出色的员工给予适当的奖励和表彰，激励整个团队向更高的目标努力。

上述方案的实施，不仅能够确保客服团队的高效运行，还能持续提升服务质量，增强客户的满意度。同时，帮助企业建立一套完善的监督机制，规范员工行为，提升整体的工作效率和服务质量。

## 项目实训

**[实训背景]**

林小芳是某智能家居网店的资深客服人员，自3年前加入公司以来，一直以勤勤恳恳、努力奋斗的态度工作。为了培养她成为网店客服管理人员，领导交代了一项特别的任务：希望她能够为公司编制一套激励客服团队的有效方案。

**[实训要求]**

客服激励方案是激发客服团队工作积极性和创造性的重要工具，从竞争机制、晋升机制、奖惩机制等方面出发，可以编制一份简单但完整的客服激励方案。

**[实训目标]**

1. 深入理解竞争机制、晋升机制、奖惩机制的原理与实践。
2. 具备独立撰写一份简洁而全面的客服激励方案的能力。

**[实训步骤]**

一、方案概述

本方案旨在通过优化竞争机制、晋升机制和奖惩机制，提高客服团队的工作积极性和服务质量，并通过合理的奖励和激励措施，激发客服人员的潜力，提升客户满意度，促进公司业务发展。

二、竞争机制

1. 设立客服之星评选活动，每月评选出表现优秀的客服人员，给予奖励。
2. 定期开展客服技能竞赛，提高客服人员的专业技能和服务水平。
3. 鼓励团队内部良性竞争，营造积极向上的工作氛围。

三、晋升机制

1. 设立明确的晋升通道，客服人员可通过自身努力获得晋升机会。
2. 设立客服主管、客服经理等职位，为优秀客服人员提供发展空间。
3. 定期对客服人员进行培训和评估，提高其职业素养和能力。

四、奖惩机制

1. 设立绩效奖金制度，根据客服人员的工作表现给予奖励。
2. 对于表现不佳的员工，进行辅导和培训，若仍无法达到要求，可采取调岗或解雇措施。
3. 设立客户满意度调查，对于满意度高的客服人员给予额外奖励。

五、实施与监督
1. 设立专门的监督机构，确保方案的有效执行。
2. 定期对方案进行评估和调整，以适应公司发展和市场变化。
3. 鼓励员工提出意见和建议，不断完善和优化方案。

## 效果评价

**1. 选择题**

（1）[单选] 客服人员在处理投诉时，首先应该（　　）。
A. 直接拒绝投诉　　　　　　　　B. 听取客户意见
C. 不回复客户的投诉　　　　　　D. 提供合理的解决方案

（2）[单选] 在客服培训中，（　　）是重要的内容。
A. 产品知识培训　　　　　　　　B. 沟通技巧培训
C. 技术操作培训　　　　　　　　D. 市场营销策略培训

（3）[单选]（　　）激励机制对于提高客服绩效更为有效。
A. 固定薪酬　　　　　　　　　　B. 绩效奖金
C. 职务晋升　　　　　　　　　　D. 弹性工作时间

（4）[单选] 客服工作中，（　　）不是良好的沟通技巧。
A. 喋喋不休　　　　　　　　　　B. 倾听
C. 问问题　　　　　　　　　　　D. 总结

（5）[多选] 客服人员应该具备的基本素质包括（　　）。
A. 耐心　　　　　　　　　　　　B. 脾气暴躁
C. 沟通能力　　　　　　　　　　D. 缺乏责任感

（6）[多选] 客服日常管理中需要注意的事项包括（　　）。
A. 及时回复客户消息　　　　　　B. 管理客户投诉
C. 提供不准确的信息　　　　　　D. 维护客户关系
E. 定期进行客服绩效评估

（7）[多选] 客服培训内容可以包括（　　）。
A. 产品知识培训　　　　　　　　B. 沟通技巧培训
C. 忽视客户需求　　　　　　　　D. 技术操作培训
E. 市场营销策略培训

（8）[多选] 客服激励机制可以采用的方式有（　　）。
A. 固定薪酬　　　　　　　　　　B. 绩效奖金
C. 不提供任何激励　　　　　　　D. 职务晋升
E. 弹性工作时间

**2. 填空题**

（1）客服人员应该具备良好的_____和_____能力。
（2）有效的客服工作需要不断提升自己的_____和_____。
（3）客服人员应该及时回复客户的_____。

（4）在处理客户问题时，客服人员应该遵循_____原则。

（5）客服人员应该对客户的投诉耐心倾听，并尽力解决_____。

## 3. 简答题

（1）请简要描述您对客服日常管理的理解。

（2）客服培训中，沟通技巧的培训为什么至关重要？

（3）您认为客服激励机制对于提高客服绩效有何作用？

## 4. 实践题

请描述一个您成功解决客户投诉的具体案例，包括问题描述、处理过程和最终解决方案。

# 参 考 文 献

[1] 余娜，邓虹. 网店客服实战教程（微课版）[M]. 2版. 北京：人民邮电出版社，2023.
[2] 刘桓，刘莉萍，赵建伟. 网店客服（微课版）[M]. 2版. 北京：人民邮电出版社，2023.
[3] 苏朝晖. 客户关系管理：建立、维护与挽救 [M]. 北京：人民邮电出版社，2022.
[4] 高波. 我不只是网店客服 [J]. 中学时代，2021（11）：8-9.
[5] 王紫依. 中职学校电子商务专业实训课教学质量提升措施研究：以网店客服实训课为例 [D]. 长春：吉林外国语大学，2020.
[6] 李志宏，林珍平，李如姣，等. 产教融合阶梯式课程的开发与实施：以电子商务专业"网店客服"课程为例 [J]. 中国职业技术教育，2015（8）：88-92.